NERD

EDIÇÃO	Daniel Lameira
COORDENAÇÃO EDITORIAL	Bárbara Prince
PREPARAÇÃO	Giovana Bomentre
REVISÃO	Cássio Yamamura
	Guilherme Bernardo
	Tássia Carvalho
DIAGRAMAÇÃO	Leonardo Ortiz
PROJETO GRÁFICO E CAPA	Giovanna Cianelli
FOTO DE CAPA	João Paulo Pessoa

Copyright © 2022 por Érico Borgo

Todos os direitos reservados. Nenhuma parte deste livro pode ser utilizada ou reproduzida sob quaisquer meios existentes sem autorização por escrito dos editores.

O projeto NERD na HUURO Entretenimento

Coordenação: Matheus Machado, Laís Almeida e Fernando Louzada
Direção de arte: Letícia Teixeira
Fotografias e criação dos vídeos: João Pessoa
Apoio: Luana Carvalho, Suzane Araújo, Isabella Gallo, Leonardo Lopes, Juliana Moura, Iberê Guimarães
Tecnologia: Alexandre Parpinelli e Ygor Matos

CIP-BRASIL. CATALOGAÇÃO NA PUBLICAÇÃO
SINDICATO NACIONAL DOS EDITORES DE LIVROS, RJ

B737n
   Borgo, Érico, 1975
     Nerd / Érico Borgo. - 1. ed. - Rio de Janeiro : Sextante, 2022.
     432 p. : il. ; 21 cm.

   ISBN 978-65-5564-368-8

     1. Borgo, Érico 1975-. 2. Nerds (Entusiastas de computador). 3. Homens - Brasil - Biografia. 4. Autobiografia. I. Título.

22-75897   CDD: 920.71
                    CDU: 929-055.1

Meri Gleice Rodrigues de Souza - Bibliotecária - CRB-7/6439

Todos os direitos reservados, no Brasil, por

GMT Editores Ltda.
Rua Voluntários da Pátria, 45 – Gr. 1.404 – Botafogo
22270-000 – Rio de Janeiro – RJ
Tel.: (21) 2538-4100 – Fax: (21) 2286-9244
E-mail: atendimento@sextante.com.br
www.sextante.com.br

NERD

ÉRICO BORGO

HUURO
SEXTANTE

Este livro é dedicado a todas as pessoas cujas obras me criaram, inspiraram e seguem me fazendo sonhar.

Capítulo 1
SPECTREMAN, MORCEGOS E CINEMA

Eu tinha a intenção de começar este livro com uma introdução inspirada na abertura de *Spectreman*, algo para despertar nas pessoas da minha idade – 45 anos, se você está se perguntando – um sentimento de nostalgia. Mas também para esfregar sutilmente na cara da molecada o fato de que eu já curtia seriado japonês quando eles nem eram nascidos. Essa introdução remeteria ao discurso em off da abertura:

"Planeta: Terra. Cidade: Tóquio. Como em todas as metrópoles deste planeta…"

E por aí vai. Mas, infelizmente, "Planeta: Terra. Cidade: Arujá" não tem o mesmo peso da capital japonesa.

Abandonei a ideia, mas ela serviu para me lembrar que esse ícone do *tokusatsu* (o nome japonês para esses seriados com atores que enfrentam monstros de borracha) talvez tenha sido a minha primeira nerdice. Não tenho muita certeza, afinal, de quando começou o meu fascínio por mundos fantásticos, mas certos momentos da infância, como esse, dão algumas pistas dessa apreciação que, invariavelmente, traçaria a rota para tudo o que tenho e que sou.

Fique avisado: este é um livro de memórias, essas coisas imprecisas e que se misturam ao longo do tempo. Como resíduos no fundo do jarro de suco, agitei-as antes e tentei checar alguns fatos, mas você pode imaginar a confusão espiralada que sobe à superfície no redemoinho de momentos que tento ordenar aqui. Sinto que, a cada memória revisitada, adiciono algum detalhe que não tenho certeza se realmente existiu. De qualquer maneira, o registro as congela no tempo e as emoções geradas são verdadeiras.

Enfim.

Spectreman começou a passar no início da década de 1980 na Record. Para chegar a esse canal a partir da onipresente Globo, eram necessários dois estalos no sentido horário do dial da televisão de tubo com antena em cima e imagem chuviscante em preto e branco, que ficava na cozinha. Nós até tínhamos uma colorida que ficava na sala, mas já estava velha quando eu era moleque e demorava um bom tempo pra ligar. Bom, a mudança de canal não vinha sem alguma negociação familiar, mas o programa era quase sempre bem inofensivo, então meus pais acabavam cedendo e deixavam que eu ficasse sozinho na cozinha com o platinado Doutor Gori e seu ajudante gorila, Karas – símios de um planeta alienígena que descobriram no poluído planeta Terra o lugar ideal para criar seus monstros e dominar os humanos –, assistindo ao que aprontavam para o pobre Spectreman. A dupla, aliás, foi inspirada no sucesso *Planeta dos macacos*, filme sensação de 1968 que levou para as telas a criação literária de Pierre

Boulle, que tem um dos finais mais surpreendentes da história do cinema. Macacos e radiação (outra influência para a série foi *Godzilla*, fruto dos horrores radioativos despertados durante a Segunda Guerra Mundial) assombraram o mundo naquele final da década de 1960.

Alguns anos depois do Spectreman apareceu o Ultraman, que eu até preferia pelo visual mais moderno e a luz embutida no peito, que piscava quando sua energia estava baixa. O maior herói do planeta tinha um sensor que mostrava suas fragilidades para quem quisesse ver! Era incrível e inusitado, e gerava bagunças em casa. Quando não estávamos brigando, minha irmã Bruna e eu brincávamos bastante, assistíamos à TV juntos e gostávamos especialmente de replicar as aventuras dos heróis gigantes japoneses, nos revezando no papel do monstro.

O que mais nos motivava era recriar as cenas de luta em pedreiras. Basicamente, um de nós subia nas prateleiras da biblioteca enquanto o outro alvejava-o com raios lançados dos dedos. O resultado era um belo salto ornamental em direção a um colchão.

Era um dos colchões de solteiro beges estampados com folhagens marrons que viravam um sofá quando empilhados. Sendo bastante grossos, eram ótimos para absorver impactos. Eram nossos itens de baderna favoritos, já que além de equipamentos de segurança viravam motos quando colocados na vertical, com o zíper lateral riscando o chão encerado. Ou naves (depois de 1983, viraram oficialmente os *speeders* de *O retorno de Jedi*). Em determinado momento, tornaram-se cavalos, quando tivemos nossa fase western.

Eu e a Bruna nunca tínhamos assistido a um filme de faroeste, mas havia em casa um disco com as melhores trilhas do gênero, e o colocávamos para ditar o ritmo das brincadeiras. Se a canção fosse bucólica, cavalgávamos os colchões pelas planícies empoeiradas da sala de estar. Se a música animava, entrávamos em ação contra bandoleiros. Se ficava dramática demais, alguém morria (e ressuscitava quando uma virada de esperança sonora atingia a brincadeira). Foi um curioso privilégio; não conheço mais ninguém que tenha descoberto Ennio Morricone antes de ver os filmes de Sergio Leone.

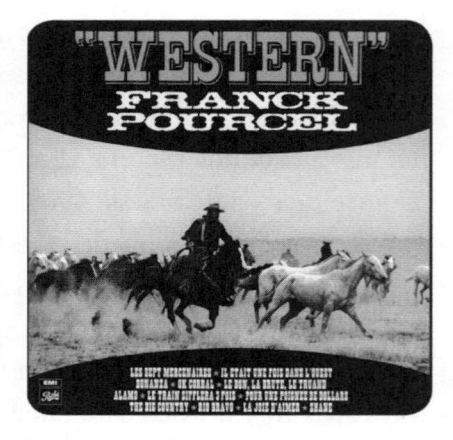

Só aposentamos os colchões companheiros quando fomos proibidos de usá-los para desafiar a morte. Seu canto do cisne durou uma semana inteira, quando aprendemos a escalar as paredes do corredor usando mãos e pés descalços. Apoiados dos dois lados, subíamos o máximo possível, chegando a tocar as costas no teto. A brincadeira logo escalonou, envolvendo uma boleadeira de corda criada com duas almofadas amarradas. A diversão era tentar atingir o pé de apoio do outro e puxá-lo, fazendo-o despencar sobre o colchão. Orgulhosos das nossas habilidades que fariam Peter Parker empalidecer, fomos mostrar para nosso pai, recém-chegado do trabalho, pastinha ainda na mão. Ouvimos um monte e fomos pra cama com o traseiro quente. Adeus, colchões! De volta à telinha...

Normalmente, *Spectreman* era bastante leve… até um episódio específico, com vampiros que atacavam crianças. Ele foi tão marcante que levei algumas semanas para criar coragem e voltar à série. No fim, Vurdalak, o vampiro do espaço, morria empalado por uma cruz alienígena e eletrocutado através dela depois que os céus escureciam. Eu só havia experimentado horror igual no episódio "O espião espiado" de *Pica-Pau*, em que o pássaro toma o tônico secreto – a Fórmula 7 ⅜ – e adquire superforça. A narração dos detetives em tom de policial *noir* e o vilão "O Morcego" sempre me faziam trocar de canal, tenso.

Vampiros e morcegos… um padrão que só notei agora e que pode explicar meu desespero, trinta anos depois, em uma noite de verão na Santa Cecília. Eu havia acabado de mudar para o décimo nono andar de um edifício no bairro próximo ao centro de São Paulo, quando um desses quirópteros irrompeu sala de estar adentro. TIC, TIC, TIC, estalava.

Eu estava em uma das temporadas boas de *Lost*, a segunda, e desfrutava de cada episódio com o máximo de atenção. Nessa época, *Lost* valia a vida útil da lâmpada de um projetorzinho multimídia da Epson que comprei de um importador nebuloso na Santa Ifigênia em 2001 ou 2002. Eu assistia aos mistérios da ilha na parede, com a janela escancarada, quando a criatura da noite entrou por ela e começou um voo circular sobre mim, projetando sua sombra como meu Nosferatu particular. Arremessei a comida do colo, correndo de cabeça baixa nesse pesadelo. Coca Diet escorria na parede, sobre os corpos sarados de Jack e Kate.

Abrigado no escritório de porta fechada, avaliei minhas opções. Coloquei óculos de natação, caso a criatura viesse para as minhas órbitas oculares, apanhei um sabre de luz e a tampa da lixeira vermelha estilo Manda-Chuva que comprei na Etna. Uma camada de roupas a mais e eu estava pronto para enfrentar os 190 gramas de mamífero voador insetívoro que invadiram meu lar.

Leônidas teria ficado orgulhoso. Acendi a luz e posicionei-me no corredor, espiando a sala. Nada. Aguardei arrepiado naquela Termópilas urbana, pronto para defender meu território, enquanto perscrutava o espaço. Nada ainda. Avancei mais uns passos para desligar o projetor, então o vi. Nosferatu. Xerxes. Agarrado à face oculta do lustre. Tomei coragem e o cutuquei, torcendo por um voo em direção à janela. Tudo o que consegui foi um balé horizontal, com o animal rodando em volta do lustre, agarrado com patas e asas, cuja pele fina esticava a cada deslocamento. TIC.

Passei alguns minutos olhando o bicho e refletindo, até ter a ideia de interfonar para a síndica húngara, para saber se havia alguém especializado em remoção de animais silvestres na região. Dona Irina, líder do edifício havia quinze anos, tinha um sotaque forte do Leste Europeu e dividia parede comigo. "Non precisa. Estou indo aí", avisou.

Ela surgiu de camisola e chinelos na contraluz do hall. "O senhor me traz uma escada, um balde e um pano" – e, assim, com a voz de comando do Velho Continente e evocando os guerreiros das tribos magiares, assumiu a operação das mãos de Leônidas.

A senhorinha de um metro e meio, cheirando a banho recém-tomado, subiu ligeira a pequena escada. Posicionou o balde na altura do peito e foi atrás do morcego com o pano. Ele se desvencilhou e saltou sobre ela – O HORROR! –, que sequer piscou. Puxou as garrinhas presas à camisola e o depositou no baldinho amarelo, tampando-o com o pano. Desceu devagar e foi à janela, onde devolveu o animal à paisagem paulistana. "Bronto." TIC, TIC, TIC…

Eu não tinha palavras para agradecer à Dona Irina, general formidável do Edifício Rio Verde. "Non se preocupa.

Na minha terra tinha muito desses", me acalmou. "Mas onde a senhora nasceu?", perguntei curioso.

"Na Transilvânia."

Ah, velhota cascateira! "Mas a Transilvânia não fica na Hungria, é na Romênia", enchi os pulmões, certo de que meus conhecimentos de geografia me ajudariam a recuperar um pouco da masculinidade perdida depois daquela batalha. "Os romeno robaro de nós", retrucou com um misto de pesar e raiva histórica por sua terra natal, o norte da Transilvânia, ter sido anexada pela Romênia em 1947, data que investiguei depois. Lamentei. Eu me despedi, duas vezes ferido, e no dia seguinte comprei um belo pote de geleia de mirtilo húngara em agradecimento.

Irina já devia ter uns 50 anos em 1980, quando eu era aquela criança com medo de *Pica-Pau* e *Spectreman* em Arujá, uma cidadezinha no interior paulista de, na época, uns quarenta mil habitantes. O lugar, elevado a município havia nem vinte anos, estava começando a se desenvolver na época por atrair paulistanos em busca de um pouco de ar puro, já que fica a pouco mais de quarenta quilômetros da cidade. Muita gente tinha casas de fim de semana lá, o que tornava a vizinhança meio desértica durante os dias úteis.

Mudamos pra lá quando eu tinha 1 ano, então não me lembro da nossa vida antes disso, em São Paulo. Mas acredito que minha mãe se ressentia dessa mudança. Filha de um arquiteto fanfarrão, ela nasceu e cresceu na megalópole e sempre foi aficionada por cinema, cultura, arte... Agora, enfiada com dois filhos pequenos em um subúrbio superprotegido de classe média, trabalhando como professora e cuidando da casa, do marido e da Jane, uma cadela beagle blasé, não havia muito como satisfazer seus desejos por uma programação cultural variada.

Com a escassez de programas interessantes na nova cidade, Dona Enery aproveitava como podia qualquer oportunidade de ir a São Paulo. Se eu precisasse de botas ortopédicas, uma consulta médica para a minha bronquite ou ver um homeopata – minha saúde não era das melhores –, ela sempre dava um jeito de esticar nosso passeio numa matinê de cinema.

Segundo ela, nossa primeira sessão foi uma reexibição de *Bambi*, em uma sala na Avenida São João (centro de São Paulo) chamada Cinespacial. O lugar tinha uma dessas invencionices dos anos 1970, criadas para diferenciar cinemas em uma época na qual a concorrência não tinha muita tecnologia na qual investir. O chamariz ali era a sala em

Dona Enery e eu.

formato de arena circular, em que cada setor da arquibancada era voltado para uma das três telas. Por meio de um preciso jogo de espelhos, projetava-se o filme simultaneamente em todas as telas. Não havia lugar ruim nessa sala cuja planta parecia um sinal de perigo radioativo misturado com o símbolo da Umbrella Corporation de *Resident Evil*. Era uma criação do arquiteto Emílio Guedes Pinto, sujeito incomodado com o fato de as salas de cinema não serem diferentes de teatros. Uma solução interessante e que tinha em São Paulo sua segunda sala – a primeira era em Brasília e combinava demais com a arquitetura modernista da cidade.

Inquieto pela novidade, permaneci de pé e em silêncio absoluto no centro da sala, rodando para ver um pouco de cada tela, como se fossem filmes distintos e eu fosse perder alguma coisa caso não prestasse atenção em todas. Eu tinha 3 anos e só rompi a contemplação com o fatídico tiro que a mãe do bicho leva. "A mãe dele morreu?", perguntei alto.

Morreu, cara.

Enquanto a Disney criava órfãos em nome do entretenimento infantil, eu permanecia ali, em pé, checando as três telas de olhos arregalados para ver se o momento se repetia. Eu absorvia pela primeira vez o baque do que uma história poderia me fazer sentir.

Capítulo 2
DÁLMATAS, FUTEBOL E MORTE

Minha segunda lembrança cinematográfica – essa totalmente minha, garanto – foi outra sessão Disney. *101 dálmatas* (a animação, não o filme com a Glenn Close) estava de novo em cartaz e minha tia Aline, irmã mais nova da minha mãe, me levou para assistir em um fim de semana. Nessa época, os filmes infantis retornavam às salas de exibição de tempos em tempos, já que não havia outra maneira de vê-los além dos cinemas ou da exibição na TV, uma longa janela de tempo após seu lançamento, em parcos seis ou sete canais.

O problema é que, antes dos trailers, as exibidoras colocavam uns boletins jornalísticos, chamados cinejornais. Era um complemento nacional obrigatório que passava antes de filmes estrangeiros, cota de tela instituída na década de 1930, no governo Getúlio Vargas. Eu soube mais tarde que podiam ser curtas-metragens de qualquer espécie, mas as notícias eram preferidas pelas produtoras devido ao custo mais baixo e por permitirem captação de recursos oportunistas… com propaganda política, por exemplo.

O mais famoso desses cinejornais era o *Canal 100*, que revelou o vozeirão do Cid Moreira e que os pais adoravam, pois era quase na íntegra sobre futebol, com um jeitão meio poético. Eu queria morrer, já que esses programas pareciam eternos e o futebol não é exatamente a minha praia, ainda que meu pai, Luiz –

o Borgo original –, tenha me enfiado numa roupinha de time na minha saída da maternidade – e insistido mais uns anos depois nisso. Enfim, até hoje me arrepiam os acordes iniciais de "Na cadência do samba", na versão do Waldir Calmon, que tocava antes do *Canal 100*. "Que bonito é…" o cacete. Comecem logo o filme, por favor!

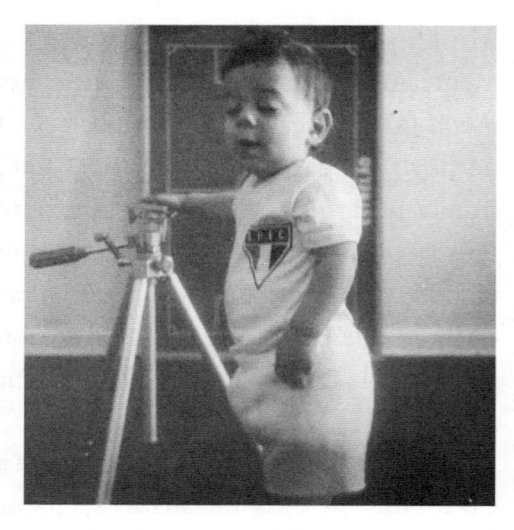

Tenho certeza de que essa angústia da espera pela atração principal do cinema ajudou na minha ojeriza pelo futebol. Alguns desses boletins duravam sete ou oito minutos… uma eternidade em minutos-criança. A alegria poetizada e o ufanismo dos cinejornais em pleno fim de ditadura eram desesperadores. Não me interessava a "seleção canarinho que encantou o mundo", muito menos o Zico, o Sócrates ou o Toninho Cerezo. Meu pai, porém, curtia o esporte do povo. Além do macacão de time na maternidade, ele tentou mais algumas vezes me fazer tomar gosto pela bola. Uns anos mais tarde, quando ele e minha mãe estavam se divorciando, exigiu que ela me colocasse na escolinha de futebol do condomínio em que morávamos – para que eu saísse mais de casa e "fosse mais moleque", algo que até um médico chegou a receitar, pois eu era "esquisito". Ah, os anos 1980…

Eu não tinha escolha, então me arrastava duas tardes por semana, depois da escola, até a quadra que ficava no meio de um bosque de pinheiros. Eu adorava o lugar, mas nunca ia até a quadra – até ser obrigado. Gostava de visitar o bosque pra pegar carapaças vazias de cigarra presas nas árvores (uma vez juntei dezoito em um saco!) ou brincar nos córregos. Mas nada na área de esportes. O professor de futebol não demorou para perceber minha inaptidão e desinteresse, e logo eu estava jogando no gol, o destino de quem não tinha a menor ideia do que estava fazendo em campo. Uma criança assim virava, para todos os efeitos, um obstáculo.

Uma tarde, porém, decidi que já havia sofrido demais. Durante um ataque do meu time, quando o olhar de todos se voltava para o gol adversário, juntei coragem e corri em direção às árvores, deixando o gol aberto. Fui veloz e sumi nos caminhos que eu conhecia bem. Ainda estava suficientemente perto para ouvir o grito de "gol" do time oponente (não seriam ambos meus oponentes?), seguido por um "cadê o goleiro?". Uma ligação do professor para minha mãe e estava tudo terminado. Eu não seria mais bem-vindo no treino de futebol do condomínio.

Além do futebol, para piorar, os cinejornais não pareciam ter muito respeito pela classificação indicativa dos filmes que introduziam (curiosamente instituída no mesmo decreto de 1932 que criou a cota de tela). Na sessão de *101 dálmatas*, antes que os fofos cãezinhos surgissem em cena, foi exibido um relato dramático sobre a fome. Em segundos, minha inocência infantil foi destroçada com imagens de crianças famélicas de olhos enormes, incluindo uma que se retorcia lentamente sobre uma mesa de metal, sob o olhar atento de homens de jaleco. Minha tia até que foi ligeira, tapando meus olhos, mas era tarde demais.

Durante meses, desenhei aquele garoto em cantos de caderno e nas últimas folhas – meu lugar favorito para ocultar rabiscos –, para o desprezo dos meus colegas de classe. Eu tentava mostrar o horror e fazê-los entender, talvez por precisar de algum apoio das outras crianças. Esse apoio nunca veio. "Credo, Érico! Sai daqui!"

Dos dálmatas mesmo, lembro pouco: eram filhotes pintados e a Cruella queria matá-los pra fazer um casaco. Tenho quase certeza de que escaparam.

Com uma grande confluência de eventos, porém, os cinejornais se foram para sempre.

Eu notava pela TV que alguma coisa acontecia no Brasil. As pessoas estavam nas ruas, todos pareciam agitados e meu pai reclamava muito dos militares. Eram as Diretas Já, que culminaram nas eleições, que acompanhei com curiosidade durante uma temporada na casa dos meus tios em Mairiporã. Não entendia o que estava acontecendo, mas parecia merecedor de atenção pelo entusiasmo de todo mundo que eu conhecia.

No entanto, a alegria das eleições não durou muito. O presidente (Tancredo Neves) morreu antes de sequer sentar na cadeira. Meu pai chorou e eu fiz o que podia: segui vendo meus desenhos – quando não eram interrompidos pelo plantão do *Jornal Nacional*.

Se os adultos estavam emocionalmente abalados, eu estava feliz. Com o fim da ditadura, acabou a obrigatoriedade dos cinejornais e veio a popularização extrema dos telejornais, muito mais imediatistas, além da pressão de lobistas de Hollywood – que queriam colocar em cartaz mais sessões por dia. "Que bonito é…" nunca mais.

Uns quatro anos depois da sessão da Disney, quando as locadoras de vídeo já eram uma realidade no Brasil, uma vizinha chamou minha irmã caçula, a Bruna, pra assistir a um filme de terror. Eu fui junto, sem saber direito o que esperar, já que na minha idade o gênero carregava uma aura nefasta, sempre escondido pelos pais e desaconselhado pelos atendentes de locadoras. O filme era o clássico de 1985: *A volta dos mortos-vivos*, de Dan O'Bannon – o escritor de *Alien: o oitavo passageiro*. Nele, dois idiotas inadvertidamente liberam, de uma instalação militar, um gás capaz de reanimar os mortos – e deixá-los famintos por cérebros humanos! Eu mal sabia que estava assistindo a uma pérola do horror – pois esse foi o primeiro longa a mostrar mortos-vivos desejando cérebros, falando e correndo, bem diferente do estabelecido até ali. O'Bannon também escreveu um dos meus diálogos favoritos do cinema, que memorizei naquele dia: a conversa entre um dos protagonistas e o pedaço de uma morta-viva.

– Por que você come gente?
– Gente não... miolos!
– Por quê?
– A DOR.
– A dor de quê?
– A dor de estar MORTA!

Saí da vizinha sem rumo, com um misto de medo e excitação. O filme também conteve minha primeira nudez total cinematográfica, com a atriz Linnea Quigley, no papel da punk Trash, arrancando a roupa e dizendo que gostaria de morrer "com um bando de velhos a devorando".

Mas o filme também me lembrara do meu primeiro contato com a morte, a criança faminta. A zumbi que conversa estava amarrada a uma mesa metálica e cercada de maneira muito parecida com a cena do cinejornal de anos antes. E me fez pensar também na primeira vez que achei que fosse morrer, que aconteceu durante um almoço de domingo, quando meu tio Lineu levou a família para nossa casa em Arujá. Era raro encontrar meus primos, então extraíamos o máximo dessas tardes juntos. Claro que, invariavelmente, as brincadeiras acabavam em choro. Minha prima Paula é quatro anos mais velha que eu, então tinha acesso a toda uma gama de conhecimentos juvenis avançados e aterrorizantes. Encontrar a Paula era ser lançado em um mundo de horror realista. Foi com ela que aprendi o que eram parasitas, por exemplo. E, acredite, a Paula sabia dramatizar fatos como ninguém. Até hoje espero lombrigas saírem das minhas órbitas oculares. A QUALQUER MOMENTO.

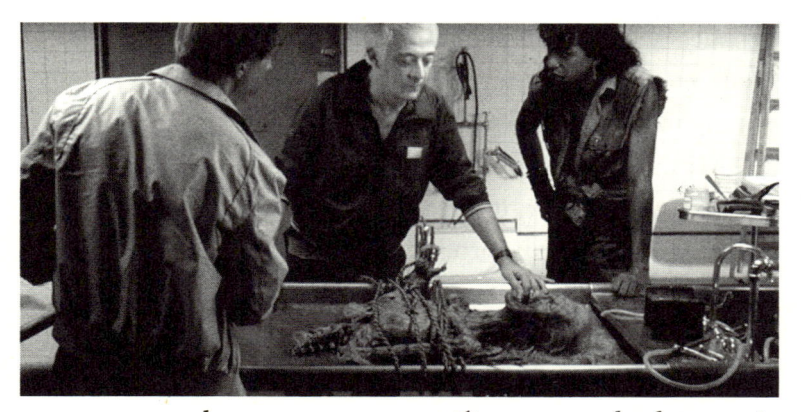

Mas mesmo ela, durona, teve sua dose de pânico naquele dia. Depois do almoço, os adultos ficaram conversando na sala e nós descemos pra jogar pebolim (uma aquisição do meu pai) na garagem, convertida em uma mistura de sala de jogos com o ateliê de cerâmica da minha mãe logo que a casa ficara pronta. O pequeno banheiro dessa área fora azulejado recentemente com ladrilhos que ela mesma fez à mão, e era bem bonito.

Minha irmã, do alto de seus 4 ou 5 anos, sentada na privada, chamou orgulhosa todos os primos para verem o trabalho artístico da progenitora. Não sei de quem foi a ideia de fechar a porta enquanto os críticos mirins analisavam os azulejos, mas o trinco emperrou e ficamos os quatro trancados. Bruna, sentada no trono, foi a primeira a chorar.

Eu e minha prima ríamos da situação ridícula. Até que meu primo, o Alexandre, disparou a frase "nós vamos morrer", com certeza na garganta. Olhos vidrados nele agora. "Nós vamos morrer. Vamos apodrecer e nossos pais vão encontrar só nossos esqueletos aqui!" Em segundos, ninguém mais ria, mas chorávamos e gritávamos no cubículo azulejado, batendo na porta e tentando, em vão, abri-la. Alertados pela gritaria, nossos pais desceram as escadas e abriram a porta sem esforço algum. Estávamos apenas girando o trinco para o lado errado.

Cada primo molhado de lágrimas voou para os braços de um familiar, escapando daquele momento dramático sem entender a razão pela qual os adultos riam dos quatro patetas.

Era mesmo formidável como todas as vezes que nos encontrávamos algo errado acontecia. Como se nossa vontade represada de brincar juntos energizasse nossos joguinhos e nos transformasse em um bando descontrolado de primos selvagens.

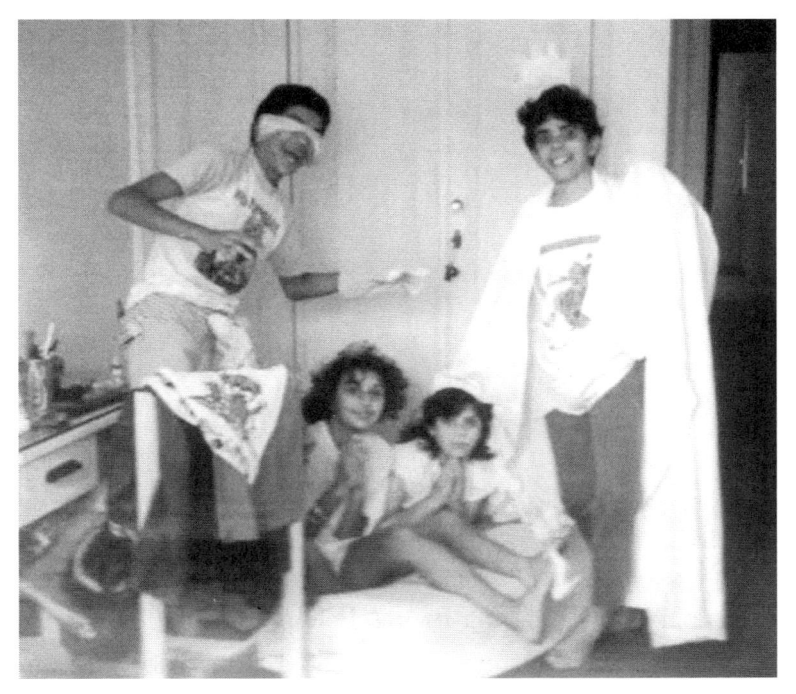

Alexandre, Paula, Bruna e eu.

    Em outra ocasião, durante um fim de semana particularmente quente das férias de verão, estávamos entediados do lado de fora da minha casa recém-pintada, e começamos a fazer graça jogando torrões de terra uns nos outros. Em minutos, estávamos organizados em times que incluíam outras crianças da rua, disparando torrões na direção de duas fortificações: a minha casa e a do vizinho, que estava viajando e ensacara pacientemente cada pêssego de uma árvore solitária em seu terreno, para impedir que fossem alvo de bichos. Pois os frutos logo viraram munição e um fogo cruzado de torrões e pêssegos cruzava a Rua das Rosas, explodindo nas duas casas.

Nessa rua viam-se as três janelas dos quartos: o dos meus pais, o meu e o da Bruna. Pela proximidade com um lago e os vários terrenos vazios do bairro, não faltavam pernilongos por lá – e as janelas eram recobertas por telas. E essas telas esticadinhas eram alvos perfeitos para os pêssegos atirados do outro lado da rua, já que, quando atingidas, faziam um barulho de raquete e devolviam as frutas em ângulos perigosos bem nas costas de quem estivesse defendendo a minha casa, escondido atrás de alguma árvore.

Esse grande embate durou pouco, mas foi intenso. Na época, estávamos obcecados com a fantasia de ficção científica *Krull*, um dos vários "filhotes" da febre *Star Wars* que inundaram os cinemas na década de 1980. Nesse filme, um bando de guerreiros viaja a um planeta distante para resgatar sua princesa das garras da Besta. A arma mais formidável do filme era o Glaive, uma espécie de shuriken-bumerangue dourado enfeitadíssimo, com pedrarias e pontas afiadas. Adorávamos esse artefato justamente pelas extremidades, que pareciam as garras curvadas do jabuti do meu primo, o Poc. E na nossa guerra, qualquer torrão achatado que pudesse ser arremessado como uma estrela ninja virava o Glaive na nossa imaginação. Quando ricocheteava nas telas então, era puro deleite.

Um frenesi de terra, polpa e suor cobria-nos dos pés à cabeça, quando minha mãe resolveu checar o que motivava tal algazarra. Seu grito de terror quando viu o que havíamos feito com a pintura nova ecoa até hoje em nossos ouvidos.

E perdemos nosso parco tempo juntos lavando as paredes naquele dia.

Capítulo 3

O COLECIONADOR

Tive muita sorte de crescer em um lar que valorizava a leitura. Em casa éramos apenas eu, Luiz, Enery e Bruna, e a família inteira não era muito grande. Apenas um tio e uma tia e quatro primos – um menino e uma menina de cada. Tive a sorte de crescer com todos os avôs e avós e conheci até uma bisavó. A casa era espaçosa, construída sob a supervisão do meu avô João, pedreiro, a partir do projeto do meu avô materno, Alfredo, arquiteto. Meu pai era administrador de empresas, minha mãe, professora e artista plástica. Ambos liam muito, talvez para mascarar o fato de que o casamento estava aos poucos minguando. Olhando para trás, vejo que escapismo era uma prioridade em casa.

Meu pai trabalhava na Telesp, a operadora de telefonia estatal que, depois de privatizada, virou a Telefônica. De vez em quando – talvez depois das matinês cinematográficas,

Luiz, Enery (eu no colo), o vô Alfredão, Dona Irene e meus tios Aline e Maurício, nos primeiros dias em Arujá.

não sei – o buscávamos no trabalho. Esperávamos dentro do carro, na rua, observando os executivos que desciam pontualmente às 17 horas por uma escadaria circular de concreto com paredes de vidro. Ternos e pastas. Muitos bigodes (o do meu pai era hirsuto, e os fios mais longos eram aparados com a ajuda dos dentes e beiços). No primeiro andar do edifício ficava o Museu do Telefone, que eu podia visitar sempre que quisesse, por ser filho de funcionário.

Na seção do meu pai havia um colecionador de histórias em quadrinhos que só posso descrever como um descontrolado estupendo: o Yudenitsch, um sujeito extremamente generoso. Ele fazia "kits" de HQs, que acondicionava em grandes caixas de papelão de supermercado, para emprestar ao meu pai. Tais combos eram uma seleção absolutamente aleatória de publicações, que ele devia pegar com uma pá em seu quartinho desorganizado (tive a oportunidade de visitar o lugar uns anos depois), onde pilhas de revistas encobriam as paredes. Yudenitsch comprava tudo o que chegava às bancas e estocava em seu apartamento, que, fora a bagunça do quarto de HQs, era bastante elegante, fruto de um acordo de equilíbrio com a esposa, tenho certeza.

Com essas caixas da Telesp, as histórias em quadrinhos existiam em abundância pela nossa casa. Eu e meu pai terminávamos uma inteira, ele devolvia e já trazia uma nova. Eu lia de tudo: desde Mônica e Pato Donald a super-heróis da Marvel e DC, passando por gibis da Luluzinha, do Riquinho e por autores como Will Eisner. Não sei se meu pai fazia algum filtro ou não, mas sabe como eram os anos 1980... Filtros de conteúdo para crianças eram mais amenos nessa época. Eu me lembro de ler pelo menos uma ou outra coisa mais "picante", como *Sheena, a Rainha das Selvas* e sua tanga diminuta. Mas ainda era pequeno demais para me importar com as curvas da selvagem seminua.

Mais ou menos nessa época, também comecei a criar minha coleção de quadrinhos. Parte do dia da Dona

Enery era dedicado a tarefas domésticas no centro de Arujá. Pagar contas na "Rua dos Bancos", ir ao mercado, essas coisas. Pra não ir sozinha, ela desenvolveu um mecanismo de corrupção infantil de extrema eficiência: subornar-me com gibis. O combinado era que a primeira parada sempre seria a única banca da cidade, onde eu poderia escolher uma HQ.

O lugar era bastante sinistro. Uma lojinha diminuta na rua que servia de rodoviária da cidade, cuja porta era parcialmente protegida por um biombo de madeira alto. Entrava-se na banca quase se esgueirando por uma fresta na direita. Para mim, a passagem pelo portal amadeirado dava uma aura meio religiosa à cena. Os olhos demoravam uns segundos para se acostumar à iluminação parca, enquanto o nariz captava de imediato o cheiro de papel e tinta. Prateleiras sobrecarregadas de revistas e pilhas de jornais entupiam o pequeno estabelecimento, cujo dono ficava semioculto atrás de um balcão, no melhor estilo do vendedor de mogwais em *Gremlins*. Era um descendente de japoneses desgrenhado chamado Jorge – e eu amava esse cara!

Jorge podia ser bagunceiro, mas sabia reconhecer um bom freguês. Já separava meus gibis favoritos e apontava todas as novidades. Eu tinha que ser rápido, pois a fila do banco nos esperava. Além das HQs, de vez em quando rolava até um álbum de figurinhas.

Lamentavelmente, porém, a relação entre o número de páginas de uma *Heróis da TV* (com Thor, Vingadores, Surfista Prateado…) ou uma *Superaventuras Marvel* (Demolidor, X-Men, Luke Cage…) e a duração das filas de banco, naquela época anterior ao *home banking* e mesmo aos caixas eletrônicos, era desequilibrada – a espera era SEMPRE maior que o tempo de leitura. Para compensar, eu lia as HQs duas vezes, uma com foco no texto, outra olhando bem os desenhos.

Talvez isso tenha sido bom como um desenvolvimento crítico, ou coisa assim, mas não tenho dúvidas de que preferiria filas mais rápidas. Até hoje tenho horror a qualquer instituição bancária e antes de casar com a Nathalia Arcuri, a diva das finanças, cuidava do meu dinheiro de maneira preocupada, porém desengonçada.

De qualquer maneira, tais demandas domésticas rendiam bem – e logo meu avô Alfredo também passou a comprar minha companhia para esse tipo de *quest* burocrática. Mas ele era ainda melhor (desfrutava de uma carreira como arquiteto celebrado nos anos 60 e 70 e vivia esbanjando) e de vez em quando me levava à outra loja fantástica local, a de brinquedos. Lá, podia ser que eu ganhasse um boneco Falcon ou uma de suas "cartelas de aventura" – kits que complementavam o brinquedo com roupas e acessórios. Não havia nada mais feliz que entrar na lojinha do Seu Damasceno – na rua de paralelepípedos que era também a mais antiga da cidade, logo ali do lado da Igreja Matriz – e escolher um Falcon novo, com sua elegante barba setentista e cicatriz no rosto.

Esses belos bonecos têm uma história bastante curiosa no Brasil. Foram lançados aqui em 1977, quando a americana Hasbro, dona da marca G.I. Joe – militarizada e extremamente patriótica – passou por apuros financeiros. Isso a fez recorrer ao licenciamento dessa série, a primeira da história na linha das chamadas action figures: bonecos colecionáveis articulados. Assim, os G.I. Joes adaptaram seu nome de acordo com o país em que estivessem, virando por aqui os "Comandos em Ação" da Brinquedos Estrela. O nome, porém, não pegou, e logo o público passou a chamar esses bonecos simplesmente de "Falcons", os "Heróis de Verdade".

Rolava uma febre por esses bonecos entre a molecada, mas houve uma resistência inicial por parte dos pais. Afinal, na visão limitada da época, brincar com bonecos era coisa de menina; os que existiam eram as Susies, as Barbies e os Bobs (o atual Ken). Mas o visual estereotipicamente másculo dos Falcons era todo o marketing de que a sociedade conservadora precisava. A cara de mau, endurecida por batalhas, os músculos protuberantes e as situações que o personagem enfrentava não deixavam dúvidas de que o produto não "converteria seu filho em uma menina", mas o inspiraria a tornar-se um aventureiro viril. Afinal, o sujeito vestia roupas camufladas, caçava gorilas, arraias gigantes e tubarões, além de ter um helicóptero cujas pás giravam com o pressionar de um botão. E uma cueca azul com o logo da Estrela.

Sem falar no jipe do soldado, tão grande e robusto que dava para uma criança sentar em cima e descer o barranco do vizinho. A Bruna arrebentou-se assim uma vez, e se arrebentaria muitas outras vezes na nossa infância, correndo pelas ruas enquanto eu ficava enfiado em casa, lendo e vendo TV.

O único problema desses bonecos era a sua "coluna vertebral". Composta de uma borracha que passava internamente pelo torso, prendendo braços e cabeça à pelve e às pernas, essa estrutura endurecia relativamente rápido – forçando sua complicada troca em hospitais de brinquedos. Esses momentos "desfalcados" eram uma tremenda frustração que só acabava com o retorno do brinquedo.

O Falcon era tão presente em minha vida que eu tinha discos de vinil que contavam suas aventuras (meu favorito era um em que ele enfrentava seu inimigo robótico Torak, cuja voz parecia um rádio fora de estação) e brincava de olhos de águia com meus primos (um colocava a mão na nuca do outro, fingindo acionar o mecanismo que fazia com que os olhos do boneco se mexessem para os lados, nos modelos dos anos 1980). De certa maneira essa influência continua presente, dado meu apreço pelo visual barbado e viagens que envolvam um grau (seguro) de aventura.

Essa era de ouro dos action figures durou pouco, porém. Os bonecos eram caros e foram substituídos mundialmente por versões miniaturizadas, bem mais acessíveis e variadas. Os novos G.I. Joes – bonequinhos com cerca de dez centímetros – chegaram ao Brasil, também pela Estrela, em 1984 e foram uma nova febre, aproveitando o sucesso do desenho animado, exibido pela Rede Globo aos domingos e depois nas manhãs de dias de semana no *Xou da Xuxa*. O anúncio, aliás, me rendeu uma ida ao hospital e um gesso no pé direito. Vi na TV o comercial e fiquei tão empolgado que saí correndo para contar para minha irmã. No processo, bati o dedinho no canto de uma cadeira de madeira quadradona e pesada. Trincou na hora e já caí no chão chorando. Acidentado em nome dos Joes.

O nome Comandos em Ação voltou com força, e o logo da série alinhava nada menos do que cinco Falcons sobre o texto, para que as crianças relacionassem as duas linhas de brinquedos. Vítima do marketing, imediatamente me afeiçoei a esse produto inferior e infernizei minha mãe para comprar mais e mais desses bonequinhos, já que eram "baratinhos, só cinco cruzeiros".

Anos mais tarde, porém, descobri que o vilão daquela linha inicial de bonecos, chamado "O Invasor", era, na verdade, um aliado dos G.I. Joes no seu país de origem, os Estados Unidos. A Brinquedos Estrela aproveitou o visual sombrio do herói Snake Eyes, um ninja encapuzado, e o transformou em vilão aqui. Os verdadeiros vilões da franquia, os Cobras, só apareceriam a partir da segunda linha dos Comandos em Ação, um ano depois. Imagine a confusão na cabeça da molecada, quando a Xuxa mostrou o Invasor atuando ao lado dos mocinhos...

Esse era o início de uma nova realidade no cenário dos brinquedos no Brasil, com inúmeros desenhos animados ganhando versões perfeitinhas nas lojas e, de certa forma, exigindo cada vez menos criatividade nas brincadeiras. Em meados dos anos 1980 eu e meu vizinho Adriano – conhecido entre os amigos como Bigato – cortávamos paninhos para usar como saiotes romanos nos Comandos em Ação, colávamos peninhas de peteca no capacete deles e prendíamos palitos de dentes cortados ao meio nas mãos forradas de fita adesiva dos bonecos (cujo dedão estava quase sempre quebrado), transformando o soldado dos Estados Unidos em romano, para que ele vivesse aventuras mitológicas que aconteciam em um labirinto de enciclopédias. Uns anos depois, se você quisesse um boneco romano, era só procurar um nas lojas.

As enciclopédias que eu usava para estudar e que serviam como estruturas para as brincadeiras eram fantásticas. A *Barsa* era boa para os trabalhos do colégio, pois era bastante completa em temas e fácil de pesquisar, mas era pouco ilustrada e desinteressante, pois a imprimiam toda em preto e branco. Já a *Conhecer* oferecia um verdadeiro portal de nerdices científicas e históricas. Totalmente ilustrada e colorida, ela reunia assuntos na forma de artigos e tinha algumas páginas duplas que foram as avós dos infográficos de hoje. O cotidiano de um feudo, por exemplo, era abordado com uma enorme pintura numerada. Na outra página, explicavam-se todos os figurantes naquela cena. Eu surtei ao descobrir que existia um falcoeiro do lorde feudal, por exemplo.

Um cara que cuidava apenas de aves domesticadas e usadas para a caça!

Esse tipo de conhecimento, que muitos do colégio consideravam inútil, era fundamental nos universos que eu começava a admirar com entusiasmo. Quando *O feitiço de Áquila* chegou aos cinemas, em 1985, eu sabia exatamente por qual razão Rutger Hauer colocava um capuz sobre a cabeça da ave que era a Michelle Pfeiffer. Sem perceber, eu estava criando uma relação entre o conhecimento que buscava por conta própria e os filmes e histórias em quadrinhos que serviam como passatempo. Um alimentava o outro e vice-versa, sem que outras pessoas me motivassem. Solitariamente, nerds eram formados nos anos 1980.

Além das enciclopédias, a biblioteca de casa era razoável. Os livros mais adultos ficavam nas prateleiras superiores – que logo aprendi a alcançar nas tardes depois do colégio, quando não tinha ninguém olhando. *Tubarão*, de Peter Benchley, foi lido assim – em uma edição capa dura que tinha uma texturinha áspera –, anos e anos antes de eu ter idade pra ver o filme do Spielberg.

Nossa biblioteca não parava de crescer. Todos os meses chegava o catálogo do Círculo do Livro, cuja revistinha era uma das poucas coisas que reuniam toda a família. Cada um de nós podia escolher um título e, em uma dessas sessões, em que eu avaliava com cuidado minhas opções, lembro de ouvir a música do início do *Fantástico*, que começava logo depois do glorioso *Os Trapalhões*. Era domingo à noite, obviamente.

Nessa época, "O show da vida" vivia seus dias mais aleatórios e insanos. Exorcismos e aparições alienígenas dividiam espaço com a violência de sempre e o (eternamente) conturbado momento político. Dava medo pra caralho assistir ao *Fantástico* nos anos 1980, mas ao mesmo tempo era fascinante. Depois de um programa particularmente inspirado, em que foram mostradas teorias sobre a vida fora do nosso mundo e invasões alienígenas na Antiguidade, meu pedido no Círculo do Livro foi *O Triângulo das Bermudas*, de Charles Berlitz. Li o clássico da ufologia com pavor – "Estrada de Bimini", uma formação geológica no fundo do mar na região que parece ter sido criada por mãos humanas, é um nome que guardo com respeito e medo – e, na última página, encontrei indicação de outro livro do gênero: *Eram os deuses astronautas?* Lembrei na hora do título. Ele já existia na casa dos Borgo! Ali, na prateleira alta, pertinho de *Tubarão* e outros livros que não me diziam respeito.

Eram os deuses astronautas?, do suíço Erich von Däniken, era mais amedrontador que *O Triângulo das Bermudas*. Em especial uma das ilustrações, com um ser meio reptiliano olhando para mim, uma mão erguida na direção do rosto. Aquilo me causava tantos arrepios que tive de marcar a página e a catalogar como proibida. Mesmo assim, vez ou outra a checava, meio que para me testar e ter certeza de que ele continuava lá.

E foi nessa época que comecei a sonhar com alienígenas. Em um dos pesadelos mais perturbadores, eu viajava pelo Cairo, com direito a roupinha de explorador inglês, ouvindo mercadores em seu coro, ao que perguntei "que língua estão falando?". Um chute forte nas minhas costas me despertou – e vinha de debaixo da cama. Ouvi claramente "é árabe!", seguido por uma risada aguda, como unhas raspando na lousa. Em pânico, fiquei sem me mover, suando e pensando em maneiras de alcançar a porta, de onde poderia chamar meus pais. Mas era arriscado demais... O que quer que estivesse sob a cama pegaria meu tornozelo. Gritar também não era uma opção. Há certas regras veladas quando um alienígena estabelece morada sob sua cama. A primeira delas, todos sabem, é "não gritarás pelos pais". Foi a noite mais longa da minha vida.

Pelos dez anos seguintes eu dormiria com um colchão sob a cama, para impedir que outra coisa ocupasse aquele espaço.

Foi só recentemente que minha irmã me confessou ter sido ela a entrar embaixo da minha cama naquele dia e chutar o estrado para tentar me acordar, com medo de uma tempestade lá fora. Mas não acredito. Não mesmo. Um alien ficou sob a minha cama naquela noite – e eu nunca senti tanto pânico.

Eu nunca tinha visto a Bruna escondida nesta foto antes de selecioná-la para o livro.

Capítulo 4

O
PRIMEIRO
JEDI

Foi entre 1983 e 1984, aos 8 anos de idade, que vi uma das imagens que mudariam minha vida para sempre.

No jornal de domingo usado pra decidir a qual filme assistir no cinema de rua da cidade vizinha, Mogi das Cruzes, vi duas mãos juntas segurando com firmeza uma espada... de energia!

O significado da palavra Jedi, que ocupava o topo da imagem, era um mistério pra mim, mas o anúncio em preto e branco, um quarto de página em cima da listona de salas – em corpo minúsculo – prometia que ele estava retornando. "Não dá pra assistir esse sem ter visto os dois primeiros", explicou meu pai, escolhendo a seguir o filme que veríamos em família naquela tarde.

Mas meu encontro com os ewoks, essas adoráveis criaturas que por pura memória afetiva me recuso a odiar, estava destinado a acontecer naquele dia. A Força é forte no desejo de uma criança, gosto de pensar. A sessão do filme que veríamos – e que nem me lembro qual era – estava lotada... e *Guerra nas Estrelas: O retorno de Jedi* foi a única opção.

Absolutamente tudo no encerramento da primeira trilogia de *Star Wars* foi empolgante pra mim, mesmo que eu não soubesse quem era aquele cara aprisionado em carbonita, muito menos qual era a da moça habilidosa e bonita disfarçada que tentou salvá-lo e mais tarde enforcou um lesmão. Estava tudo bem confuso, até aparecer o dono das mãos do cartaz. Sua espada só surgiria mais tarde, disparada por um robô simpático, e a emoção de vê-la acender e ajudar a jogar os inimigos daquele cara austero em um buraco com tentáculos foi inesquecível.

Fazer "uónnn" segurando tocos de cabo de vassoura virou a brincadeira de todos os dias, e todos os meus Playmobil se tornaram Luke, Leia, Han... Eu passava horas usando os bonequinhos para recriar cenas do filme, que eu revia na cabeça. As enciclopédias empilhadas viravam o Palácio do Jabba (o lesmão), roupas emaranhadas dispostas em círculo, o Grande Poço de Carkoon, morada do poderoso Sarlacc. Eu levava tanto tempo pra montar os cenários que no momento em que estava tudo pronto pra brincar... já era hora de recolher tudo.

Para garantir a fidelidade à criação de George Lucas, arranjei um álbum de figurinhas de *O retorno de Jedi*, que me ensinou os nomes dos personagens, planetas e veículos, alguns que sequer eram falados em cena. "Os melhores momentos de *Guerra nas Estrelas*, *O Império contra-ataca* e de *O retorno de Jedi*

em 248 cromos autocolantes", dizia a capa. Esse "best of" foi fundamental para que eu começasse a entender o cânone da saga – antes mesmo de conseguir assisti-la!

"Migalhas Indecentes", o ajudante de risada estridente do vermiforme Hutt, era meu personagem favorito. Na época, era assim que fãs obcecados de qualquer coisa hoje dita nerd podiam saciar sua curiosidade e estender a diversão além das telas: buscando informação de todas as maneiras possíveis. Era difícil, mas o prazer da descoberta, indescritível.

Star Wars entrara na minha vida e eu era alguém muito mais feliz (e mais nerd) por conta disso.

Um pouco mais tarde, em julho de 1985, a Editora Abril começou a publicar as aventuras em quadrinhos de *Guerra nas Estrelas*, ampliando ainda mais meu interesse por esse universo. Elas aconteciam dentro do gibi mensal do Hulk – os mixes de quadrinhos dos anos 1980 eram incompreensíveis e formidáveis! – e foi na edição 25 que começou a adaptação de *O Império contra-ataca*, meu primeiro contato com a história de George Lucas, Lawrence Kasdan e Leigh Brackett, ali adaptada por Archie Goodwin. A publicação começou pelo segundo filme, pois em 1978 outra editora, a Bloch, já tinha publicado a adaptação do filme anterior.

Felizmente, logo depois de ter assistido a *O retorno de Jedi* no cinema, pude saber como tudo começou em *Guerra nas Estrelas*, o primeiro filme, que ganhou depois o título *Episódio IV: Uma nova esperança*. O filme foi exibido pela primeira vez na TV aberta, na gloriosa Rede Manchete, em 11 de dezembro de 1983 – mas só em alguns estados, onde a emissora atuava. A Globo só exibiu o filme em rede nacional em 1987, popularizando a saga definitivamente por aqui, já que exibiu os três filmes com intervalos de um mês e pouco – e na época a criançada não tinha muito o que fazer, então todo mundo grudou na telinha.

O sucesso também colocou na televisão o primeiro documentário sobre cinema que eu me lembro de ter visto. Nele, um sujeito barbudo chamado George Lucas mostrava os segredos de algumas das melhores cenas do segundo *Guerra nas Estrelas*, *O Império contra-ataca*, que antes de ter lido no gibi do Hulk eu só sabia que existia graças às páginas finais do álbum de figurinhas de *O retorno de Jedi*.

Na telinha, câmeras voavam sobre miniaturas detalhadas da Estrela da Morte, artistas mexiam um pouquinho por vez tanques de quatro pernas – meu primeiro contato com o que considero a mais completa forma de arte, o stop-

-motion – e Luke cavalgava uma mistura de canguru e ovelha na neve. Era como ver um mágico explicando seus truques – e eu queria saber mais.

Esse especial da TV foi uma influência muito importante para mim, pois as brincadeiras imediatamente mudaram de recriar a obra para recriar sua criação. Comecei a brincar não de Luke, mas de George. Pendurava fios pelo quarto como varais, criava naves com caixas de papelão e as fazia escorregar de um canto a outro diante de uma câmera Super 8 mm do meu pai (que não funcionava havia uma década).

Registro de J.W. Rinzler para o documentário The Making of Star Wars.

Esses fios, que eu também puxava para acender e apagar a luz do quarto e ligar um gravador com sons aterrorizantes, me ajudaram a gerar clássicos da Avenida Cizalpina, como minhas "salas do terror". Nelas, eu colocava minha irmã e familiares na tentativa de criar um ambiente imersivo. Havia até uma cabeça que rolava sobre as pobres cobaias.

Recheada com espuma de almofadas, a cabeça era uma máscara de borracha – que eu descobriria na faculdade, ao assistir a *Plano 9 do espaço sideral*, tratar-se da imagem de Tor Johnson. O lutador profissional, conhecido como "Anjo Sueco", foi transformado em uma máscara famosa de Dia das

Bruxas nos Estados Unidos na década de 1970. E, de alguma maneira, ela fora parar na lojinha de cacarecos de Arujá, onde meu avô a comprou para compor minha fantasia de Corcunda de Notre-Dame para o bailinho de Carnaval do condomínio.

Preparado para o baile de fantasias posando no jardim do avô.

Meses depois, Tor ganhou um corpo. Um pijama velho e um par de luvas foram recheados com a mesma espuma, depois costurados. Galochas foram presas com fita adesiva e um chapéu e óculos escuros completaram o golem, que, pelo visual de velho distinto ameaçador, ganhou a alcunha... DOM PEPITO.

Dom Pepito era o astro de todos os meus filmes falsos e também se tornou o protagonista de inúmeras pegadinhas. Pela sua mobilidade, o bonecão era frequentemente posicionado na sala, sentado no sofá como um membro da família (de chapéu e óculos dentro de casa). Ou às vezes na cama de alguém, com as mãos cruzadas sobre o peito. Os sustos gerados pelo homúnculo tenebroso eram bastante sonoros e sempre envolviam um palavrão seguido do meu nome.

Reconstituição "artística" do saudoso Dom Pepito.

Então Dom Pepito começou a aparecer dentro do meu quarto, ou no armário, causando em mim as mesmas batidas falhadas do coração e gelando a minha espinha. O nobre saco de espuma viveu alguns bons meses até o decreto da Dona Enery que proibia a existência de criaturas em tamanho real dentro de casa. Eu o traí com a ajuda de outras crianças, ao enforcá-lo em um entardecer de sábado no muro do vizinho, em um frenesi infantil coletivo digno de *O senhor das moscas*.

Criatividade sádica à parte, aos poucos – entre cinema, TV, figurinhas e gibis – eu ia completando um quebra-cabeça narrativo de *Star Wars*, do qual eu tinha o fim e o começo. Porém, a saga para completar a trilogia ainda estava longe de acabar... e seria encerrada só uns anos mais tarde, graças ao VHS e à primeira locadora de Arujá.

A verdade é que, sem *Star Wars*, eu não seria quem sou hoje. Os gibis eram legais – eu amava os heróis coloridos da Marvel e da DC – e sempre gostei de desenhar. Mas simplesmente nunca tinha visto um desenhista profissional atuando, exceto pelo Daniel Azulay, artista que desenhava e ensinava em um programa infantil com a Turma do Lambe-Lambe, pelo qual eu fora obcecado quando menor (ele, tristemente, foi vítima da covid-19 e faleceu durante a escrita deste livro). Antes dos 10 anos, eu ainda não havia percebido que toda obra artística depende de artistas e profissionais para ser realizada. Graças a George Lucas, entendi isso pela primeira vez. Vê-lo trabalhar – e ver o interesse das pessoas por ele – me abriu os olhos.

Na época, eram poucas as opções de profissão "populares". Você podia ser médico (a opção favorita da minha avó Nena), engenheiro, advogado, administrador de empresas, fazer magistério ou entrar em uma variante dessas profissões. Meu interesse por desenho foi notado em casa desde pequeno, mas nunca

Eu vestido de Daniel Azulay e minha irmã de dançarina de Charleston.

desenhei bem (nem me dediquei) o suficiente para perseguir uma carreira ligada ao traço.

Eu até impressionava algumas pessoas mais suscetíveis quando era criança. Uma vez, uma atendente de locadora, depois de saber das minhas habilidades com o lápis, pediu: "Desenhe um homem." Desenhei. "Agora desenhe um homem com doença." Rabisquei então uns arabescos sobre o rosto do homem, imitando pústulas. "Ele desenha qualquer coisa! É incrível", exclamou a moça. Homem + homem com doença = qualquer coisa. Ok.

Eu sabia que queria seguir uma carreira criativa, mas não me imaginava ilustrando quadrinhos, pois "isso não dava dinheiro", conforme ouvi da família. Então fui procurar uma

Todos os meus desenhos foram jogados fora. O único sobrevivente foi este cartão de Dia das Mães meio surrealista.

carreira mais convencional. Achei que poderia ser um arquiteto, como o meu avô, e meu pai sugeriu o vestibular da Escola Técnica Federal de São Paulo (atual IFSP). Eles tinham um curso conceituado de Edificações, eu poderia ter Crea, etc.

Era um dos vestibulares mais concorridos do país, dezoito mil pessoas disputando setecentas vagas em sete cursos. Depois de ficar em 770º lugar e pegar a lista de espera, consegui justamente o que queria: estudar Edificações. E em uma escola pública! Deixei então o conforto da proximidade da escola em Mogi das Cruzes em direção ao colegial em São Paulo.

Eu não poderia estar mais feliz com a conquista.

Comecei a Federal em 1990, com 14 anos. Um lugar novo, cheio de pessoas interessantes e completamente diferentes das que eu conhecera nos meus colégios até então. Galera que ralava pra comprar material, que pechinchava, revirava sebos atrás de livros ou infernizava veteranos por material usado. Era um universo completamente novo, depois de anos de escolas particulares e vivendo no mundinho murado do condomínio em Arujá. Conseguir passar no vestibular e tirar da minha mãe o fardo da mensalidade foi um dos maiores orgulhos da minha vida.

O prédio da Federal em São Paulo.

No entanto, encontrei ali um lado selvagem também. Entre as provas dificílimas, o volume de trabalho avassalador e as noites e noites de estudo, havia uma rixa intensa entre dois cursos – Edificações e Mecânica (Mec).

O problema é que era possível contar nos dedos quantas garotas cursavam Mecânica... e Edificações era o curso mais equilibrado em gênero de toda a escola técnica. Assim, pela "lógica" deles, éramos todos gays. Como Mec era "curso pra macho", eles tinham – no pensamento patriarcal e escroto deles – uma espécie de direito velado sobre as nossas colegas. Tudo errado. E se algum de nós decidisse confrontá-los, formava-se uma verdadeira guerra civil nos arredores do metrô Armênia.

Centenas de caras da Mecânica – era um curso numeroso e impelido por testosterona – juntavam-se em qualquer oportunidade para dar uns cascudos e aterrorizar qualquer rapaz que fizesse Edificações. E nossos tubos para carregar projeto e réguas T nas costas eram mais efetivos para nos identificar do que um alvo pintado na cara.

Acostumados com isso, os seguranças da escola sempre pediam que aguardássemos na saída ou déssemos a volta no quarteirão para evitar o Bigode, um boteco onde os mecânicos se reuniam para ocasiões festivas. Felizmente, escapei ileso de todas essas tocaias, mesmo na vez em que me pegaram e fiquei sendo empurrado de um lado pro outro ouvindo ofensas. Na verdade... hoje não consigo lembrar de um colega sequer que tenha apanhado nessas ocasiões. Mas que era aterrorizador, era.

Meu problema de verdade era um grupinho específico dessa turma. Uns seis sujeitos que decidiram que eu, na época bem magrelo, era o alvo perfeito para zoeira no intervalo. A merda é que eu não me ajudava. Estava deixando o cabelo crescer, e ele era tão feio, mas tão feio, que não havia outra solução senão amarrá-lo. Passei a usar rabo de cavalo – o primeiro da escola. A moda nascente só tinha dois usuários na cultura pop: o Matosão da novela *Vamp* e o Danny DeVito em *Irmãos gêmeos*. Por que achei que seria uma boa ideia adotar esse penteado, não sei. Era motivo de piada constante. Apontavam e riam da minha cara. Isso durou dias, e depois semanas. Até que decidi que não dava mais.

As salas de aula ficavam no segundo andar e eram acessadas por uma rampa em espiral. Quando estava subindo, recomeçou a zoação. E eu não era novato nisso... me lembrei do meu primeiro valentão, um que me encurralara anos antes em Arujá e, sem pensar muito, me virei. Escolhi o líder, que era uns bons vinte centímetros maior que eu e tinha pelo menos uns quinze quilos a mais. Se fosse para apanhar, pelo menos seria do pior deles.

A rampa espiralada me favoreceu. Por estar na frente, fiquei só um pouco menor que ele. Eu tinha o terreno mais alto. Pela segunda vez na vida, um discurso sobre perda de tempo e irresponsabilidade jorrava descontrolado da minha boca enquanto um dedo em riste dirigia-se ao valentão.

"Acabou, Anakin. Eu estou no terreno alto", Mestre Kenobi em Star Wars – Episódio III.

Durou pouco, mas fez efeito. Risos nervosos e alguns "calma cara, estávamos brincando" constrangidos, e nunca mais fui incomodado. Aliás, passei a ser mais respeitado e até ignorado em tocaias posteriores. E sabe o que mais? Um dos membros do grupo passou a amarrar o cabelo também.

E, com algum orgulho recuperado, comecei a ficar com uma garota da sala... a segunda da minha vida (a primeira foi na oitava série, mas falaremos dela e de Harry Houdini – sim, o mágico – adiante). Ponto pros nerds!

Nesse primeiro ano de colegial técnico, eu tinha uma única aula aos sábados à tarde: hidráulica. Duas horas depois do almoço, pra ferrar o dia todo mesmo. Mas ir para São Paulo todos os dias trouxe benefícios inesperados. As bancas de jornal eram tão boas quanto as que eu frequentava em Arujá, mas as lojas especializadas em quadrinhos... essas eu nem teria sido capaz de imaginar. Comecei a frequentá-las todo sábado de manhã, com outro nerd da sala, o Fabrício (cujo irmão tinha uma coleção de importados, algo que eu também nunca tinha visto).

Todo sábado era uma peregrinação a uma loja diferente de HQs: de sebos legais, onde eu completava minha coleção de "formatinhos" da Abril, às lojas mais frequentadas pelos colecionadores, como a saudosa livraria Muito Prazer, na Avenida São João, com suas vastas ilhas e prateleiras que abraçavam todos os gêneros e produções. Mas, disparado, minha favorita era a Devir Livraria, do Douglas Quinta Reis, Mauro

A livraria Muito Prazer, no centro de São Paulo, foi o berço da Devir.

Martinez dos Prazeres e Walder Mitsuharu Yano, em uma casa na Aclimação cujo portãozinho ao lado da garagem alguém tinha que abrir pra entrarmos.

A Devir tinha um fanzine que foi fundamental na história de muito nerd com mais de 30 anos... o *Recado Devir*. Era uma mistura de catálogo de lançamentos com revista informativa. Rodado primeiro em um A4 feito em xerox, depois ele foi aprimorado e passou a ser impresso como um caderninho em A5.

Era no *Recado*, criado pelo Douglas, que os fãs descobriam os próximos lançamentos, faziam suas reservas e se informavam das tendências e dos acontecimentos do mundo dos quadrinhos e dos quadrinistas. Foi, sem dúvida, uma inspiração para a criação do Omelete, dez anos depois. Tão bacana quanto visitar a Devir era buscar o fanzine. Era parte integrante da experiência.

A loja tinha também alguns filmes importados pra alugar, com coisas que na época não chegavam aqui de jeito nenhum. Foi lá que assisti ao primeiro *O Justiceiro*, por exemplo, o com Dolph Lundgren. Ou *Akira*, a viagem de Katsuhiro Otomo que já tinha saído no Japão havia dois anos e que por aqui ainda levaria um bom tempo pra aparecer oficialmente. Além do primeiro longa animado de *Gundam*, com seus robôs gigantes e guerras espaciais, que levamos pro laboratório de vídeo da escola técnica pra fazer uma sessão com a galera.

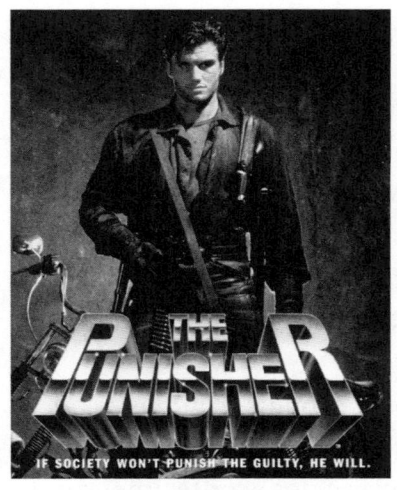

Outra loja que frequentávamos bastante era a Comix, que ficava na Alameda Lorena e depois mudou para a Alameda Jaú, onde está até hoje. Ela começou como uma banca grande de jornais, mas que só tinha HQs de qualidade, importados, muitos cards colecionáveis – uma mania na época – e jogos legais. Foi ali que comprei minhas primeiras miniaturas de chumbo pra jogar RPG e meus primeiros decks de *Magic: The Gathering*, que hoje até valem um dinheirinho.

O ano de 1990 foi espetacular na ampliação dos meus horizontes nerds.

Star Wars, porém, estava em um período dormente. Eram os chamados "Tempos Sombrios", sem novidades da franquia. Os VHS já tinham sido relançados em versão original, e eu finalmente podia rever os filmes na ordem, mas foi só em 1991 que apareceram alguns cards e os gibis da Dark Horse Comics, da série *Dark Empire*, que eram legais e inauguraram – juntamente com a Trilogia Thrawn, de Timothy Zahn – o Universo Expandido da saga. Os anos seguintes mostrariam um renovado interesse dos fãs pela franquia, mas até então tudo continuava quieto na Lucasfilm...

Foi só em 1993 que George Lucas anunciou que *Star Wars* voltaria aos cinemas – e com seis filmes! Eles estavam trabalhando em novas versões remasterizadas da trilogia original (episódios IV a VI), cujo relançamento, em 1997, celebraria os vinte anos do primeiro filme e recolocaria a saga no topo da cultura pop, em preparação para os inéditos episódios I a III.

Fui assistir à nova versão de *Star Wars – Episódio IV: Uma nova esperança* com os amigos do curso de Desenho Industrial da FAAP. Escolhemos justamente meu cinema favorito, o Bristol, e fui até com um colete que lembrava o do Han Solo (e antes que você pergunte... SIM, ele atirou primeiro). A história clássica, já gravada no meu coração, estava brilhante, cheia de detalhes novos e aprimorada (em quase tudo). Os acordes iniciais do tema de John Williams me arrepiaram instantaneamente ao serem tocados em um sistema de som moderno. Foi uma das melhores sessões de cinema da minha vida e inaugurou a "era moderna" da saga.

Saguão do antigo Cine Bristol.

Essa fase se mistura demais à minha jornada profissional. Eu estava na minha primeira empresa, em um escritório de design no Tatuapé, a Dixit Design, quando o primeiro trailer de *A ameaça fantasma* foi lançado na internet. Era novembro de 1998 e a "rede mundial" ainda engatinhava, acessada por conexões discadas lentíssimas. O novo vídeo praticamente derrubou o iTunes Trailers, onde se baixavam os filminhos promocionais na época. Felizmente, ele podia ser obtido também pelo Real Video, QuickTime ou AVI – e eu deixei o computador ligado a noite toda para concluir o download (um arquivo de parcos 320×240 pixels – uns 10% de um vídeo HD hoje). Mas foi o primeiro trailer que me lembro de ter assistido quadro a quadro, desfrutando cada pedacinho de informação possível. Pra mim, é o melhor trailer da história.

Meses depois, com meu ingresso comprado com semanas de antecedência para o novíssimo Cinemark Tatuapé – a rede que inaugurou o conceito dos cinemas modernos no Brasil –, passei pela porta do shopping pontualmente na sua abertura, às dez horas da manhã do dia 23 de junho de 1999. Eu tinha 23 anos. A sessão de *Star Wars – Episódio I: A ameaça fantasma* começaria 00h01 do dia 24 e, quando cheguei na porta do cinema, já tinha outros três caras ali. Nós nos reunimos para organizar a fila, já que nem segurança havia na porta do cinema. Ao longo do dia, chegaram amigos e outros fãs, e a empolgação era palpável. Como se isso não bastasse, foi naquela fila que minha irmã me contou que estava grávida da Júlia, minha única sobrinha.

A gritaria quando começou o tema de John Williams me trouxe lágrimas aos olhos imediatamente. E nem liguei muito pro fato de o filme ser ruinzinho.

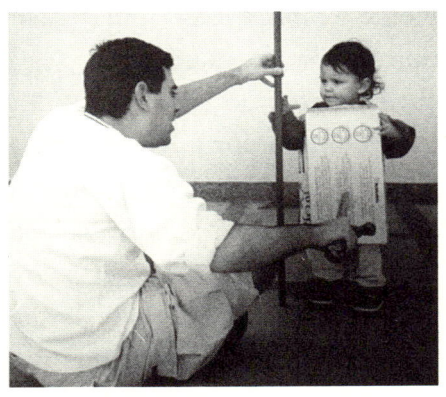

Desde pequena a Júlia foi treinada nas artes nerds.

Um ano depois, lançamos o Omelete e começamos a receber convites para as sessões de imprensa – assim, podíamos ver os filmes antes do público geral. Era o paraíso. Quando *Ataque dos clones* estreou, fui a uma dessas sessões – e fiz uma das minhas primeiras críticas. Eu era tão cru e estava tão empolgado que, mais uma vez, nem liguei muito pro fato de o filme ser uma bosta.

Em novembro de 2009, com o Omelete estabelecido e crescendo, fiz minha primeira visita à sede da Lucasfilm, no parque Presidio, em São Francisco.

A íngreme cidade, cenário de tantos filmes e perseguições de carros, provou-se um desafio para as minhas pernas. Nessa época nossa verba era apertada e táxis estavam fora de cogitação. Andei alucinadamente, subi e desci morros para visitar o máximo de bairros que pude, em expectativa à aguardada visita. Adorei especialmente o *clam chowder*, uma típica sopa de mariscos e outros frutos do mar bastante comum por lá, servida em um pão italiano no porto, pertinho do Musée Mécanique, um museu do videogame, onde passei algumas horinhas relembrando clássicos.

Eu mal podia conter a expectativa – e quando a van chegou ao hotel para levar o grupo de jornalistas à Lucasfilm, eu não conseguia parar de tagarelar, tamanha a emoção. Ao cruzarmos a guarita baixa, revelando um pátio, avistei a famosa fonte do Yoda, que fiquei contemplando boquiaberto.

O chato foi não poder deixar a emoção fluir, já que estava entre vários jornalistas e tinha que parecer profissional. E isso só piorou quando entrei no saguão de espera, em madeira escura e aconchegante do jeitão rancheiro que George Lucas aprecia, apinhado do chão ao teto de itens usados em tantos filmes que eu amo. Entre eles, estátuas de bronze de grandes nomes dos efeitos visuais, como Ray Harryhausen e seu mentor, Willis O'Brien. Além de, é claro, estátuas dos personagens principais como Darth Vader, com a qual tirei uma das minhas fotos favoritas, vestindo uma camiseta com um tigre-dentes-de-sabre-de-luz, que eu mesmo criei.

Fui lá para acompanhar a finalização de *O exterminador do futuro: a salvação*, e pude fazer um tour pelos escritórios cheios de lembranças e itens utilizados nas filmagens de todos os *Star Wars*, *Os caça-fantasmas*, *Jurassic Park*, *Indiana Jones* e centenas de outros... até a bicicleta do *E.T.* eu vi naquele dia, o que valeu cada segundo do maior perrengue de viagens que já passei.

O voo de Los Angeles pra São Francisco atrasou sete horas, e aterrissei na cidade já bem tarde da noite. Peguei uma van do aeroporto até o hotelzinho fuleiro que o dinheiro do Omelete podia pagar na época. Bati na porta para que o recepcionista abrisse e ele sequer se deu ao trabalho de sair. "Não tem vagas." Mas eu havia reservado... tinha comprovante... "O cartão não passou", disse. Eu havia errado um dígito e ninguém me avisou.

Fiquei nervoso e iniciei uma discussão ali na rua, em um bairro bastante esquisito. Eu estava sem grana e exausto em uma cidade que eu não conhecia. O cara enfim ligou para um hotel próximo e fechou um quarto pra mim. E lá fui eu, arrastando a mala por São Francisco a pé, até o hotel furreca, no melhor estilo "esconderijo de drogados em *C.S.I.*", com piscininha esverdeada no centro.

Esse recepcionista, porém, era gentil, e estava com o meu cartão pra fazer o check-in quando chegou um policial, acompanhado de um entregador de pizza. "Boa noite. Recebemos uma denúncia sobre um de seus hóspedes." Já passava da uma hora da manhã e... o recepcionista transferira sua atenção total ao representante da lei. Sentei na mala e esperei.

O policial ligou para Heidy, a hóspede, que se recusou a descer. "Heidy, come down or you're gonna be in a world of pain" ["Heidy, desça ou vai entrar em um mundo de dor"], disse. Nada. Ele chamou reforços.

Sirenes e luzes giratórias azuis e vermelhas banhavam o lobby do hotel enquanto mais e mais policiais juntavam-se ao colega, formando o cerco à meliante. Ela tinha passado um cartão roubado para o entregador – que, duas horas depois, estava sentado ao meu lado, arrependido de ter iniciado aquele pandemônio. Enfim Heidy desceu, foi levada para prestar depoimento e o lugar se esvaziou. Finalmente fui atendido. Peguei minha chave. Último andar, o quinto. "Sinto muito, senhor, mas o elevador não funciona depois da meia-noite, pois o barulho atrapalha os hóspedes." Assim, subi cinco andares com a mala batendo nos degraus da escada.

Era um dos quartos finais do enorme hotel. Passei o cartão na porta e... luz vermelha. E lá vou eu e a mala, cinco andares abaixo.

E mais uma vez subi cinco andares com a mala, arrasado. O quarto cheirava a cigarro. Tomei um banho às três da manhã e caí na cama puída, ouvindo um barulho de latas na janela. Eram catadores em um pátio de reciclagem, que embalaram meu sono com a maré de alumínio em ondas que lembravam o mar.

Horas mais tarde, visitei a famosa ponte Golden Gate a caminho da Lucasfilm e momentos depois estava finalmente diante da fonte do Yoda na porta da Lucasfilm, emocionado. Seis anos depois, quando voltei ali para uma reunião, representando nosso evento, a CCXP – ComicCon Experience, me levaram até mesmo nas salinhas de colecionáveis raros de *Star Wars*. Fui recebido com pompa e fizemos planos para o ano de lançamento de *Rogue One*. Ganhei uma almofada comemorativa linda, presente da empresa apenas para seus funcionários. Essa almofada, neste exato momento, apoia minhas costas enquanto escrevo.

No ano seguinte, eu planejaria com a diretora de marketing e a gerente de imprensa da Disney uma ação para *Star Wars – Episódio VIII: Os últimos Jedi*, que envolveu minha primeira entrevista com Mark Hamill, o Luke Skywalker em pessoa, exibida na CCXP de 2017.

Nós sabíamos que seria impossível levar o elenco do filme para o evento naquele ano, já que eles estariam realizando as entrevistas do filme em Los Angeles, então abracei uma oportunidade das chamadas *long-leads*. Esse é um tipo de entrevista que acontece meses antes da estreia dos filmes e é normalmente reservada para as revistas, que precisam de um tempo de produção significativamente maior que veículos on-line ou de televisão. Fui infiltrado nesse evento de imprensa e tive meus dez minutos de conversa com o simpático Hamill, os quais exibi na CCXP daquele ano. Foi um painel honesto, mas meio chato, por contar apenas com entrevistados falando diretamente para a câmera. Mas era o que tínhamos. E pelo menos, para mim, a oportunidade foi formidável: pude conhecer o ator que viveu um dos meus personagens favoritos, o herói da jornada do mito moderno de George Lucas.

Nossa redenção junto aos fãs veio em 2019, dois anos depois. CCXP, palco principal. Entro depois de um emotivo vídeo que criei, para uma breve introdução ao painel de *Star Wars – Episódio IX: A ascensão Skywalker*, que contou com a presença do diretor J.J. Abrams e dos atores Daisy Ridley, John Boyega e Oscar Isaac. É como se eu tivesse me preparado a vida toda para aquele momento. Pensei no menino que viu as duas mãos segurando o sabre de luz 36 anos antes e comecei a falar sobre meu amor pela saga e seu legado. Senti as lágrimas, mais uma vez, aflorarem – uma constante na minha relação com a franquia – enquanto declarava meu amor para 3.500 pessoas. Foi o último painel que apresentei na CCXP, evento que eu deixaria em fevereiro de 2020.

Obrigado, George, por pendurar as naves naqueles fiozinhos.

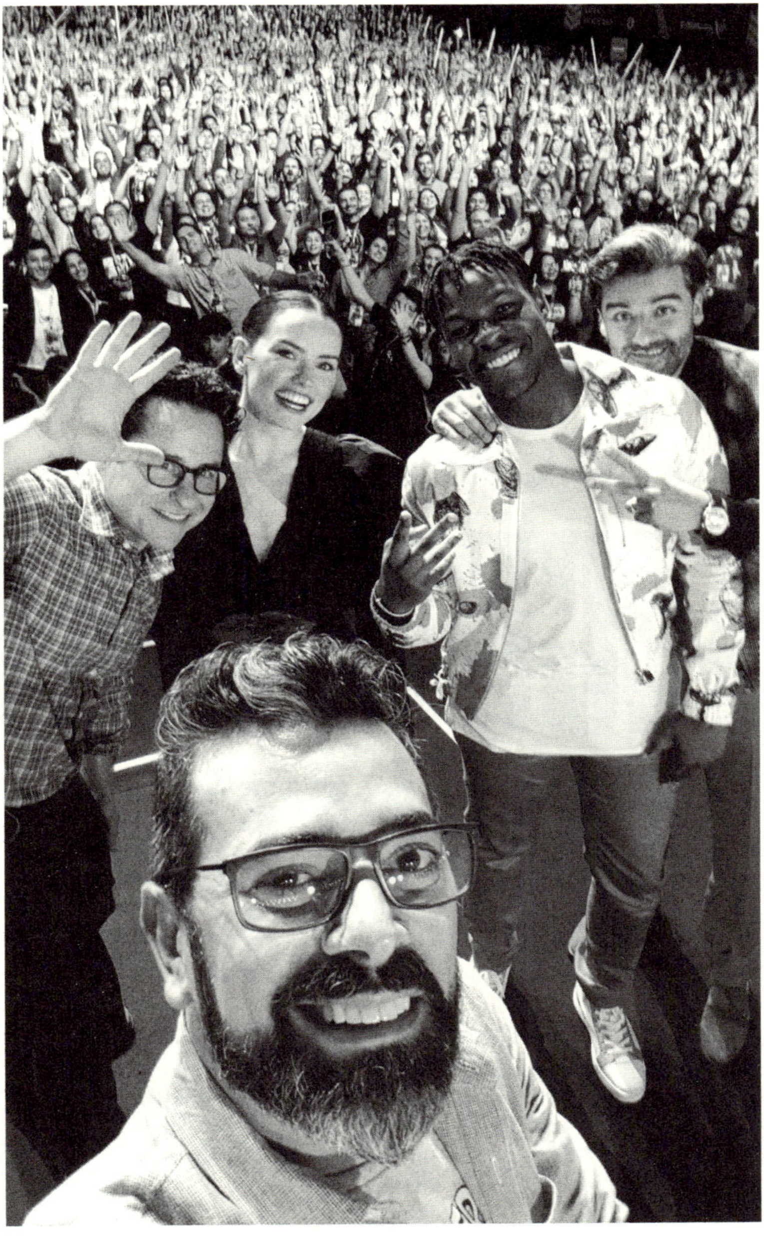

Capítulo 5
TECNOLOGIA E BALEIAS ASSASSINAS

Eu tinha 6 anos quando o "video home system", popularmente conhecido como VHS, chegou ao Brasil! A Sharp colocou no mercado em 1982 o primeiro videocassete do país, depois de alguns anos de informalidade, durante os quais poucos sortudos importavam seus aparelhos dos Estados Unidos.

Entusiasta de novas tecnologias, meu pai comprou o VCR – video cassette recorder – modelo VC-8510 logo que ele chegou às lojas. Havia uma espera gigante para adquirir a novidade, mas ele deu sorte.

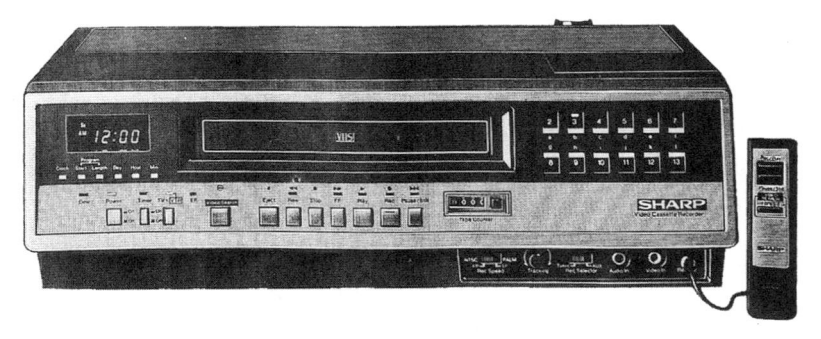

O trambolho chegou à casa com pompa. Meu pai estacionava a Brasília "cor de merda", conforme ele mesmo a descrevia, na lateral da nossa casa de esquina, sob uma árvore em que amarrávamos um balanço. A rua íngreme era de pedras soltas e ficava cheia de sapos à noite. Nós já sabíamos que ele estava vindo de São Paulo com o novo aparelho e aguardávamos com ansiedade. O conhecido barulho do motor de dupla carburação sendo desligado nos fez correr para recebê-lo na porta. A caixa era enorme e eu, minha mãe e a Bruna sequer o deixamos tirar o terno, tamanha a expectativa.

A caixa era enorme e pesada e removemos o VC-8510 com cuidado, colocando-o no móvel sob a televisão. Os cabos e conectores eram um salto tecnológico em comparação aos parafusos em que enrolávamos os dois cabos que vinham da antena no telhado. Uma peça em formato de cachimbo conectava o VHS à antena da TV com dois parafusos pra enrolar o cabo da antena. Ao ligá-lo, finalmente, a primeira missão: ajustar o relógio digital que ficava à esquerda da entrada da fita. O primeiro ajuste de milhares, pois toda vez que acabava a luz em Arujá – o que acontecia com frequência – ele voltava ao 12:00 piscante.

O videocassete era cinza, tinha um cheiro bom de aparelho novo. Seu controle com fio de uns três metros tinha três funções. Uma chave pra cima ou pra baixo permitia que o filme rodasse ou pausasse. Um botão fininho era o "fast forward". Logo abaixo havia uma texturinha, que era gostosa de passar a unha – e só. Alta tecnologia. Ao inserir a fita, o aparelho iniciava uma série de sons altos, começando com um deslizar de uns quatro segundos – clavuuum – acompanhado pelo posicionamento dos cabeçotes de leitura sobre a fita magnética – clac clac clac clac – e um retumbante e seco "tump" ao final. O play vinha a seguir com um "vruuuum" que precedia os chuviscos alinhados verticalmente, completando esse ritual de expectativa que servia como um mestre de cerimônias analógico ao conteúdo registrado magnética e misteriosamente na tarja preta girada através de dois cilindros.

Não havia muita utilidade para nosso Sharp no começo. Gravávamos filmes para ver de novo na fita virgem que veio com o aparelho. Para impedir regravações, era só quebrar o lacre na lateral, do lado da etiqueta retangular, que a gente marcava com lápis pra poder apagar depois. Mas as fitas eram caras e tornavam frequentes as regravações. Felizmente, um pedaço de durex sobre essa lacuna a reativava. A saída veio na forma DELE, sempre ele: Jorge, o Jornaleiro. Na cada vez mais decrépita banca de jornal, uma atividade paralela começava a emergir das profundezas proibidas atrás das pilhas de revistas e jornais, muito além do biombo. Jorge iniciara a venda de fitas piratas, gravadas de originais americanos. Ele tinha uns vinte títulos lá, que podia vender ou transferir para a fita do cliente. Nenhuma com legenda, claro.

Foi assim que vi pela primeira vez filmes desde *Mickey: o alfaiate valente* até, bizarramente, *2001: uma odisseia no espaço*, que meu pai comprou para si – ou talvez tenha conseguido com algum amigo, não tenho certeza. No sofá verde arredondado, sem encosto de braço, pináculo da decoração do início dos anos 1980 na nossa sala de estar, vi astronautas, um olho vermelho e depois luzes coloridas intensas. Vi um retângulo preto, macacos e um bebê. Para não ser mandado embora, fingi que dormia enrolado enquanto ele assistia ao filme. Não entendi absolutamente nada, mas aquilo parecia importante e austero. E eu me sentia bem "vendo" filme que não era pra criança. Sequer desconfiava que aquele se tornaria um dos meus filmes favoritos na vida adulta.

Naquele mesmo ano, outra tecnologia importante encontrou seu espaço solene na casa dos Borgo.

Em um domingo friozinho de outono, fui acordado pelo Abdala, o vizinho do outro lado da rua dos sapos (que desapareceram com o asfalto uns anos mais tarde). Ele só ia a Arujá aos fins de semana, para descansar com a família, e deixava ali seu carro de estimação: um Opala branco. O carro ficava estacionado com a frente perfeitamente alinhada com a minha janela e todo domingo era a mesma coisa... Ele ligava o opalão para esquentá-lo durante quarenta minutos e nunca o tirava da garagem. Foram anos com a sinfonia irritante do motor de seis cilindros sendo acelerado, misturada aos gritos de sua esposa, uma médica que ele proibira de trabalhar quando se casaram e que descontava a frustração berrando com os filhos, duas crianças apáticas, o dia todo. Eu os odiava por perturbarem semanalmente meu sono dominical. Mas naquela manhã, o ronco que ecoava no peito e fazia vibrar os vidros da minha janela foi recebido com entusiasmo. Era dia de passeio ao Playcenter.

A família tomou um café da manhã apressado, subiu na Brasília e partiu pela Rodovia Presidente Dutra rumo ao maior parque de diversões do Brasil.

O local fora aberto menos de uma década antes e vivia seus anos de glória, com dezenas de atrações em uma área de mais de cem mil metros quadrados às margens do Rio Tietê. Era sempre emocionante passar por ali de carro e ver a temida Super Jet, que por muito tempo foi a melhor montanha-russa do país, além da Barca Viking, cujo guerreiro da ponta sempre se lançava em direção aos carros congestionados antes de retornar com violência para trás – nauseando seus tripulantes, que enchiam a pista com uivos de medo e prazer. A localização era a melhor publicidade possível para o parque.

Eu evitava esses brinquedos mais emocionantes, de embrulhar o estômago – elevadores, chapéus mexicanos e aparatos desafiadores da gravidade em geral. Mas curtia os estandes de tiro, o carrinho bate-bate e as atrações para medrosos, como a Montanha Encantada – cópia descarada do "It's a Small World" de Walt Disney, com sua canção-chiclete repetida em looping ("Na mon-tanha en-can-tada, você. É sempre. Feliz!") – e a simpática apresentação animatrônica do Show dos Ursos. O medo que eu preferia passar era o do desconhecido, em atrações com alguma narrativa, então me arriscava na Casa do Monstro (o trem fantasma do Playcenter) e na Monga, atração superpopular com filas colossais, cuja história nasceu da genialidade de um construtor de brinquedos chamado Romeu Del Duque. Hoje é hilário imaginar que tanta gente corria e se desesperava com uma Mulher-Gorila baseada em um truque de ilusionismo que começou há 150 anos na Inglaterra vitoriana (o "pepper's ghost", um simples jogo de espelhos). Mas em 1982, a macaca era o bicho.

Além dos brinquedos, o Playcenter trouxe ao Brasil – mas só em 1985 – o conceito dos shows de orcas e golfinhos. Duas baleias "assassinas" foram capturadas na Islândia e trazidas para cá. Os cetáceos ganharam essa infame alcunha graças ao filme *Orca: a baleia assassina*, de 1977, criado na esteira do sucesso de *Tubarão*. Na inocência dos anos 1980, todo mundo era louco por assistir a esses espetáculos e tomar uns banhos com os saltos das baleias. Eu visitei esse show com o colégio em uma ocasião para ver as estrelas Nandu (o macho) e Samoa (uma fêmea), treinadas aqui mesmo em nosso país. Agora, trinta anos depois, fiquei estarrecido ao descobrir que o casal tinha um terceiro (possível) irmão, já que o trio fora capturado de uma vez no Atlântico Norte e certamente fazia parte do mesmo grupo familiar...

Enquanto Nandu e Samoa foram compradas pelo Playcenter, esse terceiro companheiro, adquirido pelo parque canadense Sealand of the Pacific, era ninguém menos que Tilikum, a orca psicótica com três vítimas no currículo. O animal foi retratado no documentário da CNN *Blackfish: Fúria Animal*. Nandu morreu com um tumor no fígado lá mesmo no Playcenter – possivelmente de tanto comer besteiras que as pessoas atiravam ao tanque. Samoa foi vendida pra SeaWorld e morreu em um parto, alguns anos depois.

A verdade é que os sofridos cetáceos, por mais que tenham deixado gratas memórias, não eram páreo para minha atração favorita do Playcenter, a área de fliperamas. Enquanto minha mãe levava Bruna para a área infantil do parque, eu e meu pai gastávamos fichas e mais fichas nos arcades montados sob uma tenda branca no coração do Playcenter. Em gabinetes superelaborados, com belas ilustrações laterais, luzes frontais convidativas e uma profusão confusa de sons e cores, em um combate pela atenção do jogador. Era a aurora dourada dos videogames e os arcades eram a linha de frente dessa indústria emergente. Jogamos um monte! Perdi bolinhas prateadas, tive naves derrubadas e carros destruídos. Passava de máquina em máquina apressadamente, em desespero para desfrutar todas elas antes que o dia no parque acabasse... Eu tentava adiar o "game over" daquela experiência, sem imaginar que havia um "continue" no horizonte.

Na volta pra casa, no silêncio dos primeiros dias da recém-nascida "Via Leste" – rodovia mais tarde rebatizada Ayrton Senna –, falei ao meu pai: "Já pensou se a gente pudesse ter todos esses jogos em casa, pra jogar quando quiser?" A resposta foi uma explosão para a sonhadora mente daquele moleque de 6 anos e uns trocados: "Isso existe e se chama microcomputador." BOOOOOOM.

O CP-500, microcomputador pessoal da Prológica, chegou em casa com mais honrarias que o VHS. Antes mesmo de ser instalado, ganhou só para ele uma bancada de compensado apoiada por mãos-francesas no escritório. E ainda por cima feita sob medida por um marceneiro! Os adultos ficaram uma manhã toda enfiados ali no meu cômodo favorito da casa (por abrigar a biblioteca familiar), a portas fechadas. Lá dentro, marteladas, furadeira e conversa abafada. Aqui fora, expectativa.

O aparelho era uma coisa só – monitor, CPU e teclado –, com tela de fósforo verde de 12 polegadas com ajuste de brilho, que ia do verde pálido até a radiação fosforescente de queimar a retina. Era bege com teclas pretas e veio acompanhado por um toca-fitas. Um alto-falante interno fazia-o cuspir uns sons robóticos. A memória de vídeo era

1 KB. E ele tinha processamento de embasbacantes 2,0 MHz e 48 KB de memória RAM.

Meu pai conseguiu o aparelho graças a um programa de incentivo à tecnologia para os funcionários da Telesp, que subsidiava tais equipamentos para que seus funcionários se preparassem para o futuro. "O hardware – a máquina – não é nada sem o software, o programa. Os games são um programa", explicou-me o bigode.

Tudo nos anos 1980 exigia dedicação, mas o microcomputador era especialmente carente. O sistema operacional DOS 500 exigia o carregamento, por meio daquele toca-fitas, dos programas. *Space Invaders*, por exemplo, levava uns 45 minutos pra carregar. Você colocava a fita dele, apertava play no botão e load no teclado, e esperava enquanto ouvia "iiihhhh ohhhhhh" na fita, o som dos dados sendo transferidos para a memória – o mesmo canto estridente que eu ouviria da minha primeira conexão à internet, via modem telefônico, quinze anos depois.

Quando um lado terminava de carregar, era só trocar a fita e seguir adiante. Tínhamos uma caixa cheia delas, escritas à mão e copiadas entre usuários. Os escambos de programas eram incrivelmente populares em "clubes de informática" e eu percebi que podia participar também, ajudando a gerar esse conteúdo.

Nas bancas havia revistas especializadas em programas, como a *Micro Sistemas*, com listagens em Basic, a primeira linguagem de programação que rompia o mundo acadêmico/corporativo e ingressava nos lares. Essas publicações tinham páginas e páginas de código, que precisava ser copiado manualmente para o computador e depois gravado. Levava horas e me lembro de ter roubado o apoiador de partituras que minha mãe usava em suas lições de piano e usá-lo para sustentar as revistas enquanto digitava seu conteúdo na tela verde.

O resultado quase sempre era incrivelmente frustrante, pois as matérias descreviam da melhor maneira possível o que o programa fazia, mas ler a palavra "dragão" na sinopse diferia completamente de vê-lo naquela realidade gráfica. Era basicamente a pintura rupestre digital, e meus esforços de criação não se distanciavam tanto dos de um aborígene cuspindo tinta macerada sobre a mão pra deixar sua marca na parede da caverna. Meu pai trazia umas folhas quadriculadas pra casa, numeradas de 1 a 128 na horizontal e até 48 na vertical. O que eu fazia era pintar com lápis cada quadradinho – chamado pixel, veja só! – gerando formas duras no papel. Depois, era só uma questão de transferir a posição de cada quadradinho para o Basic com um comando básico que acendia na tela o pixel equivalente, como num jogo de batalha naval. Acenda o 32 por 98, o 32 por 99 e assim vai... Fiquei bastante bom nisso e, por horas a fio, preenchia aquelas páginas com guerreiros e heróis quadriculados.

Com a combinação da leitura frequente das revistas com esses desenhos, comecei a entender alguns padrões básicos daquele idioma e a fazer mudanças engraçadinhas neles. Estava programando. Meu auge foi um foguete que cruzava a tela para ressurgir do lado esquerdo, em looping eterno, alheio ao mundo lá fora. Incansável.

Acabei fazendo um curso de Basic na cidade vizinha, Itaquaquecetuba, e concluí os módulos básicos. Fiquei bom o suficiente para, uns anos depois, dar aulas na vizinhança pras crianças menores que eu.

Nessa fase tudo era muito simples, mas alguns dos games que apareciam de vez em quando eram realmente bons! *Voyage of the Valkyrie* era espetacular. Unia exploração com ação de uma maneira inusitada para a época. A bordo de um avião especial, o *Valkyrie*, você tinha que explorar

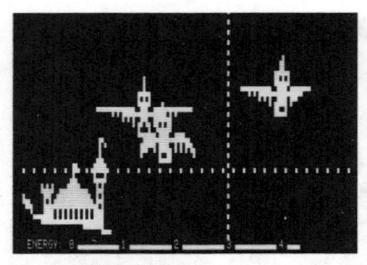

Voyage of the Valkyrie.

a ilha de Fugløy, dominada por aves ariscas. Um labirinto geográfico precisava ser navegado e separava dez castelos com níveis de dificuldade distintos. Cada um era protegido por grupos de aves, que precisavam ser derrubadas com um disparo preciso no meio do peito. Condores, águias-pesqueiras... esses eram fáceis. Mas os falcões e as águias tornavam tudo desafiador.

O cursor era movido com o teclado numérico, que precisava ser pressionado rápido para gerar deslocamento. A barra de espaços dava o disparo. O designer do jogo, Leo B. Christopherson, também programou a diversão mais fofa da casa: o *Dancing Demon*. Era um mero exercício de velocidade, em que você definia o tempo e um demoninho aparecia dançando e estalando os dedos na tela.

Outro jogo especialmente bacana era o *Santa Paravia en Fiumaccio*, um game de estratégia sobre administração de feudos. Começava no ano de 1400 e cada turno – doze meses – envolvia a alocação de recursos, grãos e dinheiro. Uma boa administração rendia títulos de nobreza e o objetivo era tornar-se rei ou rainha. Mas o game inevitavelmente terminava antes disso, com pragas diversas se instalando ou a morte do personagem chegando sem aviso.

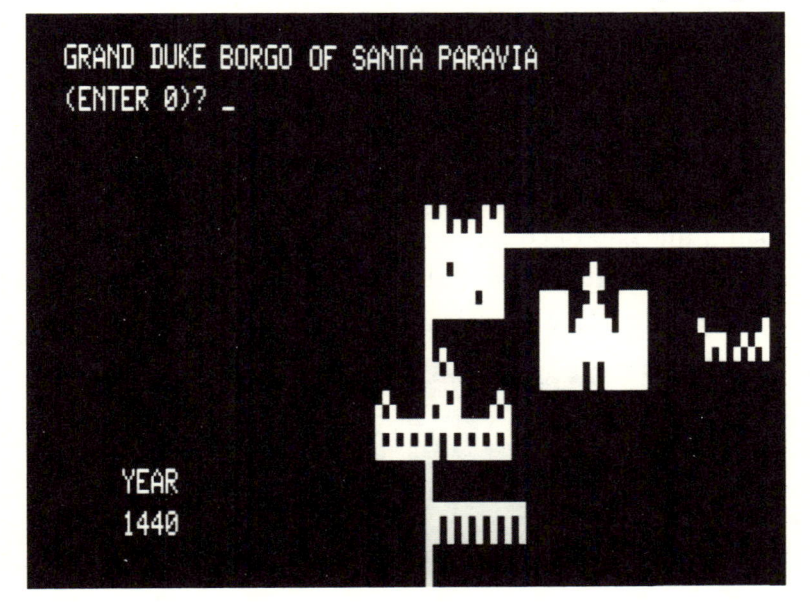

Santa Paravia en Fiumaccio foi determinante na minha vida nerd. Nessa época, fiquei bem amigo do meu vizinho Bigato, que só passava férias e fins de semana em Arujá. Ele era basicamente o único que entendia o quão empolgante era passar as férias de verão na frente daquele jogo, ou vendo *Twin Peaks* na Globo, série de David Lynch pela qual desenvolvi uma obsessão tão grande que aos 40 anos fiz questão de ir conhecer as cataratas de Snoqualmie, no estado americano de Washington. São as que aparecem na abertura da série sobrenatural e que ficam nos fundos do Great Northern Hotel. Na mesma viagem, tomei um "damn fine cup of coffee" com torta de cereja do café Double R, o favorito do agente Dale Cooper.

Quando não estávamos trancados em casa, eu e o Bigato brincávamos na rua em nosso comprometido grupo de encenações históricas live-action, composto exclusivamente de dois integrantes.

Nossas casas eram ambas de esquina, de costas uma para a outra. Uma rua bastante íngreme ligava as duas na lateral. Minha casa ficava na parte de baixo da rua. A dele no alto. O desnível entre ambas era tão grande que um muro de pedra de cinco metros separava os terrenos. Como a rua era bem curta, essa distância vertical foi construída de forma extremamente inclinada, o que rendeu às pedrinhas soltas do calçamento seu quinhão de sangue de joelhos esfolados e mãos raladas, ofertados pelas crianças que corriam de chinelo por ali em brincadeiras de pega-pega. Uns anos depois foi asfaltada – e hoje, com o envelhecimento do bairro, não sorve mais o sangue da molecada, mas vive do plástico seco dos para-choques ralados de motoristas incautos, que entram na rua com o ângulo errado.

Para as tais reencenações históricas, eu e o Bigato preferíamos brincar no terreno de cima, que corria gramado pela lateral da casa dele e terminava em um pequeno talude de um metro. Em sua base, uma grade de metal sobre o muro de pedra impedia a queda em direção à minha casa. Nós nos entrincheirávamos exatamente ali, na grade e com a barri-

Bigato e eu, em registros separados por mais de três décadas.

ga no talude, segurando cabos de vassoura, que faziam as vezes de fuzis. Passávamos horas conversando enquanto aguardávamos o ataque – que nunca vinha – de forças inimigas, que podiam ser nazistas, soldados paraguaios ou tropas napoleônicas, dependendo do período histórico com o qual estávamos encantados no momento – graças à leitura das enciclopédias de casa. Era o *Além da linha vermelha* das brincadeiras infantis, muita conversa e pouca ação, com os jovens soldados refletindo sobre a vida e imaginando o futuro – quem seríamos quando saíssemos dali?

Capítulo 6

RELIGIÃO E DESENHOS ANIMADOS

Como a maioria das famílias católicas que conheço, a minha só ia à igreja em ocasiões especiais. Um batismo aqui, um casamento ali… aquela eventual missa de sétimo dia e, vez por outra, um servicinho de domingo na igreja matriz de Arujá. Apesar disso, quando a escola ofereceu aulas de catecismo minha mãe logo me alistou.

Afinal, era o caminho normal da preparação religiosa da Igreja Católica Apostólica Romana. Fui batizado aos poucos meses de idade, sem direito a opinar, com a família motivada pelas suas origens e com aquele empurrão malandro da Igreja… Era "sabido" que crianças sem o sacramento que abre as portas para a vida cristã iam direto para o limbo, sem direito à eternidade espiralando em contemplação divina.

"Limbo", né? Mero eufemismo para esconder o endereço certinho do lugar: as portas do Inferno! Eu posso não ter lido a Bíblia, mas li *A divina comédia*.

O livro de Dante Alighieri, que considero a melhor campanha de RPG já criada, explica logo de cara onde vão parar os bebês sem batismo: logo ali no primeiro círculo do abismo, assim que se cruza o Rio Aqueronte. Onde, aliás, reside o próprio poeta Virgílio, guia no Inferno e no Purgatório de Dante.

Virgílio, o non-player character (NPC) original, está em boa companhia com aqueles que não puderam escolher Cristo, mas escolheram a virtude. Deus não é tão ruim assim... É lá também que estão os não batizados que morreram antes de cometer qualquer pecado, bem como toda a galera que nasceu *antes* de Cristo. Sim, todo mundo vagando no escuro, suspirando.

Ou pelo menos era assim... mas de vez em quando a Bíblia também sofre retcons, igual aos gibis da Marvel e da DC. Depende só da vontade do editor-chefe e das metas de fim de ano. No caso, foi o Bento XVI quem mudou a regra e fez a correção de continuidade. Desde 19 de abril de 2007, as crianças que morrem sem ser batizadas vão, sim, para o céu! Aleluia! Pena que eu nasci na Idade Média e a regra do Inferno para nenês ainda estava em vigor, junto com a que diz "manga com leite mata".

Minhas aulas de catecismo não duraram muito, de qualquer forma.

Devo ter feito uma ou duas antes de a minha mãe receber uma ligação da diretora Flora, pedindo que eu fosse removido das aulas por não ter ainda a "maturidade necessária para a religião". Irritada, Dona Enery, do alto da virtude de ter cantado no coral da sua igreja (seu auge artístico foi um LP ao lado de Benito di Paula, que até hoje rende zoeira em casa) foi tirar satisfação... e descobriu que o problema era que eu fazia perguntas demais.

"Um bom católico deveria aceitar os mistérios da fé sem questionar. Entender a Deus é aceitá-lo" foi a argumentação dos trabalhos de abertura da promotoria. Eles tinham realmente certa razão... afinal, a gota-d'água que motivou o meu desligamento da religião foram minhas insistentes tentativas de compreender a Santíssima Trindade. "Como três são um se são... três?"

Nunca mais voltei ao catecismo e não se falou mais de religião em casa. As perguntas seguem sem resposta e dei ali meu primeiro e inadvertido passo em direção a um ateísmo também não praticante. Nunca dei espaço na minha vida para qualquer crença, prática esotérica ou sobrenatural... mas também não as descarto. Peço licença mental para entrar em qualquer templo – para quem, não sei. Mas peço. Por respeito e algum cagaço de estar errado na minha falta de crença em todas elas.

Mas a ausência das aulas de catecismo não foi sentida nem um pouco... Afinal, com a estreia em junho de 1983 de uma nova e modernosa emissora, a Rede Manchete, um novo mundo se abriu na televisão brasileira – e um verdadeiro templo da cultura pop para mim.

O canal 9 já começara chutando a porta, com um departamento de computação gráfica de ponta. Seu potencial começava a ser exibido na vinheta, com um "M" voador – o famoso logo criado com cilindros e esferas pela agência DPZ – sobrevoando várias regiões brasileiras.

Com uma programação voltada a cinema, jornalismo e seriados, a Manchete foi fundamental na vida nerd de muita gente. Especialmente porque estreou explodindo minha cabeça de 7 anos de idade com o primeiro programa infantil a fazer frente ao já clássico show do palhaço Bozo: o *Clube da Criança*. Vestindo trajes que hoje derrubariam qualquer emissora, Xuxa Meneghel iniciou em 1983 sua carreira como apresentadora, depois de ficar conhecida como modelo e manequim, namorada do Pelé e musa nua em ensaios fotográficos nas revistas *Ele & Ela*, em 1981, e *Playboy*, em 1982.

Imagino que devia ser no mínimo curioso para adultos como meu pai, que tinha um depósito de revistas adultas oculto no armário de cima do quarto, ver aquela garota apresentando desenhos ao lado do palhaço Carequinha (eu só descobriria o esconderijo paterno com a revista da Xuxa uns anos depois da estreia do programa).

Naquele momento, o que importava para mim eram mesmo as novidades animadas. O *Clube da Criança* tinha na grade *O Pirata do Espaço* – e o anime era bastante diferente de tudo o que eu tinha visto até então. Uma ficção científica com naves que viravam robôs gigantes e que tratava da luta desesperada de um grupo de pilotos humanos da base japonesa Akane contra o exército Gailar. Joe Casaca, o protagonista, era interessante pelo exterior durão, rompido apenas pelo apreço ao diminuto professor Tobishima e pela chegada da alienígena Rita. Joe e Rita afeiçoam-se, mas nunca acontece nada entre eles – e ele chora quando a amiga parte, me deixando um tanto confuso. Que herói era aquele que demonstrava sensibilidade e chorava depois de vencer o vilão? Esses japoneses eram completamente loucos!

Outro dos desenhos da Xuxa que rapidamente se tornou meu favorito foi *D'Artagnan e os Três Mosqueteiros*, uma animação que colocava os personagens do clássico da literatura francesa como cachorros. D'Artagnan era um beagle, e eu tinha uma beagle em casa, o que imediatamente me fez simpatizar com o desenho.

A coprodução hispano-nipônica tinha uma longa introdução (dois minutos!) com uma música-tema que já dava o tom da aventura. "D'Artagnan, D'Artagnan / é um valente e forte D'Artagnan, D'Artagnan / a enfrentar a morte D'Artagnan, D'Artagnan / Sempre em defesa do mais fraco e oprimido..." E, de tanto me ouvir cantarolar, meu avô Alfredo apresentou-me Alexandre Dumas e os livros dos mosqueteiros, que foram meus primeiros romances lidos na íntegra, em três edições bonitas com capa de couro vermelho gravada em dourado. Lembro-me claramente do dia em que ele, com certa pompa, foi à prateleira do escritório escuro para pegar os livros pra mim.

Ficavam à esquerda da televisão, à qual ele assistia de um sofá, posicionado a noventa graus da tela. Era lá que ele se deitava aos sábados, uísque na mesinha de apoio, para assistir ao *Clube do Bolinha*, programa do apresentador bonachão Edson Cury, um sujeito careca, gorducho e narigudo, sempre trajando irreverentes camisas coloridas e floridas. Em plenos anos 1980, ele entrevistava drag queens e transformistas no quadro "Eles e Elas". O Bolinha não era muito diferente, física e esteticamente, do meu avô. Seu Alfredo dominara a moda sessentista de Carnaby Street e, quando julgava atraente qualquer atendente de caixa de banco, as convidava para desfilar de biquíni na piscina da bela casa modernista, que construiu na primeira metade da década de 1970, em churrascos dominicais regados a Ray Conniff e Herb Alpert & The Tijuana Brass.

Alfredão uns anos mais tarde comprou o mercadinho perto de casa. Logo depois, inaugurou seu próprio estabelecimento boêmio, o Érico's Bar (sim, eu era o neto favorito). Meu avô sempre vinha me perguntar o que eu estava achando d'*Os três mosqueteiros* – "amando loucamente" era a resposta, e o romance histórico ainda tem uma influência enorme na minha vida.

Chorei ao lembrar dele numa tarde de inverno em Paris, 28 anos depois, quando visitei o Panthéon – onde ficam os restos mortais dos heróis da França – e me deparei com o túmulo de Dumas.

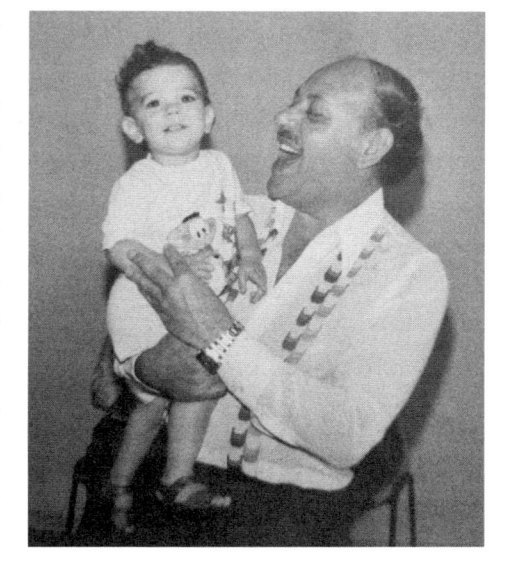

Além dos intrépidos defensores de Luís XIV, outros desenhos japoneses inundavam a programação da Manchete e também da Record, provavelmente graças ao baixo custo das licenças, já que tinham sido produzidos uma década antes de serem exibidos aqui.

Don Drácula – que só mais tarde descobri ser obra do grande criador nipônico Osamu Tezuka, o "Deus do Mangá" – era outro dos que eu não perdia. Mas havia algo de muito errado no desenho: o caçador de vampiros Van Helsing sofria de uma "hérnia de disco crônica" todas as vezes que estava prestes a vencer o vampiro. Nesses ataques, porém, falava de um banheiro, que precisava para colocar seu emplastro, resultando em alívio quase imediato. Foram uns dez anos até que eu entendesse este recurso encontrado pela censura para disfarçar o fato de que Van Helsing sofria mesmo era de hemorroidas!

Na melhor tradição do Japão, o desenho incluía também momentos de drama absurdo, como um filhote de panda e um filhote de tigre sendo alvejados por caçadores diante de sua protetora e filha de Drácula, Sangria. Tudo em câmera lenta, para ampliar o melodrama.

Mas nada que se compare com outro desenho japonês perturbado, o *Pinóquio*, que dava à fabula do italiano Carlo Collodi contornos de terror, sadismo e abuso nas tardes na telinha. Em um dos episódios, em que o boneco de madeira considerava cometer assassinato para obter o coração de uma criança, fui surpreendido pelo meu pai, que chamou minha mãe de irresponsável por me deixar ver algo assim. Palavra pesada, mas ele tinha alguma razão – ainda que a irresponsabilidade fosse mesmo da emissora, que exibia esse grotesco programa em um horário infantil. Fui terminantemente proibido de ver *Pinóquio* depois disso.

De qualquer forma, os animes tinham uma densidade inexistente em qualquer outro desenho animado.

Eu não cresci com *Os Cavaleiros do Zodíaco*, que sei que exerceu esse mesmo papel e acordou o Cosmo para toda uma geração alguns anos mais nova, mas eu tive *Sawamu: O Demolidor*. Foi o desenho em que aprendi uma dura lição sobre consequência. Quando o kick-boxer teve que encarar seu maior desafio até ali: o lutador conhecido como "Maníaco Assassino", Sondan Sonda. Nascido de uma família pobre na Tailândia, o competidor estava invicto e tinha matado vários de seus oponentes, incluindo seu próprio pai durante um treinamento! Sawamu precisava enfrentá-lo e quase se descontrolou durante a luta, permitindo que o enlouquecido maníaco alterasse seu estado de espírito. Mas Sawamu conseguiu concentrar-se apesar de estar à beira da derrota e meditou sobre a própria vitória. Assim, disparou sua técnica definitiva: o Salto no Vácuo com Joelhada.

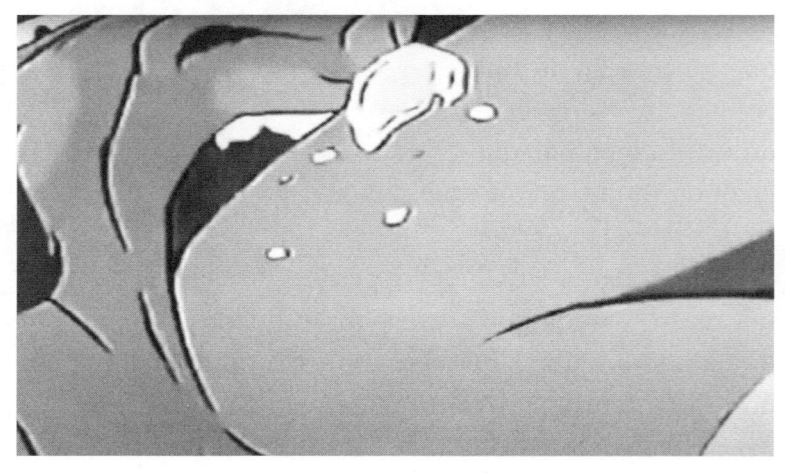

O demoníaco Sonda já esperava o golpe e tentou morder o joelho de Sawamu, mas caiu nocauteado com o impacto fulminante. Ao final do episódio, durante uma festa para celebrar a vitória, o humilde herói recebe em sua casa Sonda, mesmo depois de quase ter sido morto por ele. A cena em que Sawamu, reverente e centrado, oferece um churrasco feito pela esposa para o outro lutador ficou gravada na minha memória para sempre... Nela, Sonda agarra o espeto e começa a chupá-lo, já que seus dentes foram destruídos pela poderosa joelhada. Sawamu conseguiu a vitória que queria... mas a que preço?

Quem precisa de religião e de suas lições sobre dar a outra face, aprender com seus erros e com parábolas metafóricas quando se tem uma joelhada dessas?

Capítulo 7
MARVEL VS. DC

Sempre fiquei meio surpreso com a animosidade dos "extremos nerds". Essa polarização na cultura pop, que foi evidenciada pela internet, simplesmente não existia quando eu era criança. Eu mal entendia o que era Marvel e o que era DC, afinal. Eram todos super-heróis, combatiam o mal e usavam roupas coloridas. E de vez em quando se encontravam!

Da mesma maneira que o Batman e o Superman viviam se cruzando para capturar um oponente em comum, ou o Homem-Aranha às vezes encontrava o Demolidor em Nova York, o Cavaleiro das Trevas e o Amigão da Vizinhança também viajavam para a cidade um do outro. Na minha cabeça, não havia qualquer diferença nisso. O primeiro crossover que me lembro de ter visto foi *Super-Homem contra Homem-Aranha*, uma edição que a Editora Abril lançou em janeiro de 1986, nove anos depois da publicação original no Brasil por outra empresa, a Ebal, do chamado *Encontro do século*.

A ideia para essa história de 1976 partiu do agente literário e escritor David Obst, que tentou convencer os chefões das editoras rivais – Stan Lee, da Marvel, e Carmine Infantino, diretor editorial da DC – a fazer um filme com os dois heróis. No entanto, a série de TV do Amigão da Vizinhança e o primeiro filme do Homem de Aço inviabilizaram o projeto, já que ambos já estavam fazendo dinheiro nas telas para seus detentores. A solução veio através das páginas dos gibis, com o primeiro encontro entre esses dois universos. A revista foi editada pela DC e o roteiro de Gerry Conway traz Clark Kent e Peter Parker habitando o mesmo universo, retratando Nova York e Metrópolis como cidades próximas. Na trama, Lex Luthor e Dr. Octopus sequestram Lois Lane e Mary Jane Watson, vítimas de um plano maligno dos dois para chantagear o planeta todo. Isso força a aliança de Aranha e Superman… mas não sem um desentendimento prévio para justificar o "contra" do título da HQ.

A Ebal, que lançou primeiro esse clássico, era a casa dos quadrinhos por aqui desde a década de 1940. Publicava títulos da Era de Ouro das HQs, em edições com capa cartão, formato original americano (17×26 cm), incluindo as revistas mensais do Batman e do Superman. Em 1967, o empresário Adolfo Aizen, dono da editora, garantiu os direitos de publicação da Marvel Comics por aqui. Porém, os trouxe sem a marca hoje tão conhecida pelos fãs. No Brasil, Capitão América, Homem de Ferro, Namor, Hulk e Thor eram os… SUPER-HERÓIS SHELL! Os cinco personagens, afinal, podiam ser lidos em revistas distribuídas nos postos de gasolina da marca, que criou uma campanha de marketing maciça. O interesse pelos personagens vinha da série *Clube da Marvel Shell*, lançada na TV Bandeirantes como parte da campanha.

Eu só vi reprises, anos depois, desses desenhos, que ficaram conhecidos como "desanimados". Como o orçamento e o tempo de produção eram miseráveis, a produtora Grantray-Lawrence Animation recorreu a uma técnica inusitada para transportar as HQs para as telinhas: praticamente recortava os quadrinhos, animando apenas os fundos e pequenos movimentos – lábios, piscadas e um braço ou perna. Hulk, Capitão América, Namor, Thor e Homem de Ferro tiveram esse tratamento. O resultado era risível, mas o bom é que havia uma replicação idêntica das artes de Jack Kirby, Steve Ditko, Don Heck e Gene Colan. E as músicas... essas eu canto de cor:

Homem de Ferro

"Tira onda que é cientista espacial
Mas também é Homem de Ferro
Elétrico! Atômico! Genial!
Dura armadura, Homem de Ferro
É lenha pura, Homem de Ferro!"

Thor

"Onde o arco-íris é ponte
Onde vivem os imortais
O trovão é seu porta-voz
O barra-limpa, o grande Thor!"

Hulk

"Bruce Banner, um lindo cientista
Exposto aos raios gama
No feio Hulk virou
Esse monstro é incompreendido
Grosso, mata
Luta por ser querido
Da força vive o Hulk!
Hulk! Hulk!"

Namor, o Príncipe Submarino

"Ele é o rei dos mares
Meio homem, meio peixe
Também é imortal
O homem submarino
Real Namor
Dos mares é o senhor!"

Capitão América

"O Capitão América é um grande lutador
E contra o inimigo é sempre vencedor
É um homem forte
Enfrenta a morte
Com coragem e amor para onde for
O Capitão América é um grande vencedor!"

A estratégia deu certo: a molecada enchia o saco dos pais pra abastecerem nos postos Shell e a Marvel entrou no país, com a Ebal passando também a publicá-los ao lado de Superman, Batman, Flash e outros, todos sob o selo "Heróis da Ebal". Nem a DC nem a Marvel eram evidenciadas.

Mas bem no ano em que eu nasci, 1975, a editora parou de publicar a grande maioria dos títulos Marvel. Suas últimas HQs com esses personagens foram justamente os encontros do Homem-Aranha com o Super-Homem (ele se tornaria o "Superman" só nos anos 2000) e do Batman com o Hulk.

Enquanto eu engatinhava e aprendia a usar o peniquinho, as publicações Marvel foram para a Bloch Editores e, com o tempo, acabaram desmembradas entre outras editoras. Até que em 1979 começamos a ter revistas pela Abril, que entendia as dificuldades de lidar com as complicadas cronologias da editora, as quais se cruzavam cada vez mais, conforme os nerds iam se especializando.

Comecei a acompanhar esses gibis logo que fui alfabetizado. *Superaventuras Marvel*, meu favorito, foi lançado em 1982. Era nessa antológica HQ que se publicavam o Demolidor de Frank Miller e Denny O'Neil e o Doutor Estranho de Barry Windsor-Smith, por exemplo, além da estreia dos novos X-Men (e a fase de John Byrne e Chris Claremont), Luke Cage, Conan, Sonja, Pantera Negra... e até o Mestre do Kung-Fu! Em 1983, a Abril finalmente conseguiu unificar todos os títulos Marvel dentro de sua linha de publicações, e as coisas iam muito bem por lá.

O mesmo não podia ser dito da DC, que nessa época vivia seus últimos anos na Ebal e sofria com a qualidade e os atrasos. Simplesmente não me recordo de ver exemplares em bancas, mas lia as edições antigas, que meu pai pegava emprestadas. Eu me lembro claramente, porém, de quando a Editora Abril anunciou, em 1984, o retorno dos heróis da DC. A pompa com a qual divulgaram os novos títulos não passou despercebida em casa. As primeiras revistas de Batman e Superman traziam frases de impacto na capa: "ELE VOLTOU! O campeão da justiça, o herói dos heróis" e "ELE ESTÁ DE VOLTA. Vida nova para o Homem-Morcego". Ambos os heróis sorriam. Mais tarde, veio a revista *Superamigos*, aproveitando o nome do desenho animado divertido que passava na TV e que me apresentou boa parte do panteão da DC... como Batman, Robin, Superman, Flecha Verde (o Arqueiro Verde), Mulher-Maravilha (e seu jato invisível), Aquaman, Flash... e os Supergêmeos, Glik e o Cão-Maravilha.

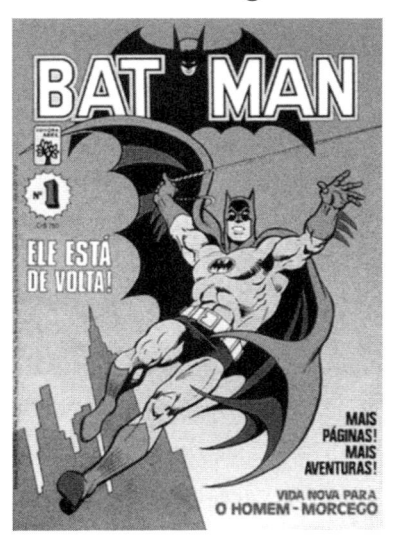

Abracei essas revistas como uma expansão do universo que eu já consumia, sem fazer distinção alguma. DC e Marvel eram a mesma coisa pra mim – e no *Programa do Bozo*, na TVS (atualmente o SBT), um grupo musical ajudava a aumentar essa certeza.

A trupe dos Super Heróis cantava o hino "Somos Todos Superamigos" com uma *ménagerie* televisiva de personagens em ritmo de discoteca, trinta anos antes do Fofão dançar com Popeye, Mickey e Capitão América na

Carreta Furacão. A apresentação era baseada no disco recém-lançado pela RCA, que reunia personagens dos dois universos em versão de carne, osso e rebolado. Do lado da DC, Batman, Robin, Superman e Mulher-Maravilha. Na Marvel, Homem-Aranha, Thor e... Mestre do Kung-Fu (certeza que o produtor simplesmente foi à banca, apanhou um exemplar de *Superaventuras Marvel* e achou que deveria tratar-se de um grande ícone da editora, já que estava na capa). Eles dançavam e se requebravam com uma coreografia e cada vez que apareciam tinha alguma coisa diferente. Ora o Robin sumia para dar lugar à Mulher-Maravilha (que não estava na música), ora o uniforme do Aranha virava outro, provavelmente por alguma ameaça de processo por direitos autorais.

De qualquer forma, "Somos Todos Superamigos" dava o tom desse tempo, em que nerd não brigava com nerd. Se Marvel é melhor que DC ou vice-versa só virou tema sério na minha vida décadas depois. Só fui descobrir no Omelete que a internet havia criado feudos tóxicos e transformado parte dos nerds, que tanto lutaram pra sair de seus guetos e deixar de ser vistos como crianças, em verdadeiros idiotas. Cyberbullies. Valentões digitais nada diferentes daqueles que até uns anos atrás estavam atormentando moleques só por serem diferentes.

Definitivamente, não é como eu imagino que crescer com a internet deveria ser. O que eu teria feito com todo o conhecimento da humanidade ao alcance de uma caixinha de busca?

Para alguém que vibrou ao herdar uma enciclopédia colorida ou que vasculhou durante semanas sua primeira *Encarta* (que veio de brinde com um desejado "kit multimídia", necessário para tunar meu PC 386 e conquistado após economizar meses de meus primeiros salários), é quase inconcebível nascer com esse tipo de poder à disposição.

Minha geração – e todas as outras antes dela – cresceu com o conhecimento limitado pelos seus recursos tecnológicos, pela disponibilidade de uma biblioteca ou simplesmente por dinheiro. A democratização do conhecimento é algo assombroso. Assim como o uso que muitos decidiram fazer dessa ferramenta.

De uns anos pra cá, as comunidades nerds se tornaram tóxicas. Claro que todos têm seus direitos, e reclamar está entre eles. Passei boa parte da vida como crítico e entendo isso. Mas sempre busquei ter estofo para exercer essa função. Tudo bem discutir se Marvel é melhor que DC ou se *Star Wars* é melhor ou pior que *Star Trek*. Mas ninguém deveria ser digitalmente malhado por divergir em algo que, no fundo, é a mesma coisa. Nem por ser diferente dos outros dentro da própria comunidade (seja pelo gênero, cor, tipo físico, sexualidade), considerando que as histórias que amamos pregam a igualdade e a inclusão.

A ficção científica, um dos gêneros mais queridos pela comunidade nerd, sempre retratou redes que colocariam a informação ao alcance de todos em segundos e que conectariam o mundo – e as galáxias – instantaneamente. Era o tipo de coisa que pensei que jamais experimentaria. Achei que veria os primeiros passos do homem em Marte primeiro (e ainda estou no aguardo).

Mas a conexão veio. Primeiro na forma do "videotexto", um serviço informativo televisivo 100% textual que estava sendo experimentado no Brasil mais ou menos na época em que meus pais se separaram. O serviço era um BBS (bulletin board system) embrionário, permitindo a conexão através de um terminal especial a partir de um servidor instalado com alguns serviços públicos, salas de bate-papo e joguinhos. Coisa muito simples, mas que pude vivenciar pois, graças ao novo status familiar, comecei a ir com frequência para o escritório do meu pai em São Paulo. Na Telesp, ele tinha acesso a essas novidades hipertecnológicas.

Enquanto ele trabalhava, eu passava horas vasculhando o servidor. A informação começava a se propagar. Em breve teríamos acesso a todo o conteúdo já produzido em todas as eras, em segundos. Poderíamos passear pelo Louvre de nossas casas. Ler qualquer livro. Conhecer (e entender) novas culturas. Compreender. O mundo seria de todos. Uma nova era estava chegando para a humanidade.

Mais alguns anos se passaram e a internet chegou ao Brasil, um pouquinho depois do advento do mouse e das interfaces gráficas. O palco estava montado. O futuro seria brilhante. A conexão pensada por Arthur C. Clarke, as inteligências artificiais de Asimov, o entendimento utópico de Gene Roddenberry...

Nenhum desses gênios poderia, porém, imaginar o uso que nós faríamos dessa tecnologia digna de ficção científica. Temos tudo o que sempre sonhamos. Mas a geração dessa era de superinformação prefere a autoindulgência, numa forma de hedonismo digital fomentada por nudes, vídeos engraçadões e comentários inflamados sem embasamento.

Um scroll abaixo e, em vez da comunhão sonhada pela Frota Estelar, conseguimos criar o maior palco para a intolerância já visto, os piores pesadelos de Philip K. Dick ou William Gibson. A informação deixou de ser o sexy resultado de um empenho – o crânio dourado ao final de uma exploração arqueológica. Ou talvez nunca tenha sido diferente... já que só agora sabemos o que todo mundo pensa. O debate não existe entre manchetes caça-clique e indivíduos à espera, inadvertidamente desesperada, por reconhecimento. A manada estoura ao menor sinal de "cancelamento"... pelo menos até farejar a próxima carcaça. Memória, afinal, não é seu forte, e a timeline corre veloz para baixo, curada por algoritmos por meio da estupidez coletiva e sempre atualizada com algo mais interessante. Like, dislike. Carinha de choro. Pilhas de emoji de cocô destiladas formando o gólgota influencer esvaziado do intestino coletivo digital.

Enquanto isso, uma das maiores realizações da humanidade assiste aos seus usuários debaterem pela eternidade se Marvel é melhor que DC ou, pior, se determinado personagem deveria ou não ganhar uma versão de outra raça ou gênero. A arte é reflexo de seu tempo e não é diferente com as histórias em quadrinhos. Se oitenta anos atrás o que vendia eram heróis brancos homens e qualquer outro tipo de orientação sexual que não fosse a aprovada pelo poder estabelecido era considerado crime, por que devemos manter isso como um mantra hoje?

Será que os X-Men seriam tão populares atualmente se Dave Cockrum e Len Wein não tivessem entendido tão bem a mensagem de Stan Lee e Jack Kirby de perseguição e direitos civis? A dupla, afinal, resgatou os conceitos originais do título e, em 1975, fez com que Charles Xavier recrutasse uma equipe multiétnica de mutantes. Além de ser considerada um clássico das HQs, a história ainda abriu caminho para o aclamado período de Chris Claremont à frente dos X-Men.

Quarenta anos depois, há quem ainda não tenha entendido o que está lendo.

Em uma inteligente reviravolta nas histórias do Thor, por exemplo, o Deus do Trovão deixa de ser digno de empunhar o martelo Mjölnir – um pré-requisito da arma mística. Em seu lugar, assume Jane Foster, até então uma coadjuvante das histórias do herói. A trama criada em 2014 por Jason Aaron e o artista Russell Dauterman coloca a personagem como uma das mais poderosas super-heroínas que já existiram na Marvel, e o faz de maneira inusitada. Por estar em tratamento contra um agressivo câncer de mama, toda vez que ela escolhe salvar alguém ao se transformar na Thor, a magia expurga a quimioterapia de seu corpo e o tratamento volta ao início, com o câncer se alastrando. Uma tremenda história de sobrevivência e altruísmo, uma das melhores da Marvel em décadas – e que não existiria não fosse a inquietude artística para adaptar certos conceitos do passado aos tempos atuais.

Aaron foi ameaçado e atacado por todos os lados e encerrou sua passagem pelo título com uma carta emocionante e inspiradora. "Thor é o tipo de deus ou deusa em que eu gostaria de acreditar. Que acorda todos os dias, olha seu martelo, com seu encanto de dignidade, e não sabe se será capaz de levantá-lo. Que vive todos os dias questionando a própria honra, buscando por ela, ao mesmo tempo que abraça suas indignidades e suas falhas." Não deveríamos todos?

Essa vocação para a crítica e a coragem de realizar mudanças nos quadrinhos seguem tendo que ser explicadas a uma parcela dos fãs, mas também enchendo de orgulho os demais.

Capítulo 8

SEXY CHUCKY

O comecinho da década de 1980 não era muito diferente de hoje em dia pra molecada, em termos de conteúdo. Muito antes de *Galinha Pintadinha*, *Mundo Bita* e outros formatos de vício digital *on demand* para crianças, a televisão trazia programas infantis como *Bambalalão*, da Cultura, *Bozo*, da TVS, e o circense *Balão Mágico*, com a Simony.

Ao lado da cantora morena sardentinha havia o bizarro Fofão, personagem criado e vivido pelo ator Orival Pessini. A criatura tinha bochechas que pareciam carregar testículos, um nariz porcino e pelagem avermelhada, oculta por uma camiseta listrada de mangas longas sob um macacão jeans. Um estilo que cinco anos mais tarde foi parar em Hollywood, na forma do boneco Chucky, o Brinquedo Assassino – que trocou o escroto facial e o nariz de porco por sardas. O roteirista Don Mancini diz que Chucky foi inspirado pelo consumismo e pela famosa linha de bonecos Repolhinho, mas, não sei, eu desconfio. Afinal, lendas urbanas envolvendo o Fofão corriam soltas no Brasil dos anos 1980 e garantiam que o boneco tinha pacto com o demônio e que escondia um punhal em suas entranhas, para rituais satânicos. A arma favorita de Chucky? Uma faca.

Além de Simony e Fofão, o programa *Balão Mágico* tinha o ator Castrinho como o palhaço Cascatinha, e logo vieram também outros integrantes do grupo musical

A Turma do Balão Mágico, Mike e Tob – e depois o Jairzinho, filho do Jair Rodrigues.

O programa durou uns três anos e lá pelo final, em junho de 1986, eu estava vendo a Simony com outros olhos. A cantora tornou-se minha primeira paixão platônica. Ela tinha a mesma idade que eu e vivia em viagens por mundos encantados, cercada de celebridades e criaturas curiosas. Não sei como essa transição aconteceu, mas comecei a sofrer de amor pela cantora, imaginando como seria conhecê-la e embarcar naquelas aventuras coloridas. Era tudo muito inocente ainda, mas as meninas definitivamente começavam a se tornar algo diferente pra mim.

Eu sofria calado pela dona do Ursinho Pimpão quando fomos passar as férias na casa litorânea de um amigo do meu pai, o Henrique. Ficava em Caraguatatuba, litoral norte do estado de São Paulo, e a praia era bravia. As ondas eram fortes demais e não dava pra nadar. Não que isso fizesse muita diferença pra mim, que desde cedo aprendi a ficar sob o guarda-sol resmungando em vez de curtir os encantos das praias brasileiras. O trabalho do meu pai só permitia que comparecesse nos fins de semana e, de todo modo, ele e minha mãe já estavam cada vez mais distantes. Minha irmã ficava sob os cuidados da Duda, empregada e babá da família. Assim, eu não tinha muito o que fazer, a não ser explorar a casa.

O lugar não era grande, mas tinha uma edícula nos fundos. Chegava-se a ela saindo pela cozinha para uma área externa com um banheirinho, depois de uma escada com uns cinco degraus que dava acesso a um jardim malcuidado, com caminhos de cimento entre árvores sonolentas cercadas por mato. Encontrei a porta por acaso e voltei à casa para buscar um molho de chaves que eu vira na cozinha, pendurado perto de um enorme siri laranja de borracha, grudento pináculo de uma decoração kitsch praiana. O pequeno apartamento dos fundos, que abri depois de algumas tentativas, consistia apenas em um quarto e um banheiro.

Gostei imediatamente, pois era um lugar calmo onde eu poderia brincar em silêncio. Foi a pilha de revistas no canto, porém, que me chamou mais atenção. Eram, como você deve ter adivinhado, revistas de mulher pelada. E alguns exemplares estavam bastante novos! Aproximei-me com a certeza de que estava fazendo algo errado, mas determinado a investigar o depósito secreto do nosso anfitrião.

Logo no topo, uma revista *Playboy* prometia investigar a confusão em torno de Roberta Close – que, mesmo criança, eu tinha ouvido falar que "era um homem", devido à maciça cobertura da mídia. Note que eram os anos 1980, e não havia sensibilidade alguma em relação a qualquer pessoa cuja identidade de gênero ou orientação sexual não fosse a convencional da época. De qualquer maneira, Roberta Close encantava e chocava o país na mesma proporção. Intrigado, abri a revista e comparei as fotos. Não entendi coisa alguma. Ela definitivamente não parecia um homem. Mas todo mundo dizia que era.

Dilemas à parte, explorei aquela coleção com interesse enquanto não me encontravam ali. Era ainda novo demais para ficar sexualmente excitado, mas a "confusão" anunciada na capa da revista motivou o desejo de ver ao vivo e com meus próprios olhos uma mulher nua. Por eliminação, a babá de vinte e poucos anos que cuidava de minha irmã foi a opção. A Duda usava o banheiro externo para tirar do corpo a areia e o sal da praia – e como a casa era velha, a porta tinha uma daquelas fechaduras grandes. Dei sorte e a lingueta da chave ficou para o lado, permitindo que eu a observasse pelo buraco (lembre-se, eram os anos 1980 e nove em cada dez comédias da época tinham uma cena parecida). Quase sem respirar e com o estômago gelado pela contravenção que eu tinha plena ciência de estar cometendo, encostei o olho no vão.

Lá estava ela, alheia ao moleque idiota do outro lado da porta de madeira e totalmente nua, mas sentada na privada. Olhei seus seios e lembro de achá-los meio sardentos e menores do que os da revista. Então ela inclinou o corpo para o lado, apoiando o peso na coxa esquerda. A excitação do proibido transformou-se em outra coisa quando ela tirou de trás do corpo a mão cheia de papel higiênico sujo. E com aquela visão de merda, arruinou-se meu primeiro contato com o nu feminino.

Meus primeiros ímpetos sexuais não estavam dando muito certo...

Eu continuava sem saber o que fazer com aquilo mesmo dias depois, as novas experiências tomavam meus pensamentos. E essas férias, que seriam as últimas da família que eu conhecia, acabaram mal quando apanhei do meu pai por alguma malcriação. Ao menos, no saldo da praia, a Simony ficara para trás… Eu tinha visto uma garota nua.

De volta pra casa, as coisas mudaram pra mim. As revistas *Nova* e *Claudia* da minha mãe e suas variadas propagandas de lingerie recebiam um tipo diferente de folheada, na minha busca de imagens que despertassem essas novas reações incompreendidas.

Naquela época era difícil para os jovens desbravadores da sexualidade terem acesso a qualquer tipo de pornografia, acredite. Era a segunda metade dos anos 1980, afinal, e o acesso fácil ao conteúdo adulto on-line de hoje em dia não era sonhado sequer pela ficção científica. O jornaleiro e o dono da locadora conheciam minha mãe. A alternativa era aguardar ansiosamente pela cobertura do Carnaval na TV, sempre com uma fita pronta no videocassete.

Aquela festa rendia meses, pois as emissoras cobriam o Carnaval sem qualquer receio, alternando flashes de tudo o que rolava nos principais bailes. Pois eis que no mais hardcore deles, o Gala Gay, Hélio – o dono da casa de praia – surge todo vermelho e suado, dançando abraçado em duas pessoas glamorosas, fellinianas, ao som das marchinhas. Após fazer o registro em VHS, contei ao meu pai, que riu e disse que o amigo havia falado para todos – incluindo sua esposa – que estava em um "retiro para meditação".

Mas o videocassete não funcionava só pra isso. As locadoras começavam a se tornar muito populares em Arujá. Eram a evolução natural (e oficial) dos "clubes do vídeo" que tinham aparecido com o aumento da demanda por filmes em casa, uns meses depois do lançamento dos primeiros aparelhos de VHS no Brasil. Para ingressar neles, os membros doavam duas fitas e podiam pegar emprestado outras, garantindo a circulação dos filmes em um mercado nascente.

Não havia clubes de vídeo em Arujá, mas começaram a aparecer locadoras informais, que alugavam fitas piratas (o jornaleiro Jorge era peixe pequeno, mas supria razoavelmente bem as demandas locais). Não demorou muito para que uma empresa chamada CIC Vídeo entrasse no país, sob o slogan "Qualidade de quem é original". A distribuidora gigante, criada a partir de um conglomerado de estúdios, iniciou no mercado brasileiro a venda de fitas "seladas" – o nome veio do lacre que garantia a procedência do filme. A partir de então, acompanhando uma tendência global, as locadoras de vídeo brotaram mais rápido que um mogwai em contato com a água.

Lembro-me perfeitamente bem de todas as locadoras que frequentei e de boa parte de seus atendentes. A Top Vídeo, atrás de uma igrejinha e perto do coreto na praça central de Arujá, foi a primeira. E era o paraíso.

Meus pais me deixavam alugar filmes todo fim de semana e, como os lançamentos nunca estavam disponíveis – eram muito caros e as locadoras compravam apenas duas

A igrejinha ao lado da qual ficava a Top Vídeo, que sumiu antes do último VHS...

ou três fitas –, o catálogo era a solução. Felizmente, para um moleque que tinha visto pouquíssimos filmes na vida, era tudo novidade.

Passei esses primeiros meses da Top Vídeo olhando capa por capa, lendo todas as sinopses e incapaz de fazer a minha escolha. Eram muitas opções interessantes e eu só podia levar uma pra casa.

A liberdade do VHS começou a florescer de verdade quando barateou o valor da locação para esses filmes que todo mundo já tinha alugado. Aí dava pra alugar até durante a semana – e a Top Vídeo virou destino obrigatório depois do colégio.

Uns anos depois, a Top Vídeo fechou, incapaz de aguentar a concorrência dos novos estabelecimentos mais modernos, como a Krake Vídeo. Eles tinham fichinhas na parede em lugar das tradicionais caixas de VHS, que ocupavam bem menos espaço, mas tiravam toda a graça de ser cativado pela arte. Nesse horroroso sistema de fichário, havia umas venezianas metálicas estreitas verticais. Cada uma delas representava um gênero, e fichas plastificadas de cartolina colorida, datilografadas, eram posicionadas entre cada chapa da veneziana. Era mais ou menos assim:

RAMBO: PROGRAMADO PARA MATAR

Sinopse: John Rambo, um ex-soldado atormentado pelas memórias da Guerra do Vietnã, enfrenta confusões em uma cidadezinha quando um xerife desperta seu lado mais violento.

Gênero: Guerra
Ano: 1982
Com Sylvester Stallone
Dirigido por Ted Kotcheff

Quando o cliente lia uma fichinha interessante, entregava-a ao balconista, que sumia no depósito e voltava com uma caixa preta e deselegante, contendo o filme selecionado. Pronto.

Escolher a diversão do dia nessa locadora era tão entusiasmante quanto bater ponto em uma fábrica ou ler bula de remédio. Ela não durou muito, felizmente.

Mas a Krake e outras locadoras arujaenses, com o tempo, sucumbiram à chegada gloriosa da MNC Vídeo Laser, no final da década de 1980. Ela ficava do outro lado da rua da Top Vídeo, em um predinho de vidro de três andares, com cartazes originais de cinema nas paredes e um catálogo no mínimo três vezes maior que o da concorrência! Era perfeito!

Comecei a frequentar o lugar diariamente, explorando as mais de dez mil opções disponíveis, que eu investigava por gênero – e por obsessões semanais.

Dos filmes de ação migrei para os clássicos de guerra e suas histórias de coragem e estofo histórico. A Segunda Guerra Mundial era o meu conflito favorito e ainda hoje gosto de viajar para lugares que lhe serviram de palco. A seguir, curti épicos medievais, o pão com manteiga da nerdice, passando pela fantasia – outro gênero que viu uma explosão nos anos 1980. Daí para a imersão de meses em ficção científica de todos os gêneros foi um salto natural, e logo eu estava indicando filmes na locadora enquanto passava a tarde batendo papo com os atendentes.

Entre as obsessões desse período estava o superbrilhante (literalmente, já que as armaduras pareciam polidas a cada cena) *Excalibur: a espada do poder*, de 1981. Até hoje sei de cor o encantamento de criação de Morgana le Fay, "Anal nathrak, uthvas bethud, do che-ol di-enve", e o entoei junto no resgate que Spielberg fez em *Jogador nº 1*.

Excalibur deflagrou uma busca por produções sobre as lendas arturianas, sobre as quais encontrei material nas enciclopédias, mas que em meados de 1980 foi também suprida pela história em quadrinhos *Camelot 3000*, de Mike W. Barr e Brian Bolland. Nela, o Rei Arthur e seus cavaleiros da Távola-Redonda ressurgem em centenas de anos no futuro, quando a Terra se encontra sob ataque de uma raça alienígena reptiliana (uma mania da época, com a série de TV *V: A Batalha Final* puxando a fila). Logo depois encontrei a série *As Brumas de Avalon*, de Marion Zimmer Bradley, que me entreteve durante algum tempo.

Mas a melhor adaptação foi mesmo *Monty Python em busca do Cálice Sagrado*, que avacalhava com uma das maiores lendas britânicas quando o regente bretão e os cavaleiros da Távola-Redonda (Sir Galahad, Sir Bevedere, Sir Lancelot e Sir Robin) saem numa epopeica odisseia em busca da taça que teria colhido o sangue de Cristo na cruz. O milagroso artefato estaria escondido no castelo de Arrrrrrrgh! e no caminho espreitam perigos terríveis, como o imbatível Cavaleiro Negro, o "monstro" da caverna, os Cavaleiros Que Dizem Ni e, é claro, os franceses. Felizmente, os valentes soldados cristãos contam com a Santa Granada de Mão e outros truques em sua defesa. A comédia nonsense, repleta de passagens antológicas, rendeu horas de conversas e uma investigação mais detalhada da prateleira do gênero, na qual acabei encontrando outro tipo de filme...

As comédias adultas, outro gênero que vivenciou safra portentosa nesses anos com obras como *Porky's: a casa do amor*

e do riso, que também viraram parada obrigatória – já que supriam a necessidade que as revistas *Claudia* apenas arranhavam. Esses filmes tinham peitinhos e precisavam ser escondidos da Dona Enery.

A única seção que eu evitava na locadora era a de terror. Mas depois de ver *A hora dos mortos-vivos* e entender que aqueles filmes tinham mais peladas e sexo do que qualquer outro gênero disponível para mim, tive que me render. Obrigado Jason, Freddy e Michael por sempre esperarem o casal tirar a roupa antes de matá-los. Amo vocês por isso.

Eu saía do colégio e passava pela MNC todos os dias antes de ir pra casa – às vezes levava uma hora conversando com os atendentes sobre filmes. Depois pegava o ônibus, andava até minha casa, almoçava vendo TV ainda de uniforme, fazia minha lição e então me enfiava nos filmes alugados. Eram dias incríveis na companhia do cinema.

Na sexta série – em algum momento entre os planos econômicos Cruzado II e

Bresser – enfim aprendi sobre masturbação. Até ali havia curiosidade, mas eu não sabia como funcionavam as engrenagens do corpo humano e me distraía facilmente com os filmes em si.

Na escola as coisas foram elucidadas no dia em que uma roda de moleques prestava atenção no Luizinho, que havia descoberto os prazeres secretos do onanismo. Ele fez questão de contar, em riqueza de detalhes dignos de manual de instruções, como era o processo e o que ele gerava. Eu simplesmente não podia acreditar nessa operação bizarra, mas precisava tentar, ou ficaria para trás. E tentei bastante, mas foram semanas até obter algum sucesso. Segui praticando.

Na época eu estava fascinado com heavy metal, pois achava sensacionais as capas dos discos. Meio Conan, meio gibi de terror. O Eddie do Iron Maiden era disparado meu favorito, e me lembro de ter passado horas olhando a capa de *Somewhere in Time*, uma das imagens mais legais que já tinha visto, lotada de referências que eu não entendia, símbolos e outras coisas escondidas. Aquilo lembrava um anti-herói sofrido da Marvel, o Deathlok, um soldado que tem seu corpo reanimado

Minha fase de metaleiro cabeludo, em 1992.

na forma de um ciborgue bem antes de RoboCop fazer a mesma coisa.

Eu curtia Kiss, Maiden, AC/DC, Black Sabbath e mais uma porrada de bandas de metal, que eu ouvia com o filho de uma amiga da minha mãe. Eu só detestava a capa de *Speak of the Devil*, que trazia Ozzy Osbourne atravessando sem camisa uma espécie de portal com runas, com dentes de demônio à mostra e babando uma gosma vermelha com bolinhas que pareciam sagu. Minha mãe adorava fazer sagu... e eu desenvolvi uma repulsa à sobremesa. Estou há 35 anos sem experimentá-la.

Naqueles tempos pré-internet, quase toda a influência cultural vinha de amigos próximos ou de descobertas ao acaso. Eu e meu vizinho Adriano, o Bigato, começamos a vasculhar a coleção de discos do pai dele, que fora um baterista famoso na Jovem Guarda – o Foguinho, da banda The

Jordans. Ele tinha uma expressiva coleção de LPs dos anos 1960, e o Bigato os dissecava e copiava em fitas cassete, que mais estudávamos do que curtíamos. Aos poucos o metal foi perdendo espaço na minha vida.

Daí para começar a ouvir Beatles (banda com a qual o Foguinho e seus companheiros se encontraram por acaso em um restaurante em Londres) foi um pulo. Logo descobri na minha casa dois álbuns do grupo, *Revolver* e *Rubber Soul*, bem quando seguia firme treinando o onanismo trancado no quarto à tarde durante a semana. A fim de disfarçar as pecaminosas tardes de diversão, eu colocava os dois discos em volume alto o suficiente para mascarar os sons do autoflagelo. "Ob-la-di, ob-la-da" me dá uma sensação meio esquisita até hoje... e nunca mais consegui gostar dos Fab Four.

Crossover entre os Jordans e os Beatles, em registro do Foguinho.

Sagu e Beatles, perdidos no mesmo período...

Por mais uns anos, Bigato continuou me fornecendo material para a apreciação musical. Melhor do que isso, passou a conseguir material para a punheta da galera. Bigato estudava em São Paulo, então tinha acesso a bancas de jornal distantes de casa, onde conseguia comprar, longe dos olhos de sua mãe, uma grande variedade de revistas de sacanagem.

Ele vivia com receio de que a Dona Henriette, sua mãe, encontrasse seu estoque, então começou a esconder as revistas – cuja pilha ficava cada vez mais difícil de ocultar – na minha casa. As publicações eram contrabandeadas para o meu quarto na mochila, junto com cadernos, e escondidas em um dos meus armários entre os milhares de gibis que eu já acumulava.

Meses depois, meu quarto era uma Gomorra impressa.

Estava tudo bem, até que minha avó Irene teve um câncer, que a levou a se mudar para minha casa durante um ano. Cedi meu quarto pra ela e fui viver em um colchão no pequeno escritório. Mas não sem transportar o toca-discos e a putaria empilhada comigo, temendo que alguém a encontrasse...

Engraçado que, quando penso nessa época, lembro muito das revistinhas, da música e de (não faço a menor ideia da razão) uma edição grandona de *O edifício*, de Will Eisner. Era meu livro de cabeceira e o li algumas vezes. Foi nessa idade que me apaixonei por Eisner e fiquei orgulhoso depois de ter lido algum editorial exaltando o quadrinista como um dos responsáveis pela reinvenção das histórias em quadrinhos em "romances gráficos", rompendo a barreira dos quadros e criando um novo tipo de narrativa. Mas mais do que a estética, os temas urbanos, sem capas e crimes, me fisgaram. Eisner é até hoje um dos meus autores favoritos.

No toca-discos, as coisas também melhoravam. Na mesma medida em que a coleção aumentava, meu horizonte musical era também ampliado. Certo fim de semana, Bigato chegou na minha casa com uma frequência de rádio, a da Brasil 2000 FM. A estação tocava o tipo de som que ninguém mais se atrevia: o famigerado "rock alternativo". E o público da estação era tão limitado quanto seu alcance. Para sintonizar a Brasil, tínhamos que levar um mini system a um canto do terreno do pai dele, inclinar trinta graus, colocar bombrilzinho na ponta da antena e ficar imóveis. Qualquer respiração mais forte causava ruído na recepção. Como operadores de guerra buscando segredos do outro lado do front, girávamos milimetricamente o botão do dial. Valia a pena. Era ali que dava pra ouvir o que o rock estava produzindo de melhor.

Um sábado foi especialmente memorável. Começamos a acompanhar a lista das 100 Maiores Músicas de Todos os Tempos, que duraria o fim de semana inteiro. Foi ali, por volta da uma da manhã de sábado pra domingo, que o locutor, cansado mas empolgado, começou a falar com gravidade da importância do "Poeta Maldito do Rock". Foi como se um segredo ancestral tivesse sido revelado. Nós nos entreolhamos e repetimos "Poeta Maldito do Rock..." enquanto os acordes iniciais de "Walk in the Wild Side" saíam chiados do aparelho.

Não conseguimos entender o nome do cantor, então no outro dia montamos uma expedição em direção ao shopping mais próximo – trinta quilômetros de distância de Arujá. Na loja de discos do Center Norte, perguntamos ao atendente se ele conhecia o tal Poeta Maldito... e ele, pasme!, voltou com a coletânea *The Best Of Lou Reed*. A expedição havia alcançado êxito.

Ouvimos aquele disco durante as férias inteiras, degustando o vozeirão do esquisito sujeito de óculos escuros e tentando entender as letras, que insistentemente descreviam cenários repletos de drogas, sexo, sadomasoquismo, transformismo e mais drogas. E logo descobrimos também o Velvet Underground, que três anos mais tarde seria meu primeiro CD (também um "best of"), ao lado do primeiro EPK (*electronic press kit*) dos Stone Roses ("Sally Cinnamon"), que o dono da loja me recomendou como "uma sensação". Fato. Eu e o Bigato vimos Lou Reed juntos duas vezes. Em 1996 ele fez shows no Palace em São Paulo, que assistimos de pertinho. Barriga no palco mesmo. Era a turnê do álbum *Set the Twilight Reeling*, seu décimo sétimo! Ele abriu com "Sweet Jane", depois tocou o disco novo quase inteiro. O álbum tinha design estilosíssimo do nova-iorquino fodão Stefan Sagmeister, que compensava a dimensão artística perdida dos LPs com recursos gráficos do CD (como uma caixa de acrílico azul, que transformava as cores da imagem da capa do libreto). Fechou o show com "Vicious", "Walk on the Wild Side" e "Satellite of Love", para a eterna lembrança dos presentes.

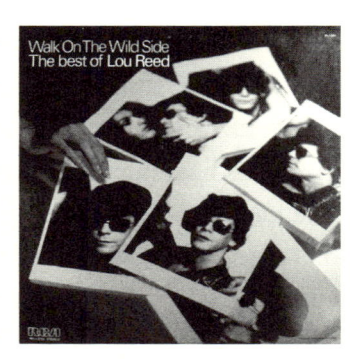

Eu estava tão interessado no líder do Velvet que li algumas biografias sobre ele, além de estudar melhor a pop art e Andy Warhol, o padrinho da banda. Fui tão nerd de Lou Reed e de Velvet Underground que montei todo um roteiro em homenagem à banda em minha primeira viagem a Nova York. Os centavos estavam contados, mas os momentos eram muito aguardados.

A segunda vez que vimos Lou Reed foi em 2000, no Credicard Hall, para a turnê de seu disco seguinte, *Ecstasy*, que não empolgou tanto. Seria o último álbum de rock solo da carreira dele, que nos anos seguintes só fez colaborações conceituais e gravou shows ao vivo. Na terceira passagem do líder do Velvet Underground pelo Brasil, os ingressos esgotaram antes que eu conseguisse comprar.

Naquelas mesmas sessões da Brasil 2000 em que conhecemos o "Poeta Maldito do Rock", tivemos contato com o pós-punk de Nick Cave and the Bad Seeds. O australiano atraiu de cara minha atenção com "Mercy Seat", um mantra despejado a marteladas cadenciadas que durava mais do que a maioria das pessoas suporta. Anos depois, cheguei a usar essa música como medida de caráter. Colocava pra tocar pros novatos do Omelete e se alguém fizesse um comentário idiota, eu tinha uma boa ideia da relação que teria com a pessoa.

Nesses primeiros anos em que descobri Nick Cave, pré-internet, comprei alguns vinis que ouvi com frequência. Mas pude explorar sua discografia apenas uns dez anos depois, quando comecei a trabalhar fazendo capas de CD cheias de neon para um selo eletrônico famoso por compilações "do momento", selecionadas por DJs, além de coletâneas de celebridades (meu auge foi a capa do disco do Xaropinho). Por alguma razão, que continuo sem saber, todos os álbuns dos Bad Seeds estavam em um armário dessa empresa – e saí de uma reunião carregado com a discografia completa da banda, já que ninguém ali sabia direito o que fazer com ela.

Eram apenas uns seis álbuns, nada comparado aos quase vinte que Cave tem agora nas costas, além de livros, filmes sobre seu processo criativo e trilhas sonoras. Só consegui vê-lo ao vivo em 2017, depois de uma E3 (Electronic Entertainment Expo, que era então a melhor feira de games do mundo). Peguei um avião de Los Angeles a Chicago e enfim cheguei ao centenário Auditorium Theatre da Roosevelt University – considerado um marco histórico da orgulhosa cidade e um dos teatros com melhor acústica dos Estados Unidos. Do meu lugar no balcão no alto, lateral esquerda do palco – único lugar decente disponível quando comprei –, observei o público e pensava bastante em minha própria mortalidade. Um mar de cabelos rareando e barbas longas pra compensar. Barrigas que não somem como antes e senhoras tatuadas vestindo preto. Já são trinta anos desde que descobri Cave. Eu me sinto velho.

As luzes se apagam e a idade desaparece. As 3.400 pessoas erguem suas vozes para a entrada dos Bad Seeds. Warren Ellis, multi-instrumentista, compositor, lenda (e homônimo do quadrinista de *Planetary* e *Transmetropolitan*), é o mais aclamado. O grupo toca os etéreos acordes de "Anthrocene" para a entrada da vampírica, elegante e longilínea figura de Nick Cave, que havia perdido seu filho adolescente um ano antes. Sua silhueta, projetada por um canhão de luz na parede lateral do teatro como em um musical de *Nosferatu*, dança controlada por um titereiro invisível. O vozeirão enche o teatro.

O show é hipnótico. Cave levanta e senta em seu piano diversas vezes, até abandoná-lo para o centro do palco. Não dura muito, porém, o setup convencional. Cave sobe nos *subwoofers* diante do palco e começa a tocar as pessoas. Nas primeiras e mais intimistas canções, carregadas de perda, ele parece um pastor, chamando para si o público mais próximo.

O teatro começa a levantar e pessoas invadem as primeiras fileiras, respondendo aos apelos. "Can you feel my heart beat?", Cave pergunta, colocando as mãos de estranhos em seu peito. Ele não vai mais embora. Passa mais da metade do show conectado com o público, alimentando-se de sua energia, como bom vampiro. Ele se ajoelha, o bom pastor.

Conforme o show se aproxima do fim, porém, ele começa a se lançar sobre os devotos. Semicarregado, andando sobre as cadeiras, caindo e sendo levantado. Mais de uma vez empurrando alguém meio violento. O punk continua ali, independentemente do terno *slim*.

Tomado por seus impulsos, ele convida uma mulher ao palco. Depois outra... um homem... e mais de uma centena de pessoas sobe ao seu lado, fazendo desaparecer a banda. O teatro de pé, em reverência, em homenagem e apoio. Somos parte da jornada de superação. Dividimos sua dor, ouvimos seu lamento. Agonia e êxtase em uma noite perfeita.

Um ano e pouco depois, pude dividir essa experiência com o Bigato, hoje um diplomata, quando a turnê veio a São Paulo.

Nada mau para dois moleques bitolados cujo maior problema, décadas antes, era uma torre de obscenidade que crescia tanto que comecei a temer que fosse descoberta. Estava difícil esconder as revistinhas pornôs... Quando minha avó melhorou e eu pude voltar ao meu quarto, tentei devolver a pilha de putaria ao Bigato, que não quis nem saber. Decidimos, então, expurgar o pecado.

A Grande Inquisição Pornográfica de 1988 aconteceu na churrasqueira de alvenaria encostada no muro que separava nossas casas. Esperamos por um momento em que ninguém estivesse por perto e pusemos o repositório obsceno sob a grelha.

Colocamos as cerca de cinquenta revistas na parte do carvão, as batizamos com meio litro de álcool – o dos anos 1980! Aquele doideira noventa e tantos por cento que usavam pra fazer cópia de prova no mimeógrafo e as crianças cheiravam, não essa merda que não pega fogo de hoje! Fizemos uma prece (mentira) e atiramos um fósforo na maçaroca.

Explosão.

Havia combustível demais e a violência da fogueira instaurada causou um turbilhão no ar sobre as revistas fumegantes, fazendo voar pedacinhos carbonizados de papel. Ventava e, enquanto tentávamos apagar a pira, picas e bucetas subiam e flutuavam pelo quintal, voando também para a rua.

O expurgo inquisitório deixou um rastro de destruição que perdurou por dias, com cenas de penetrações, *cunnilingus* e anúncios de algo chamado "chicote pé-de-ganso" sendo encontrados quarteirões longe de casa.

Nunca nos questionaram sobre essas evidências, mas mesmo assim tentamos apanhar o máximo de fragmentos nos arredores da pira. Parecia tudo certo... mas, dias depois, enfim os deuses da moralidade encontrariam uma maneira de acertar as contas comigo.

Com o escritório de volta às suas atividades normais, minha mãe foi arrumá-lo... e uma revista solitária, oculta entre *Novas* e *Claudias*, foi descoberta. Na capa, uma loirinha vestida de empregada safada oferecia-se ao patrão. A revista voltou para mim com mais uma humilhante dose de compreensão da Dona Enery, que pediu que eu cuidasse melhor das minhas posses, já que minha avó poderia encontrá-las sem querer.

Eu havia descoberto que toda indiscrição um dia terá seu preço.

Capítulo 9
O ARAUTO CÓSMICO DAS MUDANÇAS

"Os cometas sempre provocaram medo, reverência e superstição. Suas aparições ocasionais desafiavam de maneira perturbadora a noção de um cosmos inalterável e ordenado por Deus", escreveu o maravilhoso Carl Sagan em seu clássico *Cosmos*.

O registro mais antigo de um cometa data de 1057 a.C., na China, conforme registrado n'*O livro do príncipe de Huainan*. Depois, no ano 66, uma "espada de fogo pendeu sobre Jerusalém", como narrou o historiador romano Flávio Josefo. Em 760 d.C. os maias também fizeram registros em um calendário de pedra. Uns trezentos anos mais tarde, Guilherme, o Conquistador, invadiu a Inglaterra motivado por um cometa – e a posteridade ganhou a maior história em quadrinhos de todos os tempos, a tapeçaria de Bayeux: setenta metros de narrativa gráfica sequencial bordada em linho.

O pintor Giotto também incluiu, em 1301, uma aparição celeste em cenas da Natividade, guiando os reis magos à manjedoura. O tema se repetiu, de forma menos positiva, na Europa cristã de 1466, quando a galera surtou por pensar que um cometa seria presságio da invasão turca. Nos séculos seguintes, a coisa se acalmou um pouco e cientistas como o alemão Johannes Kepler começaram a entender os fenômenos astronômicos e racionalizá-los – mas não sem que o filósofo britânico David Hume sugerisse antes, poeticamente, que os cometas talvez fossem uma espécie de ejaculação oriunda de um orgasmo cósmico, que resultaria no nascimento das estrelas. Surfistas Prateados singrando o vácuo em busca de óvulos espaciais cosmo afora.

Igualmente orgásmica é a percepção de que todos os registros aqui citados são do mesmo cometa. Em 1707, o astrônomo inglês Edmond Halley identificou o ciclo de 76 anos de retorno desse cometa à Terra e previu: ele voltaria em 1758. Não deu outra... e o estudioso foi homenageado postumamente pelos colegas, que batizaram o corpo celeste com seu nome.

Essa história toda se cruzou com a minha em 1986, um ano que eu aguardava com expectativa. Era o momento do retorno do cometa Halley à nossa vizinhança sideral. Como bom nerd em formação, eu ansiava por testemunhar o fenômeno, sobre o qual já tinha lido bastante nas enciclopédias.

Os verbetes estavam suficientemente decorados, mas eu ainda precisava de mais informações. Elas vieram em um fim de tarde de sexta-feira, quando meu pai me levou até um café na Avenida Paulista. O lugar ficava no segundo andar de uma livraria, onde alguns amigos dele se encontravam.

Era a Livraria Belas Artes, no número 2.448, batizada aproveitando o nome do cinema na mesma quadra. Ela fora aberta em 1979 por um grupo de amigos, alunos da Universidade de São Paulo e membros de um grupo trotskista. Foi lá que nomes importantes da política e cultura brasileiras, como José Serra, José Genoino, Fernando Henrique Cardoso e Marilena Chaui, montaram parte de suas bibliotecas. Foi também a primeira livraria com café de São Paulo – e fechou em 2006, com os alicerces da história cedendo à força das megastores.

Meu pai discutia com os amigos no café e eu, entediado, pedi para ir ver os livros no primeiro andar. Andei entre as prateleiras que eram extremamente desinteressantes para um moleque de 9 anos – a seção infantil não era o forte do cultuado estabelecimento. Mas uma capa colorida me chamou atenção...

Entusiasmado, levei pro meu pai o livro *Os cometas*, do astrônomo brasileiro Nelson Travnik. Ele comprou pra mim e fiquei quieto na mesa, folheando as páginas ilustradas com registros artísticos do Halley ao longo da história humana, gráficos e cálculos. Eu tinha 9 anos e só consegui ler até a página 61 (o cantinho da folha permanece dobrado ali), pois então ficou supertécnico. Guardo o livro com carinho até hoje, meio mofado e ainda encapado pela minha mãe em papel de seda vermelho. Claro que acabei desenhando por cima, pois fiquei frustrado em não ver mais o cometa colorido cruzando o espaço estrelado. Eu não lembrava se o cometa estava subindo ou descendo e, canhoto, inverti seu sentido e datei: 20/set/1985.

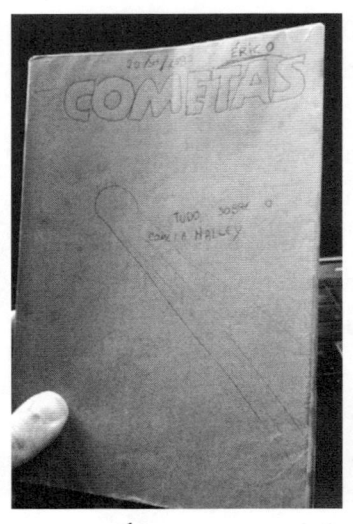

O colégio Jean Piaget embarcou no frenesi cósmico da passagem do Halley. Planejou uma excursão para a vinda do cometa, numa chácara onde alguns dos professores tentariam acompanhar o evento cósmico com uma luneta poderosa. A molecada da escola vibrava em expectativa pelo fim de semana longe dos pais, promessa de "grandes confusões para a galerinha do barulho". Eu só queria mesmo era ver o cometa!

A ansiedade inicial fora gerada na minha mente infantil pela Tia Dália, tia da minha avó materna Irene. Contou-me que tinha visto o Halley quando criança, em 1910 (ela morreu uns anos atrás com expressivas 102 primaveras). Dália se recordava de olhar para o céu e ver uma "esfera luminosa mais bela que a Lua, com uma cauda de fogo". Eu estava pronto! Toda a minha farta década de vida nerd havia me preparado para o maior acontecimento celeste da nossa era! Outro só em 76 anos, quando o cometa retornar para as nossas bandas.

Naquela excursão, depois de a bagunça da criançada já ter se acalmado e todos dormirem, os professores instalaram a bela luneta. Eu tinha em casa uma bem amadora, mas que permitia ver a Lua bem. Aquela não tinha comparação:

Vó Irene e Tia Dália, já muitos anos depois de ter visto o cometa Halley.

parecia especial e profissional. Era bem larga, com um visor em cima e cheia de alavancas pra deixar a parada mais precisa. Eu lutava contra o sono em expectativa.

As horas passaram, porém, e no meio da noite tudo o que os professores conseguiram focalizar foram borrões, algo bem diferente dos desenhos majestosos do corpo celeste que eu apreciara nos livros. Decepcionado, conforme a madrugada avançava, eu não aguentei e dormi sentado, encostado na professora de matemática. Eu não acreditava que a "cauda de fogo" mais parecia uma ameba.

Dias mais tarde, meu pai me levou até o sítio de um amigo em Mairiporã para tentar ver o Halley novamente. Subimos um morro no meio de uma noite fria, mas, de novo, tudo que vi foi um borrão.

O fato de eu não ter visto o que a Tia Dália descrevera ou o esplendor gráfico de tapeçarias e iluminuras não reduziu o impacto do cometa na minha vida. Eu havia estudado como as forças cósmicas abalavam a humanidade, mas esqueci de me incluir nessa história. Com o periélio do 1P/Halley veio também a separação dos meus pais.

Foi entre 1986 e 1987 que Enery e Luiz por fim se separaram. A casa da praia foi provavelmente nossa última viagem em família.

Na década de 1980, um divórcio não era tão comum quanto é hoje. Depois de meses de uma energia estranha na casa, com muitas conversas a portas fechadas, algumas discussões abafadas e uma crescente necessidade do meu pai de ficar em São Paulo "por conta do trabalho", enfim eu e Bruna fomos cuidadosa e sensivelmente informados de que nosso pai não moraria mais conosco. Ele viria nos visitar todas as quartas e teria sua própria casa, para a qual iríamos a cada quinze dias nos fins de semana. Depois de anos de escapismo, enfim haveria uma mudança.

Tenho enorme respeito pela minha mãe por essa decisão. A cidade fofocava com entusiasmo e ela foi absurdamente corajosa. Era "A Divorciada", uma criatura impensável numa época em que era preferível manter as aparências e os casos a efetivamente lidar com os problemas conjugais. Mas ela preferiu lançar-se ao futuro.

Enery, afinal, foi criada por um pai duro, fruto de seu tempo, que não queria vê-la fora de casa e praticamente obrigou-a a estudar magistério. Na época, era o único curso aceitável para "moças de família" e, igual a tantas outras em sua época, ela casou-se com o primeiro namorado sério que teve. Doze anos depois, decidiu que era hora de recomeçar.

Não deve ter sido fácil criar nós dois sozinha. A ausência do "homem da casa", ao mesmo tempo que gerou uma autoimposta responsabilidade no moleque que eu era, também me deu uma liberdade extrema. Minha mãe se jogou em vários cursos, começou a empreender e, anos depois, encontrou um novo amor. Tudo isso, claro, tomava tempo, então eu tinha longas tardes à disposição para abraçar a TV.

Os dias eram sempre tranquilos, mas as noites me enchiam de preocupação e terror, pois minha mãe chegava tarde de um curso de modelagem têxtil e eu não conseguia dormir enquanto o Corcel II marrom não apontasse na rua. Toda noite, eu me encostava no vidro da sala, atrás da cortina de tecido fino, olhando pra rua e esperando o alívio da luz amarela dos faróis. Quando enfim era o carro dela, eu corria para o quarto e fingia dormir.

Tomei umas chineladas na bunda pela primeira vez uns meses depois, quando ela descobriu que eu ficava esperando. Foi um daqueles momentos dignos de filme dramático, cheios de intensidade. Ela chorava enquanto me acertava com força calculada para doer mais moral que fisicamente, e eu garantia que nunca mais ficaria acordado esperando-a voltar. Drama resolvido à base de Havaianas.

Fora o sentimento de responsabilidade exagerada – que me acompanha até hoje –, a separação foi ótima. Mesmo.

Meu pai passou do durão que só aparecia para nos colocar na linha a um cara preocupado em nos entender, com assinaturas de revistas (da Marvel e da DC!) e passeios diversos.

Ele se mudou para um flat modernoso no Paraíso, bairro de São Paulo. O prédio era cheio de vidro fumê, tinha piscina e sala de games.

Lanchinho na casa nova do meu pai.

A entrada do apartamento era pela sala de jantar, lavabo e cozinha americana à direita, aberta para a sala, que ficava um degrau acima e dava para uma pequena varanda. O pé-direito era duplo, já que dali saía uma escada para o quarto (também aberto e cercado por um parapeito) e banheiro. Tinha até circuito interno de vídeo, com programação de filmes.

O prédio era bacana, mas vejo que os frequentadores eram curiosos, em retrospecto. Cheio de expatriados beberrões e muitas moças solteiras, que se reuniam em volta da piscina.

Fosse qual fosse a real natureza do prédio e parte de seus moradores, ele representou um período gostoso da minha vida. Viajávamos com as novas "amigas" do meu pai e nos divertíamos bastante. Minha última grande crise de bronquite foi em um desses passeios, em que eu fui em pé através do teto solar do Passat cinza metálico que ele comprou depois de vender a Brasília. Na traseira do novo veículo, um adesivo com o logo dos Thundercats. A estrada para a Caverna do Diabo ao sul do estado de São Paulo era de terra, e fui respirando a poeira, no melhor estilo "rei do mundo", durante alguns quilômetros. Acontece.

Eu gostava especialmente de ir ao cinema com o meu pai. Em uma tarde de sexta, depois de eu ser deixado no escritório da Telesp, ele abreviou o trabalho e me levou ao Cine Bristol, na Augusta com a Paulista. Era um cinema gigante, com 678 lugares, classicão.

A bilheteria e a bombonière ficavam no primeiro andar, com uma fachada de vidro e portas arqueadas. Através delas viam-se vitrais de Conrado Sorgenicht Filho (o mesmo artista que retratou a vida no campo nos vitrais do Mercado Municipal de São Paulo), um belo candelabro de vidro e metal e uma escadaria alta de madeira escura – que tinha uma armadura escocesa no meio! A escada levava a um lobby amplo, todo de pedra, onde as pessoas aguardavam sua vez de entrar na enorme sala de projeção, forrada com tecido xadrez colorido, que lembrava os kilts das distantes *highlands*. A coisa toda, decorada pelo arquiteto Ibsen Pivatelli, lembrava um grande castelo medieval europeu. Eu amo minhas lembranças desse lugar e qualquer filme ficava melhor ali.

E a parte mais legal: ele era repleto da minha única fonte de informações cinéfilas na época (fora os trailers): as cartelas de "em cartaz" e "próximas atrações". Eram painéis com o cartaz ao centro, sinopse do filme e fotos coladas em volta, que davam um "look and feel" artesanal da atração que estava em cartaz ou que entraria a seguir. Investigá-las e tentar extrair dali informações sobre a qualidade do filme era um dos pontos altos da espera. E, de certa forma, é o que fiz na internet durante muito tempo: investigar histórias a partir de fragmentos de conteúdo.

Era a era dos clássicos da cultura nerd...

Fomos assistir ali à fantasia *A história sem fim* no final de 1984, um dos filmes que mais me tocou na infância. Afinal, era a história de um menino nerd que precisava fugir dos valentões da escola e que se refugiava com seus livros – e era transportado para mundos mágicos incríveis. O filme era perfeito e eu morria de medo do Gmork – o lobo gigante que serve ao Nada. E ele me assusta ainda hoje, quando revisito a cena entre ele e o jovem guerreiro Atreyu. Nela, há um diálogo que faz referência ao fascismo, sobre como certas figuras autoritárias surgem em tempos de desespero. "As pessoas estão começando a perder as esperanças e esquecer seus sonhos, então o Nada fica mais forte [...] Eu o tenho ajudado porque pessoas que não têm esperança são fáceis de controlar. E quem tem o controle tem o poder", explica o monstro quando questionado sobre o que é o Nada que engolfa aos poucos o mundo onde vive.

Afinal, o autor do brilhante livro em que o filme se baseia, Michael Ende, tinha experiência com esse tipo de realidade. Ele cresceu na Alemanha nazista, que suprimia a criatividade ao banir certos tipos de arte. Isso incluía as pinturas surrealistas do pai de Ende, declarado um "degenerado" e banido do país. *A história sem fim* é fruto dessa vivência e um livro incrível, cuja leitura – anos depois do filme – me abalou quando notei que a obra se autodescrevia (e meio que me descrevia) em um impressionante uso de metalinguagem.

Foi lá no Bristol também que certa tarde fomos ver algo bem diferente... *Rambo II: a missão*. Eu não tinha idade suficiente, mas ele, com o braço em meu ombro, disse ao bilheteiro que era meu pai e me autorizava. Entrei de peito estufado. A carnificina promovida por John Rambo representa até hoje uma das sessões de cinema mais incríveis da minha vida, e o cheiro de suor de um cara ao meu lado só acrescentou à experiência. Era quase um cinema 4-D. O filme era adulto, violento e me motivou durante meses a ficar camuflado no bosque perto de casa usando um galho como arma, uma pedra verde num cordão e faixa vermelha na cabeça, aguardando os malditos vietcongues. Essa fase cosplayer só foi interrompida graças a uma sábia intervenção estética da minha mãe, provavelmente temendo uma retomada do assédio dos bullies.

De qualquer maneira, isso não impediu minha nova mania, que os anos 1980 supriam mensalmente: os filmes de ação truculentos. Agora Sylvester Stallone ocupava uma das paredes do meu quarto enquanto Arnold Schwarzenegger, em sua versão John Matrix de *Comando para matar*, estava fixado com fita adesiva entre a janela e meu armário. Eu olhava essa figura que apoiava uma metralhadora sobre os ombros e tinha uma pistola na mão, quando nem poderia sonhar que trinta anos depois eu subiria em um palco no Rio de Janeiro para entrevistá-lo para um evento de O *exterminador do futuro: gênesis*.

Além desses dois ícones, que dominavam as prateleiras das locadoras, eu vivia em busca de outros heróis armados até os dentes. Nessa arqueologia de bíceps e pólvora, achei *Braddock: o supercomando* de Chuck Norris – que mordeu um rato dentro de um saco enfiado em sua cabeça durante uma sessão de tortura –, as caretas e danças de Van Damme e até o charme machão de Kurt Russell, que foram a porta de entrada para um tipo de cinema e de diretores que eu desconhecia. E, de repente, uma geração toda estava assistindo aos filmes de John Milius, Paul Verhoeven e James Cameron, ao mesmo tempo que caras como Steven Spielberg e George Lucas reinventavam o cinema pop. Eu consumia tudo o que conseguia.

Os fins de semana eram ótimos – e em casa as coisas também iam bem. Minha mãe estava namorando um cara incrível, o Ciro. Filho de japoneses de origem extremamente humilde, ele conseguiu progredir como engenheiro e adotou uma filosofia quase hedonista para sua vida. Viajar, comer e divertir-se eram prioridades. Ele entrou para a família quase instantaneamente e tornou-se meu padrasto.

Enquanto isso, no colégio, as coisas não iam tão bem assim. Eu estava me tornando um aluno medíocre, que se esforçava apenas o suficiente para passar de ano. Era um comportamento curioso pra alguém com tantos interesses fora dali que, basicamente, estudava o dia todo – só que não o que queriam que eu estudasse. Além disso, minhas confusões me levavam a toda hora para a diretoria, diante da Flora, a dona do colégio – a que me tirou das aulas de religião.

A Dona Flora, aliás, me deve um doce. Um sonho recheado. É que durante quatro dias um vendedor ambulante acampou na frente do portão principal do Jean Piaget, fazendo a alegria da molecada com seus tenros e gordos quitutes açucarados. Todo mundo comprou e comeu. Eu juntei a grana pra comprar e, no quarto dia, peguei o último disponível através das barras do portão. Cheguei na sala de aula com o doce melecando o papel-manteiga e deixando uma névoa de açúcar de confeiteiro. O sinal havia acabado de tocar e eu pretendia morder o sonho aos poucos durante as aulas quando a Flora entrou.

O sermão da diretora, porta-voz dos poderes constituídos da cantina, detentores exclusivos dos direitos de vender comes e bebes aos estudantes, centrou-se nos perigos ocultos do produto de procedência desconhecida que estava sendo vendido ilegalmente e que, por acaso, estava em minhas mãos. A saliva na minha boca secava conforme vinha a constatação de que eu jamais o levaria aos dentes. Flora, o poder, esperava que eu o jogasse fora – e recomendou que eu o fizesse imediatamente. Meus colegas, seus rostos grudentos de açúcar, assistiram calados à minha lenta caminhada em direção ao lixo. Estendi a mão sobre o cesto vazio e a abri. O sonho estava perdido com um som oco no fundo da lata.

"Tunc."

O vendedor nunca mais apareceu e aprendi uma dura lição sobre poder.

Eu valorizava demais o dinheiro, afinal. E continuo valorizando. Aquele desperdício doeu demais. Na época vivíamos a superinflação no Brasil – e passar por algo assim te faz entender desde cedo o valor da grana. Supermercados e lojas remarcavam preços duas vezes ao dia, gibis ganhavam etiquetinhas com novo preço sobre a capa duas, três vezes ao longo do seu tempo de banca. O dinheiro mudava de nome a cada dois ou três anos (cruzeiro, cruzado, cruzado novo, real) e todo mundo precisava voar para que o salário rendesse. Dia de pagamento era uma correria só, com filas colossais nos caixas dos mercados, os carrinhos enfileirados e lotados com as "compras do mês". Você tinha que comprar tudo de uma vez – ou pagaria mais caro no dia seguinte.

Para ajudar a família, eu pegava uma lista de compras com a minha mãe e tinha a missão de passar por três mercados na cidade, comparando preços de produtos essenciais. Ao chegar em casa, entregava a planilha pra ela, que corria até a cidade, adquirindo o que estava mais barato em cada lugar. Eu estava ficando craque nisso, decorando direitinho o que ficava em cada gôndola de cada mercado. E me orgulhava do trabalho.

Em um desses dias de compra, eu estava no terceiro mercado do dia – o da rodoviária, o mais descuidado e grudento de todos – quando um funcionário me parou. "O que você está fazendo, moleque?" Ele chamou o segurança e ambos chegaram à conclusão de que eu era um "espião" da concorrência, já que viram os nomes de outros mercados no caderno.

Fui levado pelo braço a um depósito na lateral, atrás de uma cortina de tiras plásticas pesadas e opacas, e me fizeram sentar em uma cadeira no canto, enquanto buscavam o gerente para determinar o que fazer comigo. Mandaram eu não me mover.

Eu tinha 11 anos e estava em pânico, preso com desconhecidos nas profundezas do mercado. E o medo me fez agir. Levantei-me e fui me esgueirando, olhando pelas esquinas de produtos em busca dos dois homens. Corri abaixado pelos corredores e saí dali o mais rápido que pude. Suava e tremia ao entrar no ônibus que me levaria pra casa. No trajeto, me acalmei e criei uma história qualquer para evitar aquele mercado a partir de então, sem contar a verdade para minha mãe – talvez por vergonha do meu fracasso em me explicar e enfrentar aqueles homens.

Graças a isso, até uns anos atrás eu ficava apreensivo em comércios em geral, sempre fazendo questão de não chamar atenção e ciente dos arredores. Foi só quando me lembrei desse incidente, ao fazer compras já morando sozinho, que passei a relaxar e a olhar empregados e seguranças nos olhos. Um pequeno e seguro vislumbre, do alto do meu privilégio, do que passam tantas pessoas negras diariamente. Deixo aqui o registro da minha empatia.

A hiperinflação só chegou ao fim em 1994, quando eu já estava entrando na faculdade, depois de sete planos econômicos! Incluindo aí o mais infame deles, o Plano Collor, que confiscou a poupança de todo mundo. Eu tive certeza de que era seríssimo pois pela primeira vez vi desespero nos olhos do meu pai. Crise atrás de crise, encadeadas em um fluxo eterno e oscilante. Presas em um gráfico não muito diferente daquele cíclico da dança dos cometas.

Enquanto isso, no momento em que escrevo este livro, o Halley está além da órbita de Netuno, prestes a atingir o ponto de sua órbita mais distante do Sol – e preparando seu retorno, que acontecerá em 28 de julho de 2061. Eu terei 86 anos, mais ou menos a idade da Tia Dália quando me contou sobre aquela noite de 1910, quando a esfera luminosa mais bela que a Lua brilhou com uma cauda de fogo e marcou-a para sempre.

Capítulo 10
VIDEOGAMES E O PEQUENO PIROMANÍACO

Não tenho qualquer lembrança de como meu primeiro videogame veio parar em casa. Não me lembro de ter sido presenteado com um. Ele simplesmente... sempre existiu. Assim como meu amor pelos jogos eletrônicos.

Era 1984, ano das Olimpíadas de Los Angeles, as primeiras que lembro de me despertarem interesse. Na verdade, eu gostava mesmo era do Sam, a águia fofa que parecia um pouco o Zé Carioca. Mas talvez só me lembre pois alguém me presenteou com uma camiseta do mascote, que eu usava achando bacana demais. Estava escrita em algarismos romanos, o que dava ainda mais charme no meu apurado senso estético de 8 anos, que incluía apreço extremo por conjuntos de plush colorido combinando, moletons com a letra "E" gravada e um charmoso chapéu de marinheiro que usei incansavelmente até ser proibido (muito obrigado, mãe).

Esse foi também o ano em que começou a valer a primeira lei sobre informática no Brasil. A Lei Federal nº 7.232 estabeleceu uma reserva de mercado para esse setor, proibindo a importação de equipamentos eletrônicos. Entre eles, os videogames. O resultado desejado era o aprimoramento técnico e a formação de um polo nacional tecnológico totalmente brasileiro. Mas um subproduto disso foi a criação de uma indústria oficialmente pirata, com diversas empresas nacionais que copiavam projetos estrangeiros.

O maior sucesso internacional nessa indústria nascente era o Atari 2600, lançado nos Estados Unidos em 1977 e que aparecia por aqui através de importações ou contrabando. O videogame de Nolan Bushnell e Ted Dabney fez o mercado dos jogos eletrônicos explodir e foi exaustivamente copiado dentro das leis brasileiras, gerando uma indústria de clones.

O meu era um desses Ataris genéricos, um Supergame VG-2800 da CCE.

O design era horroroso... um retângulo preto fosco que não tinha nenhum atrativo além de dois adesivos metalizados. O logo "CCE" em preto estava centralizado e a palavra SUPERGAME era vazada por linhas horizontais vermelhas, dando ideia de velocidade e tecnologia. "VG-2800" no canto inferior direito, menor. Mas o que mais chamava a atenção era o aviso, enorme, no topo do lado esquerdo, impresso em branco ao lado do buraco onde se encaixavam os cartuchos.

ATENÇÃO
NUNCA COLOQUE OU RETIRE O CARTUCHO COM O VIDEOGAME LIGADO

Era o início do famoso hábito de "soprar cartucho". Basicamente, parte das vezes que você encaixava o jogo no console, por algum mau contato, o título entrava na TV todo alucinado, fazendo um barulho grotesco e cheio de pixels dançantes (e o pixel da época era do tamanho de uma unha de mindinho). Para resolver, era só remover o jogo e dar uma bela soprada nos contatos – tremenda burrice, visto que uns perdigotos iam de brinde, umedecendo justamente a placa metálica do cartucho.

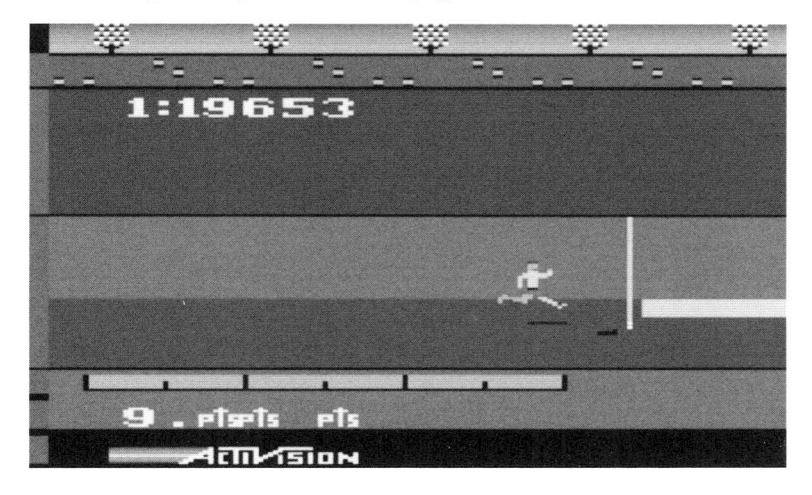

Um dos jogos que davam mais pau em casa era *Decathlon*, da Activision. A escolha perfeita depois da inspiração das Olimpíadas, já que reunia algumas modalidades de atletismo. Criado pelo gênio David Crane – o mesmo designer de *Pitfall!* –, o game tinha 100 metros rasos, salto em distância, arremesso de peso, arremesso de dardo, 110 metros com barreiras, salto em altura, 400 metros, lançamento de disco e salto com vara! Além da *terrível* competição de 1.500 metros. E digo isso pois todos os jogos tinham como mecânica uma solução devastadora para os frágeis controles que tínhamos: a alternância rápida de esquerda/direita na alavanca de movimentação. Quanto mais rápido você vibrasse aquilo, mais rápido o personagem ia. E 1.500 metros significava um tempo bastante considerável do exercício manual, que gerava hematomas na palma da mão, pulsos doloridos e controles quebrados.

Da mesma forma como não lembro como o Supergame foi parar em casa, também não entendo como os cartuchos – um diferente do outro, pois eram de fabricantes diversos – se multiplicavam. Mas desconfio...

Provavelmente eram deixados para trás por vizinhos ou colegas de colegas de escola que vinham fazer campeonato na minha sala. Nas férias de verão chegamos a reunir seis ou sete moleques lá (eu nem conhecia metade deles), com cerca de trinta cartuchos e um objetivo: determinar quem era o melhor jogador de todos.

Com um placar registrado em planilha, marcada em caderno pautado, o embate durou dias. *Megamania, Space Invaders, Pac-Man, River Raid, Enduro...* Jogo após jogo, eu emergi triunfante. Eu era o melhor jogador de Atari da molecada, meu primeiro – e último – título esportivo. Atleta de eSports raiz.

Outra qualidade dos jogos eram as belas imagens das capas. A Atari fez história em seus designs, do console em si (que era bem diferente das cópias brasileiras e tinha uma elegante barra imitando madeira na frente) às ilustrações dos jogos, que sem a menor dúvida inspiram criadores até hoje. A maioria dessas artes – e o estilo em si – foi criada por dois caras: Cliff Spohn e Steve Hendricks. Os artistas seguiam o estilo de pintura fotorrealista, com composições cheias de elementos gráficos que se mesclavam, criando uma atmosfera ora futurista (trazendo referências aos gráficos pobres do jogo), ora meio assustadora, *horror vacui* aristotélica (ocupando toda a imagem com informação, temendo o vazio).

O design era tão sensacional que frequentemente eu caía na besteira de alugar cartuchos inspirado pela imagem. Sim, alugar, pois as locadoras de Arujá, em sua concorrência nascente e crescente, começavam a ter prateleiras de Atari. Eu vibrava com isso, pois podia experimentar cada vez mais jogos. O problema é que os manuais não vinham com o cartucho e alguns dos jogos de Atari beiravam o surrealismo. As mecânicas eram confusas e não havia instrução alguma na tela.

Lançado em 1979, *Superman* era um desses títulos. Foi um dos primeiros games licenciados da história e um dos primeiros para apenas um jogador, inaugurando uma era nos consoles. O problema era ser extremamente complexo e cheio de objetivos que ninguém entendia. A frustração foi imediata, sentimento que sequer chegou aos pés de outro, gerado por *E.T.: The Extra-Terrestrial*, baseado no filme de Steven Spielberg.

E.T.: o extraterrestre, o longa, estreou no Brasil em 25 de dezembro de 1982, um sábado de Natal, seis meses depois do lançamento nos Estados Unidos. Havia enorme alarde pelo blockbuster de Steven Spielberg. Meu pai reuniu a família e fomos ao cinema lotado. Eu completara 7 anos duas semanas antes e não estava preparado para aquilo. Detesto *E.T.* até hoje. Não acho fofo, emocionante ou nada do tipo. O começo é puro filme de terror pra mim, com os agentes correndo entre as árvores, a música tensa e a criatura alienígena fugindo. Eu chorava de medo – e levei uma bronca do meu pai, que queria ver o filme. Se saímos da sala ou não, não lembro. Na celebração dos 25 anos do filme, já à frente do Omelete, descobri a real história que ele contava – o que só confirmou minha sensação inicial.

Os primeiros filmes de Spielberg tinham bastante suspense, temperado com ação, aventura, humor e uma parcela de horror, como *Encurralado*, *A força do mal*, *Indiana Jones e os caçadores da arca perdida*, e ainda aquele que foi um dos filmes fundamentais no processo de transformação do cinema e coroou o nascimento dos blockbusters: *Tubarão*, de 1975. O cineasta já havia transformado os aliens dos filmes B em coisa séria, com *Contatos imediatos de terceiro grau*. A seguir, desejava empregá-los em um filme de terror chamado *Night Skies*.

O filme teria como vilões um grupo de alienígenas malignos. Spielberg passou meses desenvolvendo o roteiro e as criaturas. O designer e especialista em efeitos de maquiagem Rick Baker, que havia recebido um Oscar pelo trabalho em *Um lobisomem americano em Londres*, estava criando os alienígenas do filme. A trama mostraria uma família sitiada por extraterrestres, uma ideia inspirada no western *Ao rufar dos tambores*, de 1939. No faroeste do mestre John Ford, uma família de colonos ajuda a defender um forte contra o ataque de índios mohawk.

Com o roteiro, designs e bonecos prontos e aprovados, porém, Spielberg mudou completamente de ideia. Decidiu que seu próximo filme seria uma aventura familiar, sobre um alien perdido na Terra e que tenta voltar pra casa enquanto é caçado pelas autoridades. Baker ficou furioso, pois o cineasta queria que ele adaptasse todo o trabalho nas criaturas ameaçadoras de *Night Skies* para um alien bonzinho.

O contrato foi cancelado e o especialista reclamou publicamente da conduta de Spielberg, dizendo que perdeu milhares de dólares no processo de criação, sem nunca receber crédito pelo trabalho – já que o resultado que vimos nas telas inclui algumas de suas ideias para a criatura. Carlo Rambaldi, criador dos aliens de *Contatos imediatos* e novo designer de *E.T.*, só fez algumas alterações no design original e criou o "apaixonante" alienígena de olhos grandes.

A ideia do grupo de criaturas aterrorizando uma família trocou os aliens por fantasmas e virou outro filme: *Poltergeist: o fenômeno*. O terror foi produzido por Spielberg e dirigido por Tobe Hooper, de *O massacre da serra elétrica*.

Em essência, afinal, *E.T.* é uma história de terror. O bicho é horrível e não adianta colocar peruca e laço. Ele vai continuar sendo uma criatura de pesadelo pra mim. Terrores à parte, *E.T.: o extraterrestre* conquistou o público, consagrando definitivamente o cineasta na indústria e tornando-se a maior arrecadação da história do cinema até então. E a Atari acreditava tanto no jogo inspirado nele que fez uma tiragem colossal...

Mas o jogo foi um fiasco. Considerado o maior fracasso da história dos videogames, era completamente ininteligível. Abstrato até. Também... pudera. Foi desenvolvido em apenas cinco semanas para aproveitar o lançamento do filme. *Cinco* semanas.

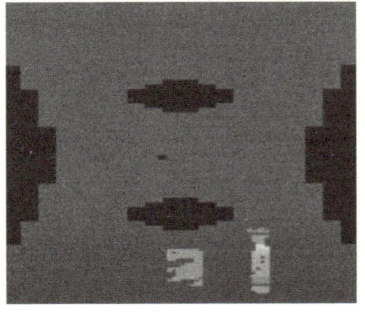

A Atari teve que ser vendida um ano depois para não fechar as portas, após enterrar (literalmente) quase oitocentas mil unidades do jogo em um deserto. O buraco (na indústria, não no deserto) foi tão vasto que colaborou para o inevitável colapso do mercado dos games em 1983, sedento por números e metas em detrimento da qualidade, da alma dos jogos e de seus criadores. Algo que não sentimos aqui, já que os consoles genéricos invadiriam o país um ano depois.

Mas *Superman* e *E.T.* estavam em um extremo negativo da produção de games. Do outro lado, havia excelentes jogos estilo plataforma, como *Jungle Hunt, Pitfall!, H.E.R.O.* e *Donkey Kong*, ou os de naves, que a gente usava nos campeonatos. Mas havia outro, que tateava em um gênero que se tornaria meu favorito até a vida adulta.

Adventure desafiava a imaginação. Tinha os mesmos gráficos quadradões dos outros jogos, mas havia algo nele que transportava o jogador a um mundo de fantasia medieval. Definitivamente não era o herói, um quadrado (literalmente); tampouco os dragões inimigos (que eu e a Bruna achávamos que eram patos). Mas os labirintos, o jeito como a porta do castelo abria, os cenários diversos e o uso de ferramentas para a exploração e combate eram absolutamente inusitados naquele momento dos games. O designer, Warren Robinett (o primeiro cara a colocar um "easter egg", seu nome, em um jogo), praticamente criou – dentro daquelas limitações extremas – o primeiro game de mundo aberto. Pelo menos na minha imaginação.

Enquanto isso, meu fascínio pelas capas continuava – e me levava a errar nas escolhas de locação com certa frequência. O pior foi um jogo de gamão, ou coisa assim, que tinha guerreiros com espadas como sua imagem promocional. Nada a ver. Apelaram para o meu fraco: armas brancas, a eterna atração do nerd.

Essa obsessão por capas e espadas era tão grande que convenci minha mãe a me levar ao teatro quando vi uma propaganda no jornal com um cara brandindo uma espada. Se tinha espada, eu ia gostar, certo? Havia funcionado em

O retorno de Jedi. Só que essa era uma montagem de *Fedra*, de Jean Racine. A Dona Enery não entendeu muito bem o pedido, mas não contestou o interesse e me levou para assistir a essa que é considerada uma das obras-primas do classicismo francês e um dos textos mais fortes baseados na tragédia grega *Hipólito*, de Eurípides. O programa perfeito para uma criança de 10 anos.

O cara do anúncio era o Edson Celulari. A Fedra era vivida pela Fernanda Montenegro. E tudo o que eu lembro da peça eram os perdigotos que o Celulari jorrava na contraluz quando gritava "FFFFFFEDRA!!!". Sem entender coisa alguma, não aguentei assistir. Dormi pesado na cadeira e fui o queridinho dos cultos, que apontavam pra mim e comentaram depois com a minha mãe "que bonitinho".

Eu veria novamente a Fernanda Montenegro 33 anos depois, na CCXP de 2017, quando ela foi a artista homenageada. No backstage, ela me cumprimentou e disse não estar entendendo o que fazia ali. "Esse é um festival da juventude", disse, surpresa. "Estou muito feliz, mas eles gostam de modernidades, não de alguém como eu." Tranquilizei-a, dizendo que nosso evento era uma celebração do talento, das pessoas que fazem as modernidades hoje – mas também de quem abriu caminho para elas. "E ninguém é mais talentoso que a senhora."

Ela apertou a minha mão, agradeceu, subiu e se emocionou no meu palco. E dessa vez eu estava bem acordado para vê-la.

Meu segundo videogame, o sucessor do Supergame, também foi um genérico. Dessa vez, cópia da Nintendo. No Natal de 1988 o Phantom System da Gradiente chegava à nossa casa, rodando os games 8-bits com cartuchos de 72 pinos do famoso "Nintendinho", o Nintendo Entertainment System (NES), lançado internacionalmente em 1985.

O Natal era a época de vasculhar os armários superiores dos meus pais em busca de presentes. E esse processo de arqueologia em closet me levou a encontrar outros tipos de itens, como um filminho pornô em Super 8 mm. De vez em quando eu espiava a película contra o abajur e tinha que enrolar tudo depois pra guardar. Na caixa vi, pela primeira vez na vida, um close-up ginecológico de uma vulva. O título era *The Butcher* – e durante muito tempo eu achei que "butcher" era a palavra em inglês para a genitália feminina...

Também encontrei a arma do meu pai, herdada do meu bisavô Floriano, que ficava no fundão do armário, na prateleira mais alta, dentro de uma caixa de kit de modelismo da Revell. Sem noção alguma, chamei minha irmã, dois anos mais nova, pra ver. Ficamos chocados e, felizmente, nem tocamos o revólver. Nunca mais cheguei perto dele.

Armas de fogo não eram meu negócio, mas eu gostava de incendiar as coisas ocasionalmente. Mais ou menos nessa idade, realizei a infame experiência pra saber se verniz cristal pegava fogo. Dentro do boxe do banheiro, enchi uma caixa plástica de um brinquedo chamado "torpedinho" com o verniz que eu usava para trabalhos escolares. Com medo de uma eventual explosão, deixei ele dentro do boxe e subi na pia do banheiro, lançando fósforos por cima da divisória plástica. Mas os fósforos apagavam em sua jornada ao chão, forçando-me a pensar em um novo plano: acender uma tira longa de papel higiênico e baixá--la até o recipiente. Só que o papel higiênico em chamas e o verniz formaram uma labareda de um bom meio metro, sem hora pra se extinguir. O fogo começou a derreter o boxe e uma fumaça preta se proliferou. Corri desesperado até a empregada, que reagiu com o preparo de um bombeiro. Encheu um balde com água e o despejou no inferninho infantil, acabando com essa experiência – e possivelmente salvando a casa.

Até outro dia, o boxe da casa da minha mãe continuava manchado e meio derretidão, mas na segunda revisão deste livro ele finalmente foi substituído. E por um melhor, que ela gabou-se de ter instalado "por um ótimo preço" em uma vidraçaria de Arujá.

Gostaria de dizer que nunca mais brinquei com fogo e tal, mas não seria verdade. Meu lado incendiário se manifestou mais algumas vezes, com maior controle. Em certa ocasião, fiz uma cidade inteira de papel para a cena final de uma brincadeira de Comandos em Ação: um grande incêndio no qual os Cobra matariam o Bazuqueiro dos G.I. Joes. O Bazuqueiro era o presente de aniversário que todo moleque ganhava (imagino que estivesse sempre em promoção). Era o boneco mais feio da coleção e vivia quebrando, pois a bazuca era grande demais para a mão do personagem e arrancava seu polegar opositor. Eu tinha três deles, todos quebrados. Podia ser imprestável para outras coisas, mas derretia feito um campeão!

Naquele ano não encontrei a caixa do presente de Natal – e o Phantom System foi uma surpresa incrível.

O console era um curioso frankenstein... aproveitava a carcaça de um Atari 7800, controles estilo croissant do Mega Drive (recém-lançado no Japão) e pistola do Master System, o "outro" console 8-bits do mercado, da Sega. O resultado era elegante. Apenas dois botões pequenos no console, encaixe para cartuchos com uma portinha para proteger os contatos e um logo estilosão, bem anos 1980. "PHANTOM" em caixa-alta, cinza sobre preto, e um "System" em modernosa cursiva, indo do amarelo ao roxo em degradê.

A qualidade dos jogos dera um salto absurdo em relação aos games do Atari. E as possibilidades também, com os títulos deixando de ser competições de dois jogadores para se tornarem mais complexos.

Donkey Kong virou o excepcional *Mario Bros.*, a quintessência do jogo de plataforma, que depois ganhou as sequências *Super Mario*. Do lado menos cartunesco, *Contra*, *Ninja Gaiden*, *Double Dragon* e *Castlevania* competiam pela atenção da molecada e me faziam decorar o posicionamento dos oponentes em games de dificuldade absurda, que exigiam concentração de monge shaolin para ser vencidos. *Mega Man*, *Metroid*, *Final Fantasy*... quase todas as grandes franquias nasceram ali. Incluindo uma das minhas favoritas de todos os tempos... *The Legend of Zelda*.

Se os games de plataforma me davam lições sobre foco, perseverança e recompensa, as aventuras de Link traziam outro tipo de ensinamento. Para melhorar o personagem em *Zelda II* – game que foi distribuído em uma maravilhosa fita dourada – era necessário derrotar mais e mais inimigos, se preparando para os mais desafiadores que viriam adiante. Ciente disso, passei um período inteiro de férias basicamente agachado em um canto da tela, matando bolhas nocivas que vinham em minha direção. A cada uma, uma pequena parcela de experiência era somada. E eu ficava ali... matando, matando e matando quase automaticamente. Minerando experiência dia após dia. Até ter pontos suficientes para investir em vida, magia ou ataque.

Esforço, recompensa, investimento e realização. *Zelda II* me ensinou mais sobre recursos que toda a escola. Sem falar que era um jogo perfeito. Exploração, mistérios, combate, interações, ferramentas e quebra-cabeças. E pensar que uns quatro anos antes *Pac--Man* era o pináculo da emoção! O único problema é que eu não tinha dinheiro para os cartuchos e precisava alugá-los na locadora. *Zelda II* não era diferente... e tinha três slots para gravação.

Eu sempre pegava o terceiro, esperando que quem quer que alugasse a fita depois de mim não gravasse seu jogo sobre o meu. Deu certo por algumas semanas – apesar do respeito mútuo entre os locatários de *Zelda II* na Top Vídeo, dava um frio na barriga ao ligar o console e entrar na tela dos "saves". Mas meu nome continuava lá. Com isso eu avançava bem no jogo... até que o impensável aconteceu. Alguém apagou não só o meu, mas os jogos de todos os sócios de Hyrule, acabando com a farra. Até esbocei um retorno, mas infelizmente nunca terminei *Zelda II*.

E se toda a produção em inglês não fosse suficiente, um adaptador no Phantom System tornava possível rodar os cartuchos japoneses presentes em algumas locadoras. Eu já os alugava junto com a pecinha, para experimentar os primeiros J-RPGs (os RPGs japoneses). Pulava todas as caixas de texto, mas logo já estava conseguindo entender caixinhas de comando em kanji como "ataque" e "defesa", típicas dos combates em turno. Até japonês os videogames me ensinavam (ou quase).

Capítulo 11
BRONQUITE FACEHUGGER

Enquanto eu vivia seguro na bolha nerd, murada por enciclopédias, a Bruna estava na rua, esfolando os joelhos ou coisa pior. Frequentemente tínhamos que correr até o hospital pois ela tinha se arrebentado de alguma maneira diferente, sempre envolvendo ossos e molecagens. Não que eu também não desse trabalho e sustos. Mas minhas incursões ao pronto-socorro eram motivadas por situações absurdas, como um pelo de pincel de aquarela cravado na garganta.

Explico: para dar uma afinada no instrumento enquanto pintava uma revista de aquarela, em vez de usar os dedos, chupei as cerdas torcendo o pincel – e um pelinho descolou-se, travando com força na minha garganta. Fiz um escândalo tão grande que tiveram de me sedar. O médico, dr. Ramiro, um boliviano estabelecido em Arujá havia alguns anos, perguntou à minha mãe se eu tinha algum problema mental.

Enquanto minha irmã era assídua frequentadora da máquina de raios X, fora um ou outro incidente imbecil como esse – quantas vezes alguém pode ter espinhas de peixe retiradas da garganta? –, meu problema de verdade era uma bronquite poderosa. Ela me colocava na cama durante dias com um inalador fumegante amarrado na cara.

Todo ano era a mesma coisa. Chegava o frio de julho e meu pulmão parava. Eu soava como o toca-fitas do CP-500 ao inalar o ar. Pelo menos meu pai me emprestava seus headphones e óculos Ray-Ban pra combinar com a máscara de inalação e eu podia brincar de *Top Gun*, que estava na moda. Normalmente isso vinha depois do desfile obrigatório em celebração ao aniversário de Arujá, dia 8 de junho, em que todas as escolas locais se apresentavam diante de políticos e importantes membros da comunidade.

Era uma cerimônia de bastante relevância para o *status quo* estudantil da região. O colégio em que eu estudava, o Jean Piaget, fazia questão de ter atrações anuais. Fui algumas vezes integrante da Banda de Flautas Doces, o que exigia ensaios duas vezes por semana. Usando uma boina imbecil e uniforme com pijama por baixo, num frio de sete ou oito graus, eu tinha que acordar às cinco horas da manhã para me arrumar e ir à concentração no colégio. Era uma patacoada absurda, reflexo total dos tempos de ditadura.

Eu odiava o evento intensamente, mas tinha minha própria forma de rebelião – uma rebelião de uma criança só, não contei sequer aos meus colegas mais próximos. No momento da apresentação – andando em formação, direita, volver, ALTO! – eu me recusava a assoprar o ar para a flauta. Movia os dedos nas notas do "Parabéns a você" e depois no clássico "Peixe-Vivo", mas não emitia som naquela seleção primorosíssima, que ganhou contornos ainda mais nonsense quando inventaram o "Hino de Arujá", em que acompanhávamos outras crianças cantando e era mais ou menos assim:

"Tem rios, tem campos, tem flores, tem serra, eu amo essa terra e aqui vou ficar. É Arujá! É Arujá! Eu amo tanto e aqui vou ficar."

Só não era pior que o "Hino do Piaget", cantado no ritmo de "Balancê" da Gal Costa:

"Ô Piaget, Piaget! Quero estudar com você! Entra na roda, cartilha pra ler, ô Piaget, Piaget!"

Nos dois anos seguintes, me enfiaram pra soprar corneta na recém-criada fanfarra da escola. Na hora eu também fingia. Eles não teriam meu ar. E, mesmo assim, eu sempre ficava doente depois, condenado a sessões de sete dias de cama, com o inalador colado na cara como um facehugger de *Alien*.

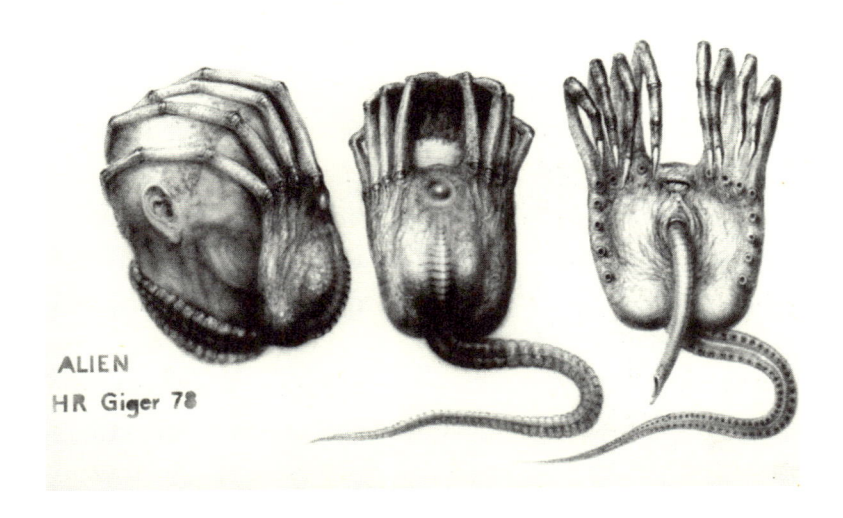

ALIEN
HR Giger 78

Desesperada com essa situação, minha mãe tentava de todas as formas encontrar uma cura. Depois de anos enfrentando prontos-socorros e médicos convencionais, decidiu recorrer a uma terapia alternativa e começamos a frequentar um homeopata com jeitão de psicólogo hippie, que prescreveu remédios baseados na minha personalidade, desde então tida como difícil.

Meu pai foi completamente contra, mas aquelas foram minhas últimas crises de bronquite. O fato de os dois terem se separado mais ou menos na mesma época também deve ter me ajudado a respirar de novo.

Não tenho lembranças de muitos momentos familiares felizes pré-separação, e tive minha cota de "dormir quente" por mau comportamento. Eram os anos 1980, afinal, e qualquer adulto estava autorizado a dar uns tapas nos filhos dos outros quando havia "razão".

Nossos momentos de verdadeira cumplicidade familiar eram ao redor da leitura. Era nessas sessões, entre as caixas de gibi, que eu me sentia verdadeiramente próximo do meu pai.

Era ele quem eu consultava com dúvidas de vocabulário, como quando encarei "carnificina" em uma edição de *A espada selvagem de Conan*, revistona da Editora Abril bem maior que as outras, em preto e branco, que trazia as aventuras sensuais e violentas do cimério criado por Robert E. Howard e continuadas por Roy Thomas. As capas de Earl Norem eram inacreditáveis, assim como os desenhos internos de John Buscema. As histórias tinham pictos cortados ao meio, monstros aterrorizantes, guerreiras sensuais e o feiticeiro malandro Thulsa Doom sempre dando problema pro velho cimério. Um sem-fim de grandes quadrinistas passou pela revista, nomes cuja importância eu aprenderia mais tarde. Alfredo Alcala, Tony DeZúñiga, Ernie Chan, Gil Kane… e alguns brasileiros na edição, com quem pude trabalhar mais de uma década depois, como o tradutor Jotapê Martins e os editores Dorival Vitor Lopes e Helcio de Carvalho.

O filme do Conan com Arnold Schwarzenegger tinha saído uns anos antes, mas eu ainda não tinha idade pra assistir. Só bem mais tarde consegui alugá-lo na videolocadora. Mas foi apenas em outra ocasião, com a experiência que a idade inexoravelmente traz, que pude enxergá-lo de verdade.

Da abertura narrada pela voz grossa e raspada de Mako Iwamatsu à brilhante cena final, o longa de John Milius é um tratado de força de vontade e objetivos. Ignore a agressividade do tema central, a "vingança", e pense nas provações do cimério ao longo do filme.

Conan teve seu povo assassinado, sua família decapitada e a vila queimada. Foi vendido como escravo e passou anos se fortalecendo na Roda da Dor, um moinho que ele começa a girar acorrentado, ainda criança. A maneira como Milius registra a passagem do tempo ali é brilhante: pernas finas juvenis ao lado de outras, as hastes do moinho como os ponteiros de um relógio. O pôr do sol dourado. Pernas mais fortes, menos pessoas. A roda gira e gira ao som da trilha magnífica de Basil Poledouris (meu compositor favorito do cinema – desculpe, John Williams). Até que... sobra apenas um par de pernas. Fortes agora, galgando o sulco arenoso do esforço que registra os anos idos. Conan levanta a cabeça e vemos seu rosto adulto pela primeira vez. Seu olhar é pura intenção.

Ora, Conan não era diferente dos demais quando assumiu seu lugar na Roda da Dor. Mas ele a vence sozinho. O que o torna especial então?

O foco em seu objetivo.

Conan: o bárbaro é um exemplo excelente de como alguns filmes crescem com o espectador. Revisitei essa inspiração algumas vezes na vida e sempre notei algo novo, algo que parecia ecoar o que eu estava vivendo. O clímax, por exemplo, só é verdadeiramente apreciado por quem já tem algumas cicatrizes de batalha e cometeu erros no passado. No surpreendente desfecho, Thulsa Doom (o descomunal James Earl Jones) é finalmente confrontado por Conan, que cruzou o continente em busca do feiticeiro. O diálogo do encontro é chocante:

"Conan: Você matou minha mãe! Você matou meu pai, você matou o meu povo! Você tirou a espada do meu pai...
Thulsa Doom: Ah. Isso deve ter sido quando eu era jovem."

Mais uma vez, Milius emprega o tempo na sua narrativa de vingança – agora humanizando o vilão, que não deixa de ser um desgraçado pelos seus atos subsequentes, mas que amadurece em sua maldade. Ao esvaziar a vingança de Conan, o diretor (que escreveu o filme ao lado de outro mestre, Oliver Stone) nos faz refletir sobre a natureza desse tipo de sentimento. No aprendizado de Conan temos abreviada uma possível lição pessoal.

Outra cena de *Conan* mexe comigo até hoje – e eu a via de maneira diferente do que a vejo atualmente até poucos meses atrás. A cena é a do questionamento do general mongol aos seus guerreiros próximos.

"General mongol: Meu medo é que meus filhos nunca me entendam. Vencemos de novo! Isso é bom. Mas o que é o melhor da vida?
Guerreiro (possivelmente o filho): A planície aberta. Um cavalo veloz. Falcões em seu punho. E o vento em seus cabelos.
General mongol: ERRADO! Conan, o que é o melhor da vida?
Conan: Esmagar seus inimigos. Vê-los caídos aos seus pés e ouvir o lamento de suas mulheres.
General mongol: Isso é bom! Muito bom!"

Durante mais de uma década adotei o mantra. "Esmagar meus inimigos", ou seja... vencer meus concorrentes, ou qualquer um que ficasse no meu caminho. Uma determinação ciméria impulsionada pela falsa sensação de segurança adquirida depois das eloquentes "vitórias" conquistadas sobre os bullies da adolescência.

Afinal, Dona Enery dava aula de português e inglês no Jean Piaget e os garotos-problema e repetentes em geral me viam como válvula de escape para suas frustrações. Bastava ela dar nota baixa para um e me perseguiam. Alvo fácil... eu não tinha mais que um metro e meio, esquálidos quarenta quilos, vivia com bronquite e minha alegria eram histórias em quadrinhos, computador e televisão. Os valentões se aproveitavam disso, frequentemente me tirando do sério, por diversão e uma sensação de vingança contra sua algoz, minha mãe.

Foi por causa deles que comecei a ficar genioso. Eu não gostava de ser o alvo favorito desses sujeitos e decidi enfrentá-los, certamente inspirado por tanta fantasia. E era uma questão de sobrevivência.

Entre os oponentes que eu enfrentava nessa época estava o Lúcio, com quem vivi um dos meus piores dias no Piaget. Durante a aula de educação artística, a professora me pediu que cuidasse da turma, anotando o nome dos colegas que quebrassem as regras na sua ausência (prática que espero ter sido descontinuada na pedagogia moderna). Ela não tinha a menor ideia do que estava fazendo ao colocar justamente o alvo favorito da juventude transviada para cuidar deles. Abracei a oportunidade com empolgada inocência.

Era minha chance de vingança, afinal. Meu momento de brilhar. Juiz, júri e executor, feito um Juiz Dredd mirim.

Quase imediatamente o tal Lúcio começou a me provocar. Anotei seu nome com solenidade no canto esquerdo do quadro, em bela letra cursiva, caprichando no laço do "L".

Lúcio parecia saído de uma comédia ruim oitentista. Vinte centímetros mais alto que eu e ganhando corpo diariamente graças aos hormônios, dois anos à frente dos meus 12 anos. Ele reprovado duas vezes e eu fazendo aniversário em dezembro e tradicionalmente o mais novo da sala. "Moleque, tira meu nome daí", disse ele com escárnio. Fingi não ouvir. "MOLEQUE, tira agora ou você vai se arrepender." Era um momento definidor de quem você será na vida, daqueles que eu tanto tinha visto nos filmes e lido nos livros e HQs. Quem eu queria ser? Alguém que abaixa a cabeça por medo e é ordenado a fazer algo contra seus princípios ou alguém que ergue o queixo e encara seus problemas, mesmo enfrentando uma força física inegavelmente superior? Escolhi com dignidade a porta que Peter Parker escolheria.

Lúcio levantou-se com calma infinita, a classe em silêncio, e com alguns passos cruzou a distância que separava o fundo da sala e o quadro-negro... e literalmente apagou a lousa com a minha cara. A manzorra espalmada na lateral do meu rosto, um Michael Jordan da humilhação. Enquanto as letras de seu nome eram esfregadas no lado direito do meu rosto, tive o impulso de revidar. Sem pensar muito, enterrei o giz no olho de Lúcio.

Tudo o que consegui foi enfurecê-lo. Minha cabeça foi prensada com força na lousa e as lágrimas formaram uma pasta com o giz.

O drama não tinha hora pra acabar. A professora voltou à sala e nos levou à diretoria; eu fui chorando ao lado de um silencioso Lúcio. Além da diretora, tive que encarar minha mãe, que se equilibrou entre a preocupação e a decepção. Os meus gibis nunca acabavam assim.

O pior dos meus algozes era o Ênio, um moleque que minha mãe havia repetido de ano e que vivia tocando o terror no colégio. Ele era aquele caso de honra para os pedagogos, o caso clássico do "não podemos desistir dele" que é tão bonito em professores.

Ele também não desistia de mim. Durante os intervalos, Ênio estava sempre no meu campo de visão, fazendo questão de ser visto e mexendo a boca, falando sem som.

O quê, eu não sei. Mas certamente não era o quanto me achava legal.

Um dia, porém, durante uma partida de queimada que eu assistia apoiado na cerca que separava a quadra do parquinho do colégio, ele abaixou-se para colar seu rosto bem próximo do meu. Seu hálito fedia a algum tipo de chiclete azedinho enquanto ele falava algo que não me lembro. Antes de eu registrar as palavras, meu sangue esquentou – e desferi o primeiro e único soco em briga da minha vida. O punho frouxo tocou a lateral do queixo de Ênio, que mal precisou levar a mão ao rosto para verificar se estava bem. Ele sabia que sim. O olhar de surpresa durou nada e foi substituído por um sorriso de canto de boca. Corri, com a cerca entre nós, até achar um adulto. Ao longe, ele me olhava fixamente enquanto desaparecia por um corredor, deixando o desenho da Mônica pintado na parede como única testemunha daquele momento.

Quando o sujeito foi enfim expulso do colégio – depois de um acesso de fúria contra a minha mãe e outros professores –, jurou vingança.

Ênio começou a passar de moto três, quatro vezes por dia pela minha rua. Às vezes até estacionava por perto e ficava me esperando. Minha irmã entrava em casa, voltava a seus afazeres e – com certa indiferença – me lembrava que eu estava preso ali. Se eu já não saía muito, parei de vez.

Mas se minha vida social não era muito animada – eu cruzava o bairro de vez em quando para ver filmes, jogar Atari e ouvir metal na casa do filho de uma amiga da minha mãe –, de vez em quando eu precisava ser desentocado para fazer trabalhos em grupo. Um dos meus colegas favoritos da classe era o Alex, que pra visitar eu tinha que andar um quilômetro por uma estrada bastante movimentada. Sempre que penso nele, lembro do cheiro de carcaças de bichos atropelados naquela via, apodrecendo no meio-fio.

Em uma das idas à casa do Alex, porém, o impensável aconteceu. Baixei a guarda ao tomar um atalho que me levava através do bosque, uma área de lazer bastante arborizada que ficava dois quarteirões distante de casa. Andei pelo mato e saí despreocupado em uma rua paralela. A acelerada na moto que veio por trás, sem aviso, emitiu o rugido de fera que eu tanto temera e que finalmente havia me encurralado.

"E agora? Pra onde você vai correr?", me perguntou Ênio enquanto desligava a moto e descia tranquilamente do assento.

"Agora... você morre", ele mesmo respondeu, desfrutando uma deliciosa pausa dramática.

Não havia o que fazer. Se eu corresse, ele me pegaria facilmente. Eu precisava encarar a situação. Brigar? Inútil. Ele era maior e sabia o que estava fazendo. Não era sua primeira briga, e tudo o que eu entendia de luta de rua vinha de gibis do Luke Cage ou dos combates de *Sawamu: O Demolidor*, meu anime favorito da época. Mas como eu não era um ex-presidiário corpulento do Harlem dotado de pele invulnerável nem sabia as artes marciais do kick-boxer e seu Salto no Vácuo Com Joelhada, talvez fosse melhor aceitar a surra e torcer para que Ênio ficasse satisfeito. Dar a ele sua "vingança".

Escolhi a outra opção, surgida das névoas do desespero. Estufei o peito e caminhei até meu oponente, encarando-o.

"Isso acaba aqui", comecei com meu melhor monólogo, requentado de tantas páginas em que heróis encaram seus inimigos – ou talvez de algum filme perdido. "Essa situação é ridícula. Eu já te prejudiquei demais", arrisquei. Sim, de acordo com a minha defesa, *eu* o prejudiquei.

"Você me ataca, eu te ataco e nenhum de nós ganha nada com isso. Quer saber? Sobe nessa moto. Me esqueça e eu te esqueço. Acaba aqui", terminei, segurando o olhar para cima e agora bem perto dele. Para meu assombro, Ênio não falou. Em silêncio e pensativo, voltou-se para a moto, subiu nela, acelerou e partiu na direção oposta. Enquanto o ronco do motor diminuía e ele ia embora, saltando uma lombada, eu me sentei na calçada e comecei a tremer.

Eu vencera meu oponente usando a inteligência. Estava me sentindo enorme, poderoso. Pronto para ouvir os lamentos de outras viúvas. Mas foi o Ênio quem fez a melhor escolha. Saiu pela planície aberta em seu cavalo veloz... o vento em seus cabelos. Sem inimigos.

Eu só entenderia isso muito, muito tempo depois.

A "planície aberta"... no game Conan Exiles.

Capítulo 12

A FÊNIX

Eu não tinha muitos amigos quando era pequeno, mas não me importava. Cercava-me das minhas atividades favoritas e era bastante feliz entre os aparelhos da casa, alternando entre televisão, jogos, histórias em quadrinhos e desenhar. Meu quarto também era um refúgio perfeito e eu podia ficar ali por dias a fio.

Enquanto isso, minha irmã era bem-sucedida em ter um séquito cada vez maior de coleguinhas. Elas pintavam pedras juntas, criavam uma vendinha na rua para suas criações, ouviam Menudo e dançavam suas coreografias. Uma das favoritas dela era nossa vizinha, cuja irmã marcou sua festa de aniversário para um fim de semana qualquer de fevereiro de 1985.

Eu tinha 9 anos e, muito provavelmente por educação ou imposição da mãe dela, fui convidado.

Ela morava na casa de madeira bem em frente à minha, do outro lado da rua. A sala e os quartos ficavam alguns metros abaixo do nível da entrada e a construção seguia descendo com a topografia da rua. As festas aconteciam em um pátio sob a casa.

Segui para o aniversário empurrado pela minha própria mãe, cruzando a rua com reticência. Mas o que ninguém sabia era que, sob minha camisa florida (também escolha da Enery, que gostava de me vestir com exuberantes conjuntos coloridos combinando), estava uma revista recém-chegada à banca do Jorge e que eu ainda não tinha lido. Era a *Grandes Heróis Marvel* número 7, que prometia na capa "O trágico destino de Fênix".

A Marvel sempre fazia isso, prometia a morte de personagens ou estampava destinos dramáticos na capa. Eu era moleque, mas já estava escolado nisso. Na última hora, os heróis ou seus familiares e amigos escapavam do destino trágico determinado pelas capas. Quantas vezes o Homem-Aranha não tinha encontrado forças para superar obstáculos intransponíveis a fim de salvar a velhota Tia May? Era sempre assim e não havia razão para achar que ali seria diferente. Especialmente porque, lembre-se você, naquele tempo só conhecíamos as histórias ao consumi-las. Levaria mais uns quinze anos para aparecer a internet e mais alguns até o nascimento de sites dedicados a esmiuçar toda a cultura pop antes do lançamento de revistas, filmes e séries. Se hoje a Marvel alardeia com meses de antecedência o que vai acontecer, marcando entrevista e fazendo conferência de imprensa, antes as revistas simplesmente saíam, revelando tanto acontecimentos quanto criadores formidáveis.

A dupla Chris Claremont e John Byrne, que

cuidava das histórias dos X-Men, vinha me encantando havia algum tempo. Tive a sorte de começar a ler os mutantes de Charles Xavier justamente no momento em que ganharam sua reformulação e escaparam do quase cancelamento para o estrelato, com Wolverine, Pássaro Trovejante, Noturno, Tempestade…

Nessa época, Jean Grey tinha vivido um calvário nas mãos do Clube do Inferno, para o desespero de seus amigos e de Ciclope, o amor de sua vida. Possuída por uma entidade poderosíssima, a Força Fênix, ela enlouqueceu e cometeu atrocidades… Mas apenas para retornar, graças à família e a seu mentor, à normalidade. A beleza das HQs da Marvel, entretanto, residia bastante nas consequências dos atos dos personagens… E uma raça alienígena resolveu que Jean devia pagar pelos seus atos. Oculta sob a camisa florida, *Grandes Heróis Marvel* 7 tratava justamente disso.

"A morte da Fênix" foi lida duas vezes debaixo da escada que dava acesso à festa da vizinha. O quadrinho em que Jean, ciente da dor que causou, grita por Scott enquanto aceita ser alvejada por um poderoso raio, ficou gravado para sempre na minha mente. Consequências. Sacrifício. Claremont. Byrne. Eu não me lembro da festa. Nada. Só da perda e do choque. Não havia qualquer motivo para comemorar. Voltei pra casa em luto.

Era a época de ouro dos quadrinhos Marvel, com outro cara fazendo história à frente de outro título que tivera seus dias trôpegos. Se Claremont e Byrne arrasavam em *X-Men*, Frank Miller fazia tão bonito quanto eles em *Demolidor*, gibi que até então eu lia meio que por obrigação, já que as histórias eram bem ruins. O novato adorava ninjas e trabalhava temas duros, que a Editora Abril dava um jeitinho de amainar, censurando cenas mais violentas, às quais só tive acesso – ou consciência de que existiam – uma década depois. Uma delas era "A queda de Murdock", que Miller escreveu e David Mazzucchelli ilustrou e que foi publicada aqui em 1986, na revista *Superaventuras Marvel*.

Nessa obra-prima, Heather Glenn, uma das antigas paixões de Matt Murdock, suicidou-se. A firma de advocacia dele faliu. Glorianna O'Breen, sua nova namorada, não entende suas mudanças abruptas de comportamento. Pra completar, outra mulher de seu passado está prestes a vender o maior segredo dele por uma dose de heroína. E tudo isso vai chegar ao seu arqui-inimigo... o Rei do Crime. Mesmo que algumas cenas fossem modificadas, toda a questão das drogas, prostituição e a sujeira do universo do Homem Sem Medo permaneciam, tamanho era o peso e a relevância desses elementos para as histórias.

A dupla voltaria a trabalhar junta em outro superclássico dos quadrinhos, *Batman: Ano Um*. Depois, Miller ingressou na Dark Horse e passou a criar histórias para personagens próprios. Todas com uma carga de realidade e violência um tanto... impróprias para crianças. Sem falar no arco *Demônio na garrafa*, em que os roteiristas David Michelinie e Bob Layton colocaram Tony Stark, o Homem de Ferro, enfrentando seu maior inimigo: o alcoolismo. No Brasil essas histórias foram publicadas em *Heróis da TV* em 1985.

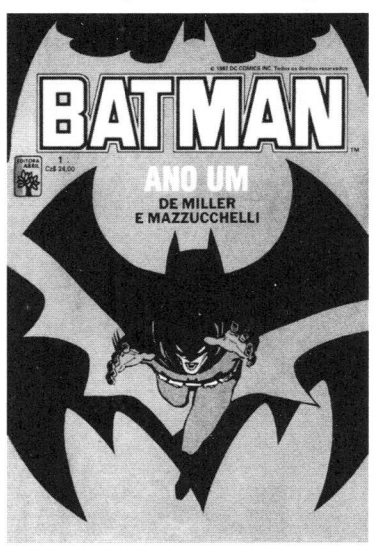

Felizmente, meus pais não faziam ideia do peso daquilo, mas para a sorte de todos, a Marvel, e mais um arco inspiradíssimo do *Arqueiro Verde & Lanterna Verde* com o Ricardito viciado, por Dennis O'Neil e Neal Adams, assustou-me de forma a jamais sequer imaginar consumir drogas durante minha adolescência. Meus vícios já existiam e eram outros.

Só faltava agora encontrar outras pessoas que também gostassem de quadrinhos; até então eu só sabia que elas existiam através das seções de cartas das HQs. Alguém as estava escrevendo, afinal.

Encontrei-as em 1988, quando mudei de colégio e fui estudar em Mogi das Cruzes, a vinte quilômetros de casa. O São Marcos era uma escola mais exigente e promovia um desafio social e mental imediato. Gostei de cara do lugar e as notas vermelhas que eu colecionava por desinteresse no Piaget desapareceram, dando lugar a um boletim mais robusto.

Mais do que isso, a 7ª B – formada por estudantes de cidades próximas e poucos mogianos de famílias tradicionais da cidade – tinha a energia das comédias estudantis de azarões que eu tanto apreciava. No ônibus fretado, porém, os moleques mais velhos também faziam bullying como os dos filmes. E me irritaram tanto que comecei a pegar um ônibus normal, de linha e... acordar mais cedo e chegar mais tarde. Mas a paz de espírito permitia que eu estudasse no trajeto e acabei conhecendo alguns dos meus melhores amigos nesse ônibus. No colégio, imediatamente fiz amizade com outros caras que gostavam de quadrinhos, filmes e videogames. Enfim, eu tinha uma turma de verdade.

O Tuco e o Neto, dois amigos dessa época, tinham os novos computadores MSX que rodavam programas em disquetes de 5"¼, com jogos muito melhores do que os que eu tinha no sucessor do CP-500. Era um dos computadores pessoais mais camaradas que já existiram, e entrava em um mundo de jogos poligonais e coloridos que desafiavam ainda mais a imaginação. Frequentemente íamos à casa deles para passar a tarde jogando e descobrindo novos games.

Foi aí, aos 12 anos, que eu consegui meu primeiro bico remunerado: dava aulas de informática e linguagem Basic para duas crianças de 8 anos no condomínio em que morava. A graninha extra significava que eu não precisava economizar tanto no lanche e podia combinar as duas fontes de verba. Afinal, a banca de Mogi, o Patão, que ficava pertinho do colégio, era muito mais ampla e diversificada do que a do velho Jorge... Além disso, estávamos entrando no final dos anos 1980, quando as bancas foram simplesmente entupidas de novidades, graças ao sucesso dos quadrinhos adultos iniciados por Frank Miller e Alan Moore.

"Graphic novel" virou um termo comum, e histórias em quadrinhos europeias e japonesas começavam a ganhar espaço de verdade nas prateleiras. Era difícil acompanhar, especialmente porque os preços eram mais altos.

Com esse novo mundo de amigos, incluindo o Marcelo Forlani, com quem eu fundaria o site Omelete dez anos depois, minha coleção de quadrinhos avançava rapidamente – assim como o interesse por tecnologia e cinema. Forlani morava em Suzano e tinha vindo do colégio "inimigo" nosso, o Santa Mônica. Nós nos demos bem de imediato e começamos a ir juntos comprar gibi, discutir as novidades e frequentar o cinema local.

Nosso lugar favorito era a Livraria Patão, que ficava a dois quarteirões do colégio. A loja retangular tinha duas portas metálicas de enrolar, uma à frente e outra ao fundo do estabelecimento. Eles abriam ambas e criavam uma passagem entre duas ruas. Prateleiras de madeira clara seguiam por toda a extensão das duas paredes perpendiculares à rua. Do lado de uma das portas ficava o caixa. No meio da livraria, uma ilha comprida reunia mais revistas. Foi ali que comprei meu encadernado de *Batman: O Cavaleiro das Trevas*. E a menos de trinta metros dali ficava o Cine Avenida – hoje uma igreja –, onde vimos *O segredo do abismo*, de James Cameron.

Outro interesse que despontava era pelas meninas. Eu era um frangote, mas ao menos era um novo frangote para a 7ª B. Uma das garotas, bem bonita, pediu para a melhor amiga dela conversar comigo e sondar se eu estaria interessado nela. Eu sequer a deixei terminar a frase e percebi que ali, naquele lugar novo, eu tinha a chance de tirar minha capa de invisibilidade e viver algumas coisas que eram quase impossíveis na minha realidade anterior.

Marquei um encontro no pátio com a Renata, minha pretendente, entre o almoço e as aulas da tarde. Não tinha a menor ideia do que fazer ou do que falar e tentei parecer mais maduro, provavelmente imitando algum filme. Não me lembro do que falei, mas deve ter sido o pior flerte da história. Em duas horas, se muito, ela já estava terminando comigo e dizendo que "confundiu nossa amizade". Que amizade, Renata??? Tínhamos nos conhecido dias antes e aquela era nossa primeira conversa! Os mistérios do mundo do romance desdobravam-se diante de mim e eu fora atropelado.

Fiquei ainda mais chateado quando ela começou a namorar um estudante de intercâmbio, também recém-chegado. E isso apenas dez dias depois do nosso rompimento. Sofri mais umas semanas, pra deixar de ser besta.

Minha vida amorosa e social só melhorou mesmo na oitava série. Até ali eu só tinha dado um selinho na prima da minha vizinha, porque fui ajudado pelo Bigato em uma brincadeira de "beijo, abraço ou aperto de mão". Eu me apaixonei na hora, claro, e nunca mais a vi.

Cheguei a promover uma festinha com tema anos 1960 na garagem de outro amigo do colégio, o Kiko, aproveitando nosso acervo musical. Não deu muito certo e a luz do bairro acabou no meio, mas acho que isso me ajudou a trabalhar melhor o meu lado social – além de ter sido o primeiro evento que organizei.

O esperado grande momento do primeiro beijo veio em uma excursão do colégio para Campos do Jordão. Em uma das noites iríamos a uma matinê de casa noturna –

também minha primeira vez – onde rompi a barreira da dança, me chacoalhando na frente de todo mundo. Ao menos eu sabia fazer a Dança do Tamanduá Africano do filme *Namorada de aluguel*, e ela deve ter funcionado, pois a filha da professora de geografia me beijou na porta da festa. Língua e tudo (e confesso que fiquei surpreso, pois não fazia ideia de que isso acontecia). Ao fundo, tocava o hit daquelas férias: "Harry Houdini", do duo canadense Kon Kan (única música deles que fez sucesso depois de "I Beg Your Pardon", que agora ninguém sabe que existiu, mas quem tem mais de 40 vai cantar junto a partir da primeira batida).

Fiquei tão impactado que logo fui pesquisar quem era Harry Houdini, esse agora coadjuvante da minha história. É o que nerds fazem, desculpe. Nós pesquisamos, estudamos e adquirimos conhecimentos que, para muitos, parecem imbecis. Mas o cara da música dizia que queria ser como Houdini, então fui às enciclopédias.

Fiquei fascinado com o mágico e escapista capaz de controlar seu corpo em um nível sobre-humano. Ele parecia um dos meus super-heróis – e existiu de verdade! Senti-me bem demais com a namorada, e os meses seguintes foram ótimos. Forlani estava namorando a melhor amiga da filha da professora, a "Melão" (motivos óbvios, desculpe – éramos moleques), e saímos juntos para ver alguns filmões. *Os caça-fantasmas II* e *De volta para o futuro II* foram vistos em sequência, pagando um ingresso só. É que na época você comprava o ingresso e podia ficar para a próxima sessão – ou entrar na sala do lado. O grande problema disso é que usamos a segunda sessão para pegação, e eu fiquei tão alterado que tive o que os americanos chamam de "blue balls", literalmente "bolas azuis" em português. Trata-se de uma descomunal dor escrotal pelo acúmulo de excitação; uma espécie de congestão testicular. Quando desci do ônibus pra casa, não conseguia me mexer, muito menos andar. Sem saber o que era aquilo, precisei ligar para a Santa Dona Enery, que foi me buscar e preferiu não falar a respeito. Mas logo depois ela deixou no meu quarto o livro *Sexo para adolescentes*, da Marta Suplicy, que nem todos lembram que era sexóloga antes de ser a petista com os melhores sapatos do governo, além de mãe do Supla.

Amplamente ilustrado com belos desenhos em preto e branco, o volume escancarava – e a palavra é apropriada – esse novo e genital universo, feito o Houdini entrando em suas armadilhas mortais. Ele que, depois de desafiar tantas vezes a morte e sua integridade física, morreu de uma maneira idiota. O escapista foi vítima de complicações quando um rapagão bêbado o socou no estômago três vezes sem aviso. Preparado, respirando e contraindo seus músculos, Houdini aguentaria um golpe muito mais forte do que aquele – inclusive estava nos bastidores de uma demonstração de resistência abdominal. Mas como ele estava relaxado, o golpe foi absorvido direto pelas suas vísceras – e seu apêndice, que já estava inflamado, se rompeu.

A filha da professora também me golpeou sem aviso, trocando-me por um garoto loirinho malandrão. E a humilhação não tinha hora pra acabar: tomei meu primeiro murro na cara nessa mesma época, durante uma pizzada de comemoração da nossa formatura da oitava série. Estávamos na porta do restaurante, um grupo animado de colegas, quando um sujeito encrenqueiro, bem mais velho, passou empurrando as pessoas e nos xingando por ocuparmos a calçada. Nobre linguarudo, intervim sem pensar muito. "Tenho certeza que qualquer um aqui teria saído da frente, caso o senhor tivesse pedido licença. Isso não era necessário."

Ele voltou a xingar e, idiota, achei que era tempo de colocar um fim àquilo como jovem cavalheiro. Dei boa-noite e virei as costas pro cara. O olhar arregalado das meninas diante de mim entregou o que viria a seguir. Senti a mão pesada no meu ombro, me girando com força enquanto um punho fechado me atingia no rosto. Com o impacto fiquei sozinho dentro da minha cabeça. "O que está acontecendo?", me perguntei. "Estou apanhando. Talvez seja melhor revidar", respondi tranquilo naqueles longuíssimos segundos de estado alterado de consciência pela pancada. Consegui erguer uma perna no momento em que ele ia esmurrar meu abdômen (que definitivamente não tinha a estrutura da musculatura de Houdini) e defendi o golpe meio com a coxa, meio com a bunda. E foi aí que um raio de prata entrou no meu campo de visão.

Nossa classe tinha um grupo de cinco ou seis estudantes de Macau, região chinesa que fora colonizada e administrada por Portugal durante mais de quatrocentos anos. Eles eram mestres na matemática, falavam alto, entravam nas nossas bagunças e se vestiam com roupas bem diferentes das nossas. Especialmente um deles, o Django, que adorava umas jaquetas metálicas e tênis combinando. Foi justamente ele que veio correndo e, feito um corisco prateado, saltou sobre as costas do sujeito, tirando-o de cima de mim. O resto da classe voou sobre o cara e o espantou dali; naquele dia tive um Changeman particular, enviado pela Organização Mundial dos Defensores da Terra pra salvar aquele garoto de 13 anos de sua primeira surra de verdade.

Foi em 1990 que saí do São Marcos e fui estudar em São Paulo, na Escola Técnica Federal. Eu tinha acabado de completar 14 anos. Como minha nota no vestibular não foi suficiente para escolher o curso matutino, fui para a turma da tarde, a 244. Minha gangue lá era menos nerd, mas mais divertida. E éramos um grupo grande: Lombriga, Japonês, Padrão, Dio, Merluza, Gordinis, Lasanha, Hitch, Azeitona e eu... o Ardente, entre tantos outros colegas (e meninas, que eu infernizava).

Arrumaram esse apelido para mim depois do trote, quando fui tirar toda a tinta do corpo e fiquei ardendo de tanta esfregação. Fiz a burrada de comentar isso e... pronto, virei o "Ardente" por uns meses. Mas o nome não durou muito, imagino que por ser um tanto constrangedor para quem o falava. Um ano depois ganhei outro apelido, "Matoso", por conta do cabelo que estava crescendo e resolvi amarrar.

Esse nome durou até o final do quarto ano – o colegial técnico tinha um ano a mais –, quando o rabo de cavalo já estava no meio das costas.

Eu acordava bem cedo pra fazer trabalhos e estudar. Às dez e meia da manhã almoçava algo descongelado – talvez um miojo ou um hambúrguer de caixinha, já que o almoço não sairia antes de algumas horas – e minha irmã fazia uma expressão entre o nojo e a piedade ao me ver comendo tão cedo. Eu pegava o ônibus das 11h45 na rodoviária de Arujá, onde havia uma banca de jornais bem razoável. Eles também vendiam discos populares, então toda manhã havia um show de dança minimalista de um sujeito que dormia por ali.

Nos cinquenta minutos do ônibus eu colocava a leitura em dia ou estudava mais um pouco. Depois era a caminhada lenta entre o mar de pessoas na rodoviária lotada do Tietê, metrô e uma passada na banca da Estação Armênia. Era ali que meu grupo se reunia para caminharmos juntos. O dono da banca era um entusiasta das novidades da Abril e da Editora Globo, e lotava a frente da sua loja com álbuns grandes com papel de qualidade, a tendência daquele momento pós-*Cavaleiro das Trevas* e *Watchmen*, quando os quadrinhos se redescobriram adultos. Ele me fornecia as tabelas de lançamentos e recolhimentos de revistas, para que eu pudesse me programar. Nos meses em que a grana estava curta, ele às vezes me deixava trocar as HQs que eu já havia lido. O material do curso era caro, e qualquer ajuda para manter meus quadrinhos era bem-vinda. A partir dali eram dois quarteirões até a escola, que ficava em uma área arborizada com vários prédios baixos, divididos por curso. As aulas normais (matemática, física, geografia, português, biologia, etc.) aconteciam em um prédio misto, mas as profissionalizantes tinham suas áreas específicas. A nossa era, literalmente, no porão – que alagava em dias de chuva forte e ficava com um cheiro terrível de Rio Tietê. Só dois anos depois ganhamos um prédio próprio – e alguma dignidade.

A 144 era uma sala com 60% de mulheres, o que dava um clima legal à turma. Em pouco tempo estávamos indo ao cinema em bando e nos divertindo no shopping Center Norte, que ficava do outro lado do rio. Também fazíamos umas festinhas no salão do prédio do Fabrício, o Lombriga, onde rolavam uns momentos de danças lentas, pra dar uma esquentada no clima.

Fiquei com uma colega aqui, outra ali, mas nada sério. A lambada era o ritmo do verão para muitos, mas eu só queria saber do grunge, que estava no auge. Acredito que meu cabelo esquisito – o nome do penteado era "bunda de pato", pois a parte de trás do cabelo ficava no formato do traseiro arrebitado das aves – e as camisas de flanela em pleno verão podem ter tido algum papel no interesse de algumas poucas garotas por mim, já que as visitas semanais às lojas de gibi certamente não me favoreciam, bem como o meu comportamento bem infantil com elas. Eu estava na fase em que moleques adolescentes ainda não sabem o que fazer com seus hormônios. Depois de confundir zoação e desejo durante um ano inteiro, aos poucos fui aprendendo.

Depois de anos desde aquele início dos treinamentos beatlemaníacos, minha virgindade finalmente sucumbiu em 1991, uns meses depois que vendi meu Phantom System e a parte menos interessante da minha coleção de quadrinhos para trocar por um Mega Drive, console da Sega de 16-bits que evoluía mais os aspectos gráficos do que a essência de seus antecessores. Não muito diferente do meu amadurecimento do primeiro para o segundo colegial.

O novo console tinha jogos licenciados incríveis, como *Batman* inspirado no filme do Tim Burton e *Spider-Man* com todos os principais vilões na capa. Sem falar em *Sonic*, *Streets of Rage 2*, *Strider*, *Ecco the Dolphin*, *Castle of Illusion*, *Mortal Kombat II*, *Street Fighter II* e *Golden Axe*, que eu costumava jogar no fliperama no Bigode, o boteco do lado da escola, mas sempre morria na mesma fase e não tinha grana pra continuar jogando. Só quando comprei o cartucho pude finalmente jogar o resto.

Mas o mundo dos games não era restrito apenas aos consoles. Nos precários PCs, a LucasArts despontava com algo completamente novo. Os títulos da empresa de George Lucas – sempre ele – injetavam estilo e reinventavam os jogos do tipo "aponte e clique", aventuras gráficas em que você mais explorava o cenário e desfrutava histórias e diálogos do que encarava combate. Era uma outra abordagem aos jogos eletrônicos – e caras geniais como Tim Schafer,

Ron Gilbert e Dave Grossman a faziam muito, muito bem. *Maniac Mansion* foi o primeiro sucesso deles, seguido por títulos brilhantes como *Full Throttle*, *Day of the Tentacle*, a série *Monkey Island*, *Indiana Jones and the Fate of Atlantis*, *Sam & Max Hit the Road* e *Grim Fandango*.

Os games eram maravilhosos e me fizeram economizar – mais uma vez – para comprar um monitor colorido. Meu PC XT frankenstein, montado peça a peça, tinha monitor de fósforo verde que não me permitia ver o "arenque vermelho" em que eu precisava clicar para passar por uma das fases de *The Secret of Monkey Island*. O peixe era necessário para subornar um troll e conseguir autorização para atravessar uma ponte. Antes de comprar o meu, pude superar o desafio na casa de um amigo da escola que já tinha um monitor VGA colorido. Lá, memorizei onde o peixe estava e pude, enfim, clicar na minha própria tela para avançar. Quase trinta anos depois, graças ao editor deste livro, enfim descubro que "arenque vermelho" é um termo para pista falsa, algo que te distrai do que realmente importa. Em *O Pequeno Scooby-Doo*, o personagem Ruivo Herring é sempre acusado de ser o monstro do dia, como piada recorrente com esse termo.

A pirataria dos games da LucasArts corria solta entre a galera. Todo mundo conhecia um cara que copiava jogos por um pequeno valor mais uma caixa de disquetes virgens de 3½ polegadas. O game vinha compactado em partes numa porrada de discos, que levavam umas boas horinhas pra descompactar e instalar. "Parte 1 de 13" ou coisa assim na etiqueta. Aquelas torres de disquinhos eram alegria pura. Menos quando davam erro...

Foi nesse esquema "alternativo" que instalei o jogo *Dune II: The Building of a Dynasty*, um dos primeiros games RTS (*real time strategy game*: jogo de estratégia em tempo real), que estabeleceu muitas das características do gênero. O título da Westwood Studios e da Virgin Games é baseado no filme de David Lynch, *Duna*, de 1984, que por sua vez adapta o romance de ficção científica de Frank Herbert de 1965. E foi exatamente nessa ordem – game, filme, livro – que entrei no universo do mélange, a especiaria que prolonga a vida e permite as viagens através do universo.

O game tinha mineração desse precioso recurso, avisos de chegada de verme, ataques dos nefastos Harkonnen e uma voz feminina suave para avisar sobre a produção e dar alertas. Era tão incrível que me despertou a vontade de conferir aquele filme de visual esquisito que estava sempre pegando poeira nas locadoras.

Fui imediatamente cativado pela mãe de todas as ficções científicas modernas, com seus guerreiros e módulos de amplificação de voz para falar palavras de poder. Bem pouco depois, descobri, ao comprar uma edição surrada do livro em um sebo, que tais elementos foram criação do filme. E só mais tarde descobri o quanto a adaptação é detestada pelos fãs de Herbert, devido a essas e outras liberdades poéticas. Porém, ela sempre terá um espaço especial no meu coração, e a revejo com certa frequência. Adoro especialmente a trilha sonora da banda de rock progressivo de Los Angeles, Toto (com Brian Eno), e fico emocionado todas as vezes que o Muad'Dib Kyle MacLachlan cavalga o shai--hulud pela primeira vez, quando guitarras se misturam ao tema principal. "Ele é o Kwisatz Haderach", ouço na minha cabeça a pequena e assombrosa Alia.

Mas enquanto eu fazia uns bicos pra melhorar meu PC – que, juro, às vezes só funcionava na base do soco – durante o primeiro colegial, uma personagem importante da minha história também estava evoluindo de 8 para 16 bits...

A Lu era parte da turma da minha sala que andava sempre com a gente – e passamos o primeiro colegial inteiro nos estranhando. Até o primeiro dia de aula do segundo ano, quando ela entrou na sala e algo havia mudado.

Apesar de eu demorar a admitir, as brincadeiras passaram a ter outra motivação e uns meses depois estávamos namorando. Tudo muito bonitinho, pois fui apresentado à família e os visitava até que bastante. Eu morava longe e a casa dela, pertinho do metrô e relativamente próxima da Federal, era um bom lugar para fazer os trabalhos escolares incessantes. Sem falar que a avó dela escutava mal e era a única adulta em casa durante a tarde.

Nossa primeira vez levou quase um ano pra acontecer. Ela ia ficar sozinha em casa e fomos pra lá, certos de que o momento era propício. Tudo deu certo, exceto por um detalhe: a chegada repentina do pai dela.

Era um apartamento antigo e o elevador fazia um barulho característico, que ela havia apurado o ouvido para reconhecer ao longo da infância e puberdade. Foi nossa salvação. Seus olhos se arregalaram e ela falou com gravidade "é meu pai" enquanto voava para o banheiro. Eu me vesti mais rápido que Clark Kent se transformava em Superman na cabine telefônica. Em segundos, estava completamente arrumado, disfarçando a respiração ofegante, enquanto ele jogava a chave na mesinha da sala. Fui ao encontro do sogro como se não houvesse acontecido nada diferente.

Apertei a mão dele enquanto seus olhos, de um lindo azul-claro, tornavam-se injetados de sangue, adquirindo um tom púrpura. O rosto ganhava ângulos duros enquanto a testa se aproximava da boca, engolindo o bigodinho curto. Lembrei na hora do Megatron enquanto feixes de energia deixavam suas pupilas dilatadas em direção às minhas. Ele perscrutava minha alma atrás de informações, incrédulo e ao mesmo tempo com a dolorosa certeza de que sua garotinha fora corrompida por aquele saco de ossos cabeludo.

Ela saiu do banheiro, beijou o pai com infinita cara de pau e disse que eu já estava indo. Aproveitei a deixa e me teleportei dali às cegas, feito o Noturno quando não sabe o que há atrás de uma parede – "BAMF!" –, deixando-a sozinha com duas horas de sermão. Minha primeira vez quase foi a última – e ele nunca mais confiou em nós, claro. Talvez tenha sido até por causa disso que ela mudou de período na escola.

Um ano depois, ainda estávamos juntos, até eu ser alertado – do nada, por um ajudante do laboratório de Edificações – que ela fora advertida pelo uso indevido da área de alvenaria juntamente com um sujeito um ano mais novo que a gente. Foram dias difíceis:

vislumbrei, do alto dos meus experientes 17 anos, o fim de um relacionamento que deveria durar para toda a vida. Oh, ideal romântico! O sofrimento adolescente existe em um espectro todo particular e o meu envolveu Joy Division, Bauhaus e tudo de melancólico que consegui encontrar nas lojas de CD do Centro.

Três meses depois, estava curado e apaixonado novamente.

Capítulo 13

A VIDA IMITA O RPG

A Dé era quatro anos mais velha que eu. Tinha carta de moto, olhos verdes, piercing no nariz, uma pinta de atriz hollywoodiana no rosto e fazia Design Gráfico na FAAP. Ela era tão fora da minha realidade que eu sequer a via com desejo. Pra que perder tempo?

Eu não contava, porém, com o poder de sedução do RPG – e a sigla aqui não tem nada a ver com Reeducação Postural Global, mas com os Role-Playing Games. Um pináculo da nerdice anos 1990!

Eu jogava bastante RPG com os amigos do colegial. Tínhamos um grupo movido a Big Coke e esfiha do Habib's nas madrugadas dos fins de semana. Jogávamos *Gurps* (Generic and Universal Role Playing System), um sistema bacana e versátil criado em 1986 por Steve Jackson – que mais tarde fez o bastante popular jogo de cartas *Munchkin*. Meu personagem era um bárbaro burro chamado Pulcherus Acrorion, dono de uma iguana de estimação e uma biga de combate.

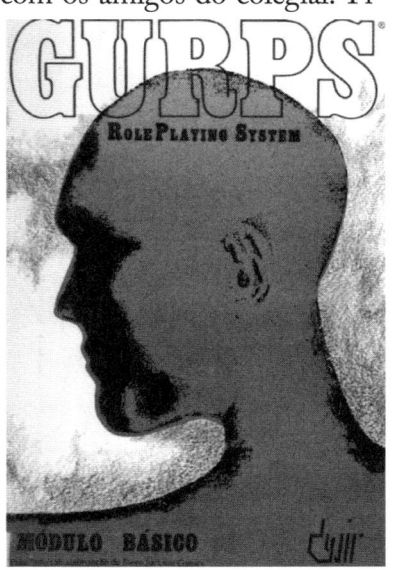

As aventuras eram extremamente divertidas, e estou para viver emoções tão gloriosas em grupo quanto tirar o número máximo no dado de vinte lados (o D20) ou rir até doer o rosto quando alguém conseguia a façanha de rolar um "1"... a falha crítica, que sempre vinha acompanhada de alguma desgraça na aventura. Entre uma partida e outra de RPG, também jogávamos *Magic: The Gathering*. Eu até sonhava com as cartas da Wizards of the Coast – e vez por outra ainda sonho, tamanho o vício, apesar de não jogar mais há uns vinte anos.

Pulcherus Acrorion, meu personagem bárbaro dos RPGs.

Mas antes do *Gurps* eu entrei no mundo do RPG graças a uma edição portuguesa de *Dungeons & Dragons* – o sistema que modernizou e popularizou a indústria dos jogos de interpretação. Eu a encontrei na locadora bacanuda, a MNC, no dia em que a colocaram na prateleira. Sem entender direito o que era aquele livro, resolvi folheá-lo e imediatamente o relacionei com duas paixões de uns anos antes: o desenho animado *Caverna do Dragão*, do *Xou da Xuxa*, e a coleção de livros-jogos *Aventuras Fantásticas*, criada em 1982 pelos ingleses Ian Livingstone e

Steve Jackson (que todo mundo confunde com o criador do *Gurps*). Nessa série, o leitor mudava de página conforme decidia o rumo da história. Naquele dia não levei filmes pra casa, mas a caixa vermelha do *D&D* com um belo dragão vermelho estampado.

Carreguei aqueles livros pra cima e pra baixo durante semanas, estudando-os e relacionando os arquétipos dos jogadores com os personagens do brilhante *Caverna do Dragão*. Até que um dia, no ônibus de volta pra Arujá, encontrei a filha de uma amiga da minha mãe. Ela veio puxar papo e perguntar o que era aquele livro sob meu braço. Passei os 45 minutos da viagem explicando o jogo e ela se interessou. Pegou meu telefone e marcamos uma sessão para aquele fim de semana, na casa de uma amiga dela... justamente a Dé.

Eu seria o "mestre", o criador/roteirista/diretor daquele jogo, e cheguei na hora marcada daquela noite de sábado, com aura de especialista. Preparando a mesa na bela sala de tapete felpudo, diante de uma lareira – ambientação perfeita –, distribuí os personagens, que, para ganhar tempo, já estavam prontos. Sem qualquer pretensão romântica entre meus novos amigos, atuei cheio de confiança. Um nerd emplumado em seu hábitat. Quem diria que eu estava conquistando alguém?

Quando a amiga dela me revelou o interesse da Dé umas semanas depois... por pouco não coloquei tudo a perder. Comigo, "ela está a fim de você" era senha para pânico. Mas consegui segurar a onda, rolei o D20 e tirei o máximo. Acerto crítico!

Seu João. A caneta sempre pronta no bolso da camisa.

Começamos a namorar e a influência dela foi uma das mais fundamentais na escolha da minha profissão.

Mas bem antes disso, dois caras marcaram muito a maneira como encaro o trabalho. Meu pai, criado pelo incansável trabalhador Seu João, deixou no meu DNA uma disposição para sujar as mãos que beira o absurdo. Aquela do tipo meio doente mesmo, de largar amigos, amores e família pra trás. Eu daria um tremendo garimpeiro na Corrida do Ouro de Klondike, imagino (e só sei o que foi essa migração de garimpeiros ao extremo ocidente do Canadá no final do século XIX graças às histórias do Tio Patinhas do Carl Barks).

Por muito tempo, delegar tarefas não foi fácil pra mim, e meu nível de exigência era nocivo pra todo mundo. Sem falar que, até uns anos atrás, eu estourava com facilidade;

caso algo não esteja a contento, tenho dificuldade extrema em não refazer tudo eu mesmo. Estresse foi meu nome do meio durante um bom tempo.

Por outro lado, o Ciro, segundo marido da minha mãe, incutiu na minha personalidade um desejo pelo prêmio. Se você trabalha tanto, merece desfrutar seus resultados. De que adianta o trabalho sem recompensa?

Hoje, quando penso em como deve ser uma vida ideal, penso na mistura dessas duas visões. Mais do que isso, penso em uma terceira figura, que sequer desconfia ter me influenciado, mas que explodiu minha cabeça quando eu tinha apenas 14 anos, no verão de 1989.

Foi nessa época que o Ciro e sua generosidade extrema levaram minha mãe e eu – como um presente de formatura – para uma viagem ao Egito. Foi a primeira viagem de avião que fiz, inclusive. Originalmente, seria uma viagem ao Peru, mas o governo do país recomendara que todas as viagens fossem canceladas, por haver uma ameaça do grupo Sendero Luminoso. Partimos então para o Oriente Médio, zona não menos conturbada por conflitos (por que minha família nunca visitou a Disney, não sei. Mas acho que isso diz algo sobre nós). A agência facilitou o pacote e nos colocou em uma excursão que prometiam ser bastante segura, apesar do zelo extremo no aeroporto no Cairo.

O problema na viagem, eu viria a descobrir, não eram os milenares conflitos culturais da região, mas o ecossistema de personalidades dessa excursão em grupo. Com quarenta pessoas tão distintas, o perigo não estava na Faixa de Gaza, mas nos egos e desejos dos viajantes.

Havia um casal hétero chatíssimo em lua de mel que exigia que o grupo fizesse as visitas guiadas em francês, pois ninguém ali era realmente fluente em inglês, enquanto eles eram formidáveis francófonos. Havia um beberrão inconveniente que criava problemas em cada parada, como urinar nos pneus do ônibus. Havia um casal gay descoladaço, que ignorou os apelos dos guias em nome da aventura, comendo e bebendo onde tinham vontade – até que um dos dois foi presenteado com a mãe de todas as diarreias e desapareceu por uma semana. Havia também um verborrágico arqueólogo, senhoras de cara fechada... Havia de tudo um pouco e os bate-bocas eram frequentes.

Desnecessário dizer, eu nunca mais fiz uma excursão em grupo.

Mas havia também o Agamenon.

Nordestino, morando havia anos no Rio de Janeiro, ele frequentemente me pedia para traduzir alguma coisa, já que de todos do grupo eu era o que mais arranhava o inglês – adquirido dos quadrinhos e filmes. Acabei gostando dele e de sua esposa, e ambos ficaram bons amigos da minha mãe e do Ciro. Agamenon era um entusiasta formidável dos prazeres etílicos. Vivia entrando em bares e lojas atrás de delícias locais e arrematando garrafas que iam da excêntrica beleza à aparência de terem sido destiladas ali mesmo, atrás do balcão. Curioso com a obsessão, perguntei a ele sua ocupação. "Eu sou dono de um bar", me respondeu prontamente. E tudo aquilo era para o estabelecimento, que devia ser o mais incrível do Rio de Janeiro, com seu dono cruzando o planeta em pessoa para abastecê-lo.

Dias mais tarde, em um passeio matutino, enquanto ele estava apagado depois de uma noite de esbórnia, perguntei à sua esposa onde ficava o bar do Agamenon.

Ela me olhou desconfiada e perguntou: "Que bar?"

Agamenon não tinha um bar. Era gerente em uma fábrica de algo tão monótono que eu sequer guardei na memória. O bar ao qual ele tanto se dedicava ficava em sua sala de estar.

Não me recordo de outra epifania tão poderosa. Agamenon não se definia pela profissão, como todos os seres humanos que eu conhecera. Agamenon era quem ele gostava de ser. Foda-se a fábrica. Ele era dono de um bar.

A busca por algo que me definisse mais do que o trabalho tornou-se meu objetivo. Ainda procuro por isso. E talvez nunca encontre, mas sinto estar perto. Seria essa a minha definição, talvez? Alguém que busca o que quer ser? Sigo na procura – mas no processo, sigo mantendo o juramento solene que fiz a mim mesmo, em nome do Agamenon e do equilíbrio das visões do Borgo Pai e do Ciro:

Jamais viveria uma vida monótona e acomodada, sem objetivos que me fizessem feliz.

Foi muito bonito, até que eu precisei encontrar um emprego pra sustentar minha entrada na vida adulta. "A bem-aventurança provém do sacrifício", afirmou Joseph Campbell em seu *O herói de mil faces*. Meu primeiro sacrifício foi em uma consultoria de construção civil.

Em 1993, eu cheguei ao quarto ano do colegial técnico, o profissionalizante, e fazer estágio era obrigatório. As aulas passaram a ser noturnas também – e o vaivém de Arujá a São Paulo ficava inviável. Eu já passava uns dias por semana na casa da minha avó Irene, no Belenzinho, para chegar na hora das aulas de educação física, que começavam às sete da manhã. Sempre foi algo paliativo, já que o apartamento dela era pequeno e eu dormia em uma caminha de armar na sala. Mas eram dias legais na semana, quando ela me explicava pacientemente as novelas que eu não assistia, mas gostava de escutar dela.

Para dar conta do estágio durante o dia e aulas noturnas naquele último ano de colegial, me mudei para a casa da minha outra avó, a falecida Dona Nena. A casa ficava no Tatuapé, Zona Leste

A sempre elegante Dona Irene e eu.

Vô João e a Vó Nena diante da casa que construíram, no Tatuapé.

de São Paulo, e estava fechada havia alguns anos, desde que ela tinha morrido. Era grandinha, construída pelo meu avô João, pedreiro de Santa Rita do Passa Quatro (o nome vinha da estrada que levava à cidade, que cortava quatro vezes o córrego local, ele me explicou).

O teimoso e superlúcido Vô João morreu aos 99, faz uns poucos anos. A Vó Nena, por sua vez, viveu pouco para o tanto de energia que tinha. Italianona, baixinha e gorda, adorava receber a família aos domingos, fazia seu nhoque da fortuna, cozinhava um frango e sempre tinha uma porção de batatas fritas separada pra mim e pra minha prima Paula (até hoje não sei a razão... eu nunca fui muito de batata frita). Ela vivia no parque fazendo exercícios e conversando com as amigas. Tinha medalhas de natação da terceira idade e começou a tocar violão. E quando era jovem, nas festas de São João do bairro do Tatuapé, andava sobre brasas em uma espécie de transe. Era a pessoa mais alegre e ativa do mundo, sempre suada de tanta movimentação, o que a fazia tomar três banhos por dia e ter um cheiro constante e gostoso de sabonete.

Além de tudo isso, ela fazia um drama como ninguém... estava sempre discutindo com meu pai e meu tio – e ficavam exaltados bem rápido, de um jeito bastante caricato. Era uma família bem italiana, afinal, com direito a "êeeeee mãe" gesticulado e ela saindo apressada para chorar no quarto, dizendo que ia "se atirar na linha do trem", do outro lado da rua. Do mesmo jeito que a família explodia, voltava à paz em minutos, pra repetirmos tudo de novo depois.

Era só coração a Dona Nena – tanto que o dela não aguentou quando uma bronquite, sua eterna fraqueza, finalmente a levou, deixando a casa vazia. Meu avô não quis ficar ali e preferiu se mudar para a edícula no fundo. Lá havia quarto, banheiro e uma pequena cozinha, além de sua oficina e ferramentas que ele usou até os 85 anos.

Na casa antiga ecoavam memórias quando eu cheguei. Estava completamente vazia e rangia a cada passo. Ela era bem comprida. Tinha um corredorzão de madeira escura com pé-direito alto, que dava acesso da cozinha, lá no fundo, ao quarto que dava para a rua, onde fiquei. Uns bons vinte metros de corredor, que eu cruzava de madrugada arrepiado com o silêncio e evitando olhar o cômodo vazio no caminho. O mesmo corredor no qual meu avô me puxava em um cobertor em alta velocidade até dar um cavalo de pau na cozinha, quando eu tinha uns 3 ou 4 anos.

Minhas posses nessa época: um sofá-cama, uma mesinha de trabalho, uma prancheta herdada do avô Alfredo, um armário estilão Casas Bahia, uma geladeira e um micro-ondas. Sem fogão. Vivi alguns meses à base de uns bolinhos congelados de frango, que eram bombardeados com ondas eletromagnéticas logo que eu chegava. A energia cinética das moléculas de água nos alimentos congelados resultava em um empapado peculiar. A verdadeira culinária molecular é aquela do jovem em seu primeiro hábitat solitário. A casa vazia não durou muito, porém. Uns seis meses depois, comemorei quando meu pai passou pelo segundo divórcio e foi morar no outro quarto. Ele trouxe consigo... móveis! Uma sala, cozinha e confortos. Isso representava o fim da tecnologia de cocção que logo teria me transformado em alguma espécie de Homem-Radioativo: um herói de Stan Lee que ganhara seus poderes ao morder o milésimo hambúrguer Sadia. Nunca mais quis um micro-ondas na vida.

A consultoria de construção civil em que eu estagiava era dedicada a ensinar grandes construtoras a usarem tecnologia e otimização de processos para economizar milhões e melhorar a qualidade dos projetos. Era um grupo com uma causa – e extremamente competente. Pelo teor de inovação, tinham já em 1993 um PC colorido... e com mouse – o ápice da interface noventista! O poderoso aparelho estava substituindo a máquina de escrever e era disputado pelos gerentes para fazerem seus relatórios. Havia uma agenda na "salinha do micro" para as pessoas reservarem horários de trabalho.

Como bom estagiário, eu dava uma ajuda na digitação; era um jogador em suas primeiras partidas, com ficha de personagem novinha e esperando a distribuição de pontos de experiência ao final. Mas meu trabalho mesmo era no campo. Visitava obras para fazer os levantamentos e colher dados que depois eu planilhava e passava aos executivos. Imagine um moleque cabeludo circulando pela obra com uma prancheta sob o braço, anotando o que os operários estavam fazendo. Talvez você consiga vislumbrar os olhares de ódio que eu recebia o dia todo.

Parte do meu trabalho era vistoriar banheiros e alojamentos. Definitivamente a parte mais apocalíptica, por falta de uma palavra mais adequada. Na obra do cadeião de Pinheiros, em São Paulo, eu vi uma pilha de merda (literalmente, uma pilha), gerada por duzentos caras e um encanamento quebrado. Na da sede dos bombeiros de Santana, descobri que um ambiente sem janelas, com cem homens morando juntos, cheira a carniça. Na construção do World Trade Center da Avenida das Nações Unidas, afundei uma perna até a coxa na lama da fundação, trinta metros abaixo do nível da rua, e fui içado por operários que gargalhavam – uma centena deles – e fui pra faculdade com a calça enlameada; eu soltava torrões secos no ônibus 675-C, que ia até o Metrô Ana Rosa. Esse tipo de coisa.

Eu não estava muito feliz, então tentava pegar todos os trabalhos de digitação possíveis no escritório, para maximizar meu tempo bronzeando perante o monitor VGA e não ao ar livre. Mas outro tipo de trabalho interno logo se apresentou: a empresa tinha apresentações e treinamentos frequentes, realizados com lâminas de acetato sobre um retroprojetor. Os executivos as faziam à mão, escrevendo nelas com o apoio de uma régua, pra sair tudo alinhado. Era grosseiro... mas meu treinamento em desenho técnico me tornava o cara ideal para dar um jeitinho naquilo. Afinal, na escola não dispúnhamos do recém-nascido AutoCAD, e tudo era feito na mão, em nanquim. Algumas semanas depois, eu já estava propondo uns cartazes divertidos e novos personagens, inspirados em

Don Martin da revista *Mad*, para substituir os que eles usavam nos treinamentos já havia alguns anos. Qualquer coisa para não ter que ir pras obras ver cocô empilhado.

Sem querer, eu estava fazendo algo que, anos depois, descobri ter nome em administração: empreendendo internamente. Ou seja, criando meu próprio departamento e demandas para seguir no que eu desejava enquanto supria uma necessidade da empresa, trazendo inovação. Alguns meses depois eu tinha meu próprio computador, impressora e estava aprendendo – com um salário! – a utilizar softwares de desenho e diagramação, o que seria fundamental para meu próximo passo profissional.

A Dé me explicou direitinho o que fazia um designer gráfico e logo entendi que era para mim. A Globo também ajudou, com a empresa fictícia Venturini Designers, da novela *Meu Bem, Meu Mal*, exibida de 1990 a 91. E a FAAP tinha aulas de fotografia, arte, oficinas práticas e – um choque pra mim – quadrinhos e cinema!

Logo prestei vestibular lá e entrei na FAAP em 1994, com uma ajuda de custo expressiva da empresa, e justamente a namorada que me influenciou – mais velha e sábia – terminou comigo por acreditar que eu conheceria tanta gente nova que não fazia sentido estarmos juntos. Era novo demais pra ter um relacionamento sério, segundo ela. Eu me desesperei e consegui reverter a situação... não sem me arrepender depois. Ela estava certíssima. Ficamos juntos mais um tempo e até moramos juntos, mas confesso ter sucumbido nesse meio-tempo às proféticas tentações. Não me orgulho disso, mas também não consigo me arrepender, não.

A faculdade era de Arte, toda liberada e festeira. E ganhei XP em habilidades que foram fundamentais na autoestima e confiança que acredito que todo mundo que encara a aventura de empreender deve ter.

O bar da faculdade também foi essencial para a expansão do meu repertório. Em especial o entendimento de cultura pop. Até então eu era um nerd muito fechado nas próprias referências. Sabia apenas o que pesquisava em lojas e conversava com atendentes e amigos, como qualquer pessoa na era pré-internet. Via filmes aos montes, mas deixava de lado aqueles que não pareciam ter os elementos de cinema que eu esperava e entendia. Mas eu agora estava naquele ambiente em que todos tinham interesses artísticos e as informações eram despejadas com uma velocidade difícil de assimilar. E o melhor... comecei a frequentar cineclubes e festivais, conhecendo assim coisas diferentes, aprimorando uma linguagem que até ali eu só arranhara. Encontrava tempo para ler o que nunca tinha lido, ver o que nunca tinha visto. Conheci bandas, autores, fashionistas, pintores, quadrinistas, escultores e poetas (esses eu odiei, desculpe).

Conheci também um sujeito curioso, filho de gregos, que ficou alguns meses na sala conosco. Às vezes acho que ele foi conjurado ali apenas para falar de Velvet Underground comigo, trocar uns livros, e desovar sua cópia de *Macumba* – e também as regras desse VHS perturbado.

Macumba é um lendário filme compilado por ninguém menos que Mike Patton, o vocalista do Faith No More e de projetos paralelos como Mr. Bungle e Fantômas. O filme foi montado a partir de vídeos de gosto bastante duvidoso, colecionados nas viagens desse ícone do metal alternativo.

O Faith No More veio ao Brasil pela primeira vez em 1991, para uma antológica Noite do Metal no Rock in Rio, com direito a Guns N' Roses no auge (e estreia ao vivo de "You Could Be Mine"). Tive o privilégio de assistir, já que fui ao Rio de Janeiro pela primeira vez naquele 20 de janeiro para ver o show, justamente com a família do Agamenon. Eu havia me tornado fã de Axl, Slash e companhia no meu aniversário de 12 anos, quando ganhei de uma amiga de Arujá o recém-lançado clássico *Appetite for Destruction*. Um ano depois, veio o *G N' R Lies* e os caras tocaram músicas como "Patience", "Welcome to the Jungle", a cover deles de "Knockin' on Heaven's Door", "Civil War", "Sweet Child O' Mine" e "Paradise City".

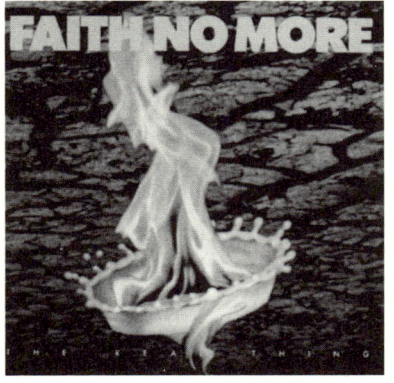

Mal sabia eu que foi ali, nos bastidores, que o Faith No More encontrou o Ratos de Porão – e Patton presenteou João Gordo com o VHS *Macumba*. Quando o filme chegou pra mim, três anos depois, através desse amigo grego na FAAP, veio com um alerta digno de inscrição no portão do inferno: "Aquele que ousar assistir a *Macumba* deve fazer uma cópia da fita e compartilhar com outra pessoa juntamente com estas regras." Era basicamente uma mistura de corrente pré-internet misturada com *O chamado*, na qual Samara fora substituída por memórias eternas das imagens contidas naquele vídeo: cenas grotescas de rituais, animações sinistras, umas sequências de suicídios, sadomasoquismo, escatologias, coprofagia e umas nojeiras pesadíssimas, além do clipe de "Travolta", do Mr. Bungle. Eu fiz uma cópia usando dois videocassetes do trabalho e distribuí ambas as fitas para amigos. Um deles vomitou.

Se no colegial o choque de realidades foi social, na FAAP foi totalmente cultural. Aprendi a aceitar e respeitar pessoas diferentes de mim, debater e dividir. E tentamos jogar RPG em algum ponto. Mas alguém levou maconha pra caramba na noite de estreia do grupo e não consegui mestrar; foi minha primeira experiência com a *cannabis*. Não que alguém ali tivesse se importado muito.

Ainda na faculdade, fui demitido da consultoria quando as coisas apertaram por lá e comecei minha primeira empresa, a Dixit Design. Foi um estúdio com alguns colegas próximos, o Paulo Mansur (um dos receptores da *Macumba* – o que não vomitou) e o Rodrigo Teixeira, hoje ambos excelentes designers. Foram dias divertidos, experimentais... Ríamos e aprendíamos muito juntos. Até escanear barata morta eu escaneava, para copiar texturas. Forrava com filme plástico o scanner comprado a duríssimas penas em uma feira de tecnologia (eram uma fortuna em meados da década de 1990) e colocava ali frutas podres, corpos de insetos e o que mais eu conseguisse encontrar.

A empresa funcionava dentro da minha própria casa – um home office que estava mais pra office home, já que não demorou pra empresa ocupar mais espaço do que minhas coisas pessoais.

Eu trabalhava deixando a TV ligada no final de tarde, na melhor programação que a TV Cultura já teve. A emissora paulista sempre foi sinônimo de qualidade, especialmente em sua programação infantil. *Bambalalão* foi um dos meus primeiros programas favoritos, no fim dos anos 1970, com a apresentadora Gigi Anhelli, que encantava o pequeno Érico na frente do televisor chuviscado aos gritos de "ver-me-lho", "ama-re-lo" – as torcidas das crianças do programa. E em meados da década de 1990, a Cultura estava especialmente iluminada. Era a época de *Castelo Rá-Tim-Bum*, *Mundo da Lua* (vinte e tantos anos depois trabalhei com o Luciano Amaral, que protagonizou ambos os programas), *Cocoricó*, *Confissões de Adolescente* e *Glub Glub*.

Esse último apresentava desenhos e tinha uma curadoria inspirada, buscando animações espanholas, francesas, alemãs, inglesas, tchecas... misturando técnicas diversas que iam de stop-motion a misturas de live-action, com designs absolutamente distintos. Alguns desses desenhos eram chatíssimos, mas outros traziam elementos instigantes, que somavam à minha formação (e eram divertidos de ver). Era o caso de *Plastinots, Ernest: O Vampiro, Bojan, Jimbo, Pingu, Ric, As Aventuras de Morph, Cobi, Capitão Urso Azul* e *Frutas e Companhia*.

O programa, porém, era mero esquenta para meus reais interesses. Eu deixava a Cultura ligada e, conforme a tarde passava, ia me desconectando do trabalho e focando na TV. É que depois de atrações como *O Mundo de Beakman, Animais do Bosque dos Vinténs, A Pedra dos Sonhos* e a excelente *Doug*, vinham *As Aventuras de Tintim* e *Anos Incríveis*.

Tintim era baseado nos brilhantes álbuns de *bande dessinée* de Hergé, que traziam aventuras cheias de exploração, lugares exóticos, seitas secretas e templos perdidos. Bem semelhantes às histórias que eu apreciava em Tio Patinhas de Carl Barks e em sua influência direta nas telonas, com Steven Spielberg e seu Indiana Jones. A produção da parceria Ellipse-Nelvana era precisa ao capturar o traço de Hergé e as histórias do jornalista e de seu cãozinho Milu.

Mas *Anos Incríveis* era mesmo o ponto alto da noite. A série acompanhou o crescimento de Kevin Arnold no final dos anos 1960, mostrando as mudanças radicais no comportamento dos americanos na época. Era uma série madura, elegante e sentimental, mas ao mesmo tempo bastante divertida. Uma das minhas favoritas até hoje, e talvez uma das primeiras que lembro de trazer a qualidade da televisão que vemos hoje em dia. "Uma das"… pois eu estava me apaixonando rápido por outra série.

Eu continuava namorando a Dé – e era na casa dela nos fins de semana que eu assistia a *Jornada nas Estrelas: A Nova Geração* na Record. Toda semana, às 19 horas de domingo, meu encontro com a tripulação da *Enterprise* era sagrado, enquanto Dé conversava com a família durante o lanche de domingo. Mas em 4 de dezembro de 1994, um dia após meu aniversário de 19 anos, o capitão Picard não apareceu.

Sem qualquer alarde, a Record substituíra *Star Trek* por algo diferente... com um clima de terror, alienígenas, monstros e conspirações do governo. Fui tomado pelo ódio no momento em que essa coisa chamada *Arquivo X* começou. Mas bastou a cena de introdução e a icônica abertura para eu iniciar uma relação obsessiva com a série de Chris Carter que acompanhava os agentes Mulder e Scully na investigação de casos sobrenaturais dentro do FBI.

Durante alguns anos eu colecionei itens relacionados à série: histórias em quadrinhos, livros, bonecos, CDs com a trilha sonora e cards. Abandonei-a no auge, porém, sem assistir às duas últimas temporadas. Eu fiquei decepcionado com o que ela estava se tornando. Nunca fui o tipo de fã que defende obsessivamente suas paixões do passado quando elas começam a degringolar. Fico com o que a produção foi e parto pra outra.

De certa forma, o mesmo pode ser dito dos meus relacionamentos. Especialmente naquele momento, com tanto a viver e pouca intenção de consertar relacionamentos que andavam combalidos lá pelas suas últimas temporadas.

Capítulo 14
LÁ E DE VOLTA OUTRA VEZ

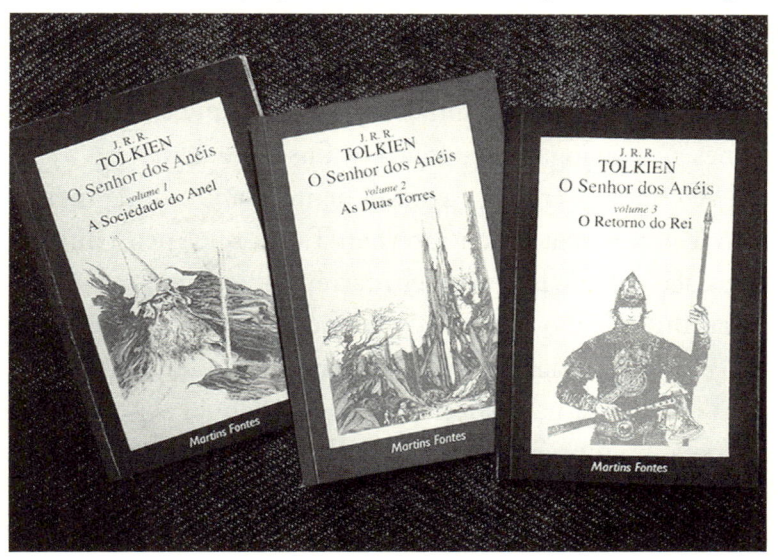

O maior saldo daquela noite fracassada de RPG+THC foi eu ter enfim mergulhado no mundo de J.R.R. Tolkien. Quando a nossa anfitriã notou antes da leseira que as criaturas de *Dungeons & Dragons* tinham semelhança absurda com aquelas das páginas da obra do escritor britânico, me emprestou *O Senhor dos Anéis*, que eu ainda não tinha lido. Ela estava certíssima. Gary Gygax e Dave Arneson inspiraram-se em Tolkien para criar o *D&D* em 1974, um ano após a morte do autor – e a inspiração era tão grande que rendeu um processo dos herdeiros de Tolkien contra os criadores do jogo. Ao final, Gygax e Arneson tiveram de mudar o nome de três raças. Hobbits viraram halflings, as árvores humanoides ents foram rebatizadas treants e os demoníacos balrogs se tornaram balor. Até então, o pouco que eu sabia de hobbits veio de um apelido que uma aluna mais velha me deu no grupo de teatro do colégio: "Anão de pés grandes". Eu era bem baixinho e calçava uns dois números acima do esperado pro meu tamanho. Ela me explicou rapidamente sobre tais criaturas, mas Tolkien não existia na biblioteca de casa ou no currículo escolar.

Depois da noite de RPG, risquei mais um item da minha lista de nerdices fundamentais. Logo estava vasculhando prateleiras de sebos e consumindo tudo o que Tolkien publicou, algo que seria fundamental uns anos adiante, quando o Omelete foi criado e *O Senhor dos Anéis* foi adaptado.

Quando não estava escrevendo, o autor britânico dedicava seu tempo ao estudo da literatura fantástica. Como bom nerd, ele reunia amigos em sociedades de discussão, para trocar ideias sobre seus projetos e se encorajarem.

Era como eu me sentia na minha primeira empresa. Desbravávamos o design juntos, enquanto estudávamos e consumíamos toda a cultura pop que conseguíamos. Ao olhar para essa época, é até difícil acreditar no volume de coisas que eu fazia. Entre estudos, trabalho e um relacionamento, ainda sobrava tempo para os filmes, meus quadrinhos, livros e os games, que eu jogava à noite e nos fins de semana.

A empresa crescia razoavelmente bem, especialmente com a popularização da internet. Tanto que meu pai, que havia acabado de lançar-se em carreira solo como consultor, começou a colaborar conosco também.

Fazíamos "páginas web" em volume, atendendo cada vez mais clientes lá na casinha no Tatuapé – hoje abandonada, com suas memórias aguardando uma inevitável demolição –, em parceria com uma empresa de serviços de hospedagem. Com a demanda, tive que me tornar vendedor. Eu ia para

Os Borgos em algum amigo-secreto da empresa.

todos os cantos de São Paulo, munido de um guia de ruas surradaço, muito antes de o GPS ser acessível. Fazíamos sites de fábricas de parafuso, escritórios de contabilidade, editoras de livros religiosos e até de uma atriz pornô que fazia programa. Sem distinção entre freiras e putas. Para as irmãs de uma congregação religiosa, aliás, fiz até umas capas de CD de padre cantor. O trabalho engatou em um contratinho com um selo de música eletrônica, e durante alguns anos tudo o que fizemos foram capas de disco. Muitas coletâneas de casas noturnas e rádios, alguns poucos projetos realmente legais, como a capa do disco dos Detentos do Rap, que teve um processo de criação um pouquinho mais elaborado (não que tenha ficado muito bonito). A alta demanda exigia velocidade de pastelaria e não foram poucas as vezes em que me acordaram com um pedido de arte para o mesmo dia. Tínhamos que criar, diagramar e mandar pra gráfica um CD completo em seis ou sete horas. Loucura, mas o dinheiro era bom e começamos a ficar conhecidos na indústria da música – eram seus últimos dias de glória, com a marcha implacável da pirataria digital fazendo ouvir seu trote cada vez mais alto. Em algum ponto, acabamos com um ótimo contrato para fazer o site da Virgin Records, que nos levou à liga principal e ao prêmio final: um contrato com a EMI Music. Eu recebia caixas e caixas de CDs, o que ampliou meu horizonte musical significativamente. Chemical Brothers a Norah Jones, Daft Punk a Radiohead... Placebo, Asian Dub Foundation, Beth Orton, Beastie Boys, Manu Chao, fora os clássicos como Iron Maiden, Rolling Stones... e comecei uma expressiva coleção de álbuns nesse trabalho.

 Eu vibrava demais quando fechávamos um novo negócio. Foi minha primeira empresa, afinal, e cada conquista era tão pessoal que eu sentia meu peito se encher de um tipo diferente de ar, que iluminava cada célula. Aos poucos, minha vida mudava do estudante ferrado, que não tinha grana pra colocar queijo no hambúrguer, para a fase adulta, em que eu começava a sonhar com uma efetiva independência financeira. Nunca fui irresponsável com dinheiro e até ali ele sempre fora supercontado. Eu lembrava da superinflação e o quanto minha mãe planilhava cada centavo pra passarmos o mês. Era tão cuidadoso que na primeira e única vez na vida que fiz uma dívida no banco, fiquei dias sem dormir direito, planejando como sair daquilo.

Nesses momentos de conquista, o toca-fitas do meu primeiro carro, um Gol branco 1986 (uma geladeira 1.0, que assobiava na estrada com o vento entrando pelas várias frestas), gritava enquanto eu retornava das visitas a cliente. Eu tinha uma bela pilha de fitas cassete gravadas no porta-luvas, entre elas as minhas trilhas sonoras de *Star Trek* – favoritas para comemorações, por um motivo que só agora, ao escrever este livro, começo a desvendar.

A *Jornada nas Estrelas* sempre significou pra mim um ideal de futuro. A visão de Gene Roddenberry de uma sociedade em que a humanidade respeite raças, culturas e credos e em que pessoas diferentes consigam trabalhar em prol de um sonho comum, o aprimoramento da própria humanidade, sempre soou "fascinante" para mim (tanto que a única foto que eu paguei para tirar na vida foi com Nichelle Nichols, a tenente Uhura, protagonista ao lado de William Shatner do primeiro beijo inter-racial da televisão americana). Ao dar passos em direção ao meu próprio futuro, de certa forma estava me dirigindo a essa minha utopia. Audaciosamente indo aonde eu sonhava, ao som da fanfarra de Alexander Courage, e prestes a encarar alguns dos anos mais difíceis da minha vida.

Roddenberry tinha 16 anos quando *O hobbit* foi lançado, apenas quatro anos antes de ser enviado ao front do Pacífico da Segunda Guerra Mundial, onde atuou como piloto. Tolkien, por sua vez, era veterano da Primeira Guerra Mundial e já somava 70 anos quando *Jornada nas Estrelas* chegou à televisão. Os dois criadores tinham visões muito distintas sobre a tecnologia. O criador de *Star Trek* a via como um meio para atingir a utopia com que sonhava. O outro a encarava como uma forma de dominação e controle, personificados pelo anel de poder de Sauron.

Meu sonho de vida é uma mistura dessas duas visões. Para mim não existe nenhuma criação de Tolkien mais cativante que o Condado. O aconchego do lar que ele descreve e o estilo de vida natural dos hobbits permanecem um sonho distante para um workaholic como eu. Mas se eu puder chegar lá me teleportando, melhor!

Não sou um fanático por tecnologia que precisa trocar seus aparelhos todos os anos e vive em pânico com atualizações. Mas aprecio inovações e as consumo quando me convêm – especialmente se podem aprimorar meu trabalho.

Mas quando o assunto são games... com esses sim, eu gosto de estar atualizado.

Um dos consoles favoritos da minha vida foi um Super Nintendo, que veio na base de escambo pelo meu Mega Drive com algum dinheiro em cima. Mas eu basicamente troquei uma marca por outra... ele não tinha qualidade muito diferente do videogame anterior, apenas tinha jogos distintos. Joguei muitos títulos da série *Super Mario*, além de *Donkey Kong Country*, *F-Zero*, *Super Castlevania IV*, *NBA Jam*, *Super Metroid* e o ótimo *The Legend of Zelda: A Link to the Past*, da franquia que seguia acompanhando minha vida gamer.

O verdadeiro salto tecnológico veio com o Nintendo 64, em 1997, que me acompanhou na fase em que eu estava terminando a faculdade. O novo console da gigante japonesa levava o mundo bidimensional dos videogames à dimensão do 3-D, com jogos maiores, melhores e até hoje lembrados como alguns dos melhores já feitos.

O aparelho era extremamente simpático com design saído de um de seus títulos, ou de *Jornada nas Estrelas: A Nova Geração*. O controle, um espetáculo em si – cujo conjunto de alavanca com direcionais inaugurou a era moderna dos games, ao lado do primeiro PlayStation e do Sega Saturn, que rodavam CDs. Mais adiante, eu pude comprar o PlayStation 2, que inclusive segue extremamente atrativo até hoje. Mas na época eu ainda não tinha grana suficiente para dois videogames – então escolhi o da Nintendo por afinidade.

Não me arrependo. Não joguei títulos antológicos como *Resident Evil* ou *Final Fantasy VII* na época do lançamento, mas tive a oportunidade de explorar dois dos melhores games de todos os tempos: *Super Mario 64* e *The Legend of Zelda: Ocarina of Time*, ambos especiais desbravadores de um novo mundo na arte dos jogos eletrônicos. *Zelda*, em especial, agora me encantava em 3-D, com um sistema de mira fixa, canções que precisavam ser aprendidas para passar por determinados obstáculos e um mundo vasto como eu nunca tinha visto. Passava dias e noites em seus desafios – e com umas criaturas meio zumbis dos campos de Hyrule – os redeads – que davam um grito que até hoje me arrepia a alma. O jogo é uma obra-prima, cujos criadores Shigeru Miyamoto, Toru Osawa, Yoichi Yamada, Yoshiaki Koizumi, Toshio Iwawaki e Eiji Aonuma tive o prazer de encontrar anos e anos depois, quando minha paixão por videogames, cinemas e quadrinhos materializou-se em trabalho no Omelete.

Além desses games, o melhor do N64 era a socialização. Ele tinha quatro entradas para controles, e muitos dos games tinham tela dividida. Isso garantiu algumas das melhores noites de videogame da minha vida, com amigos nos fins de semana em que voltava a Arujá. Jogávamos por horas a pancadaria de *Super Smash Bros.*, os minigames de *Mario Party 2*, as corridas de *Diddy Kong Racing* e um dos mais incríveis jogos de tiro já feitos, *GoldenEye 007*.

Jogando N64 com o escritor Fábio Yabu, Sil e Hessel em algum momento do início dos anos 2000.

Nessa segunda metade dos anos 1990, eu já dependia muito de tecnologia, computadores decentes e periféricos robustos pra fazer meu trabalho – e eles rodavam também uns jogos excepcionais! *Tomb Raider*, *Diablo*, *Civilization II*, *StarCraft* e um título em especial, uma obra-prima, que deixou sua marca em mim.

O jogo *Myst* era o que mais me fascinava. Eu nunca tinha visto nada parecido. A sensação de jogá-lo era semelhante ao que games de realidade virtual me provocam hoje. E isso décadas antes de eu ter colocado meu primeiro headset de VR na cabeça. Não era um jogo de ação, mas de exploração e solução de problemas – que sequer pareciam problemas. A atmosfera alternava momentos de puro fascínio pelos cenários deslumbrantes com sequências de uma estranheza ímpar, auxiliadas pela música hipnótica e efeitos sonoros realistas, que conduziam a envolvente trama.

O fato de o game não ser linear, mas dividido por "eras" que precisavam ser desvendadas para obter a compreensão do que havia se passado ali, também era absolutamente novo. *Myst* não era um jogo... era mais parecido com um filme.

Mais tarde, descobri que a história dos criadores era ainda melhor. No final da década de 1980, os irmãos Rand e Robyn Miller viviam com auxílio do governo em um trailer afastado, nas cercanias da cidade de Spokane, em Washington. Tinham parcos recursos, mas um desejo enorme e muita criatividade. E saíram de lá com o game que se tornaria o mais vendido para PCs na década seguinte, dividindo o palco uns anos depois com ninguém menos que Steve Jobs para a divulgação da sequência, *Riven*.

Essas pessoas extraordinárias e apaixonadas, que colocaram o coração em um trabalho e criaram uma obra inesquecível, me inspiram até hoje. São os nerds que eu almejo ser todos os dias.

Do outro lado do espectro, da poesia ao frenesi, encontrávamos os "first-person shooters", que viviam sua era de ouro depois de *Wolfenstein*. *Half-Life*, *Heretic*, *Duke Nukem 3D*, *Star Wars: Dark Forces* (Kyle Katarn, ainda estou esperando seu retorno à cultura pop!) e *Doom II* eram a diversão pós-expediente na Dixit Design, ao lado de outra criação da dupla endiabrada formada por John Carmack e John Romero: *Quake*. Comecei inclusive a fuçar o código-fonte dos jogos e fazia umas paródias simples nos "sprites" (as "peles" dos personagens), editando-os no Photoshop. Uma das melhores foi a antológica *Borgodoom*, que chegamos até a distribuir para clientes: consistia no jogo *Doom* clássico, mas com a cara do meu pai no lugar dos inimigos – e a animação incluía buracos de laser nele. Prenúncio de questões paternas nível *hard*, pois em breve nos desentenderíamos feio.

Borgodoom!

Eram meus últimos tempos na FAAP e eu via quase que diariamente uma garota linda, comprando croissant sempre de moletom com capuz, calça jeans e tênis. Não tinha coragem e nem saberia direito como falar com ela – além do quê, estava no fim de meu relacionamento, que havia perdido todo o encanto. Nem eu, nem a Dé nos preocupamos muito quando optamos por voltar a morar separados e o namoro durou mais poucos meses, evanescendo. Assim, meu coração quase parou quando a Sil apareceu no portão lá de casa, candidatando-se a uma vaga de estágio na Dixit.

Anos depois nos envolvemos e nosso relacionamento durou quase dez anos, dos quais moramos juntos por uns três. Foi com ela que percebi o quão comprometido você precisa ser para manter uma vida com alguém. Negociávamos o tempo todo, ainda que ela fosse a pessoa mais tranquila do planeta. Meditava, fazia ioga, vivia em busca de paz interior, enquanto eu trabalhava furiosamente. Paz, definitivamente, não era uma prioridade pra mim.

Com tanto trabalho, os anos seguintes me afastaram um pouco da cultura pop. Eu seguia jogando o Nintendo 64 e em 1999 entrei na onda do *Counter-Strike*, modificação do *Half-Life* que estava virando a febre das lan houses.

Nesse ano eu recebi meu chamado à aventura. Eu precisava deixar o conforto do círculo que eu havia ajudado a construir e experimentar o mundo lá fora. Assim, aceitei uma proposta desafiadora para trabalhar em uma agência digital. Eu precisava de soluções de tecnologia para alguns clientes e o Forlani, com quem eu mantive contato desde os tempos de colégio, me apresentou os caras. Gostamos de trabalhar juntos e eles me chamaram pra colaborar na empresa. Decidi aceitar e me afastei da Dixit, que continuou andando com meu pai e os demais sócios.

Passei um ano e pouco na agência.

No início, quando éramos um bando de gente criativa pensando em novas maneiras de usar a internet e as conexões que ela possibilitava, era um sonho. Passávamos os dias atendendo outros sonhadores, que viam nas redes maneiras de melhorar o mundo e as relações, e também alguns oportunistas, que olhavam apenas para as cifras que o mercado estava investindo em novos sites e serviços.

Seguíamos e crescíamos – até que precisamos nos mudar do escritório humilde da Avenida Paulista, que já não nos atendia em tamanho. O destino era o desejado bairro da Vila Olímpia. Era o polo tecnológico paulistano, cheio de prédios novíssimos e uma vida noturna empolgante e sedutora para aquele grupo de pessoas que mal tinha entrado na vida adulta e já trafegava em um mercado supercompetitivo e modernoso.

O novo endereço trouxe tudo o que esperávamos: ao lado de todas as principais agências do país, começamos a frequentar um mundo mais poderoso. Porém, na mesma proporção, era cheio de ilusões. Entendi que aquele lugar, ao qual um dia eu quis pertencer, estava mais para o mundo dos orcs do que o Condado dos hobbits. Saruman havia enfim mostrado sua verdadeira face. Tudo o que encontrei no tempo que passei à sombra da torre branca de Isengard foi um moedor de gente, egos, desorganização e arrogância. Essa cultura irritante me fez dormir mais de uma vez em algum canto do escritório, tentando atender os prazos impossíveis dos clientes.

Eu havia aceitado meu chamado à aventura, mas depois de alguns meses entendi que minha princesa estava mesmo em outro castelo. Apesar de algumas pessoas, do trabalho criativo e dos aprendizados, eu detestei a experiência e nunca mais quis trabalhar em agências.

Além dos problemas no trabalho, a minha rotina começava a ficar perigosa também. Eu não estava mais morando na casa da minha avó. Com o fim do meu relacionamento, a Dixit precisando de espaço e minha intenção de começar a guardar dinheiro, voltei para Arujá temporariamente. Com isso, eu pegava a Dutra todos os dias, já que o pedágio era mais barato nessa rodovia, e frequentemente voltava tarde da noite para casa, quase pegando no sono ao volante.

Eu precisava fazer alguma coisa logo para reencontrar meu caminho, antes que fosse parar nos portões de Mordor.

Nesse fim da década de 1990 e início dos anos 2000, além do medo do bug do milênio, o mercado de tecnologia via outro monstro surgir. A bolha de investimentos na internet crescia feito a torre de Sauron, apostando vorazmente em pequenas empresas e basicamente deglutindo qualquer iniciativa, por mais frágil que fosse. Qualquer um com uma ideia razoável e algum contato comercial estava conseguindo vender seus sites por somas vultosas e ingressar nessa Barad-dûr, sem saber que a torre estava prestes a cair. Nós, que executávamos tais sites para os empreendedores (alguns de competência bastante duvidosa), começamos a nos interessar por criar algo nosso para, quem sabe, vender e também encher os bolsos com esse capital empolgado.

Assim, o dono da nossa agência convocou uma reunião, que foi iniciada com a seguinte pergunta: "Alguém aqui conhece alguma coisa que possa virar um site?"

Meu caminho se iluminou novamente. Era como se a luz de Eärendil ofertada por Galadriel a Frodo estivesse ao meu alcance. Rapidamente sugeri que quadrinhos e cinema, minhas paixões de vida, poderiam ser uma boa, já que existiam poucos veículos de mídia sobre esse assunto no mercado. Depois de uma brevíssima discussão, a sugestão foi aceita. Em oito meses estrearia o site que popularizaria e levaria a cultura nerd para todo o Brasil... Eu tinha uma boa parte do negócio, como acionista, e estava determinado a fazê-lo acontecer, ao lado de sócios especializados em conteúdo, incluindo meu amigo de adolescência, Marcelo Forlani.

Entre o trabalho, o investimento nos primeiros meses do Omelete e o vaivém entre São Paulo e Arujá, eu estava exausto. Buscando me afastar do ambiente das agências, tentei voltar à Dixit, mas não deu certo. Estava me desentendendo muito com o meu pai e, para ambos, o convívio diário deixara de ser saudável. Um episódio específico foi fundamental para a decisão de me afastar.

Desde que comecei a estudar em São Paulo, emendei escola, faculdade e os primeiros trabalhos, sem férias propriamente ditas. No máximo uns fins de semana prolongados aqui e ali. Mas, basicamente, fiquei quase uma década inteira sem viajar para descansar ou subir em um avião que não fosse para atender algum cliente no interior de São Paulo ou no Rio de Janeiro em um bate e volta. Assim, em 2000, decidi que tiraria as minhas primeiras férias solo, para descansar e, ao mesmo tempo, refletir.

Viajei durante o réveillon para Nova York. Passagem de ida comprada literalmente para voar durante a noite de

Ano-Novo, bem mais barata. Fiquei em um hotel meio pulguento, sem banheiro no quarto e com a grana contadíssima. Não dava pra tomar uma cerveja sequer fora do roteiro, por exemplo. Mas não importava. Eu iria a todos os museus que mais sonhara visitar, além de fazer o meu circuito particular a pé, que misturava a biografia do Velvet Underground com a história da pop art, usando um guia de ruas que peguei emprestado, no qual também marquei todas as *comic shops* da cidade (havia um envelopinho de dinheiro reservado só para quadrinhos).

Outro lugar na lista do turismo era Little Italy, dos filmes de máfia, de Robert De Niro e Martin Scorsese, dos restaurantes e da pizza. Em um domingo, fui almoçar por ali e me sentei no lugar mais "típico" (também conhecido como caricato) que encontrei. Mesa pra um.

Não me lembro do que comi, mas estava feliz, celebrando minha própria conquista, e havia separado um orçamento para uma garrafa de vinho – o único álcool que consumi na caríssima cidade. Fiquei meio alto, amoroso e saudoso da família. Na saída, antes de partir para outro objetivo fundamental da viagem – comer um cannoli em Little Italy –, resolvi dar uma ligada para eles. Peguei meu cartão telefônico (os celulares só haviam chegado ao Brasil dois ou três anos atrás e ainda não funcionavam no exterior) e liguei de um orelhão para minha mãe. Falamos alguns minutos sobre como a cidade era incrível, o quanto ela estava feliz por mim e que estava com saudade, coisas de mãe... Aí resolvi ligar para o Borgo Pai. "Certo, que bom. Aproveite essa sua viagem e espero que volte com a cabeça descansada, pois o trabalho te espera", ouvi enquanto recebia um desnecessário golpe de realidade. Eu já havia passado anos e anos me dedicando quase que compulsivamente ao trabalho, ele não precisava ter soltado essa. Tomei ali mesmo a decisão de seguir minha vida por outro caminho, enquanto caminhava na vizinhança italiana naquela tarde de começo do inverno que desaparecia em um pôr do sol sem charme.

Cheguei ao meu aguardado cannoli em um estranho estado emocional.

O doce é um dos mais famosos da história do cinema, pela cena de *O poderoso chefão* em que o assassino Clemenza pede ao seu comparsa "Deixe a arma, pegue o cannoli" ao matar um traidor. A caixinha quadrada branca, amarrada com um barbante, sempre me fascinou – e fui ao Caffe Roma (385 Broome Street) para experimentar um desses rolinhos de creme e aproveitar para visitar o café, que aparece em *Operação França*, clássico do mestre William Friedkin.

Não curti muito o sabor tradicional com creme de ricota naquele dia, mas quase vinte anos depois retornei ao lugar, já bem mais vazio e meio esquecido. Dessa vez levei comigo minha parceira de trabalho no Omelete e hoje sócia, Aline Diniz – uma das minhas pessoas favoritas no mundo e uma amizade que me enche de orgulho por tudo o que aprendemos trabalhando juntos –, pra comer lá depois da New York Comic Con de 2018. Enfim encontrei ali versões recheadas com outros tipos de creme, que não o de queijo, e essas realmente não podem ser deixadas para trás mesmo depois de um assassinato.

Voltei pra casa ao fim das minhas primeiras férias e não tardou para que a vida me desse uma nova rasteira.

Depois de uma rápida discussão com meu pai, coloquei a CPU do meu computador trambolhão sob o braço e deixei o escritório/casa do meu avô para nunca mais voltar.

Eu ainda imaginava que morar em Arujá seria temporário, mas, para atender meus novos clientes de design, montei um home office e comecei a trabalhar por lá. As coisas estavam indo bem – e comecei a receber melhor. Até que minha família deparou-se com um fardo que ninguém estava preparado para segurar.

Por um bem-intencionado capricho do testamento do meu avô Alfredo, sua casa não poderia ser vendida até que a minha avó Irene também falecesse. O problema é que a mansão do antigo arquiteto ocupava quatro lotes de um condomínio caríssimo e gerava custos que a família não conseguiria pagar. A única solução era alugá-la.

Pelos valores e o tamanho da propriedade, demoramos meses para encontrar um locatário – e foi um alívio quando uma família surgiu para ocupar a casa. Mas respiramos por pouco tempo. Os inquilinos deram um golpe com documentos falsos e pararam de pagar aluguel, condomínio, água, telefone e luz – e tudo estava no nome da minha avó. Para não sermos processados devido às contas atrasadas, tivemos que seguir bancando a vida dessas pessoas todas, enquanto os meliantes moravam de graça e nosso processo contra eles se arrastava na justiça brasileira. Quase falimos e nunca recebemos um tostão.

Eu ganhava razoavelmente bem, mas ajudava com boa parte desses pagamentos, com ódio na garganta por aquelas pessoas e me sentindo impotente. Eu não dormia e meu cérebro fritava em busca de soluções.

Dessa forma, tive que desistir de voltar para São Paulo. Eu estava definitivamente de volta a Arujá e lá ficaria por uns bons anos.

Para conseguir o dinheiro, trabalhava até dezoito horas por dia. Parte desse tempo, porém, era dedicado a um investimento de longo, longuíssimo prazo: o Omelete, que não rendia um real sequer.

É muito difícil pensar nessa época. Mas ela me ajudou muito a me organizar financeiramente e me planejar. Por fim, as coisas melhoraram. Os inquilinos saíram, conseguimos autorização pra vender a casa e pude me mudar de volta pra São Paulo, para morar com a Sil.

Em termos de esforço, porém, os anos seguintes não foram mais fáceis. Eu seguia enfrentando jornadas longas entre a EMI Music, meus clientes de design e o Omelete. Mas éramos um grupo unido, eu, o Forlani e o Marcelo Hessel, que chegou ao Omelete como colaborador no segundo ano do site. Ele e o Forlani se conheceram em um curso de crítica de cinema e o Hessel se interessou em mandar uns textos pra gente. Nos conhecemos pessoalmente em uma sessão de imprensa de *A.I. – Inteligência Artificial*, o filme de Steven Spielberg baseado em um projeto de Stanley Kubrick sobre robôs sensíveis. Tivemos ali a primeira de nossas incontáveis discussões cinéfilas, um hábito que anos mais tarde levaríamos à tela do YouTube semanalmente. Sempre foi muito divertido discutir com o Hessel e ele acabou se tornando um dos meus melhores amigos. Não tenho a menor ideia se a recíproca é verdadeira (ainda que ele aparente não se importar muito, no fundo é só coração, o meu amigo blasé).

Enquanto o site crescia, consegui um financiamento bom pra comprar meu primeiro apartamento junto com a Sil, e aos poucos fui largando os clientes menores e focando no Omelete.

Mas as temporadas da minha história com a Sil também foram perdendo seus melhores roteiristas e criadores... e começamos a viver um *Feitiço de Áquila* particular. Eu acordava tarde e avançava madrugada adentro trabalhando.

Ela era solar e das manhãs, então dormia cedo. Mal nos víamos, até que ela começou a olhar em direção ao norte, quando veio a sua vontade de estudar por algum tempo em Vancouver. Apoiei, claro, e marcamos férias por lá, no fim do curso, para aproveitar a passagem dela.

Foram meses bastante peculiares. A solidão da casa vazia era frequentemente substituída pelo alívio de não ter que me preocupar com nada a não ser meu trabalho. Não negociar era muito bom. Mas havia a saudade.

Marcamos um encontro em Toronto. Tudo bem planejado e combinado, já que estávamos em 2007, antes dos smartphones e da comunicação instantânea de chips descartáveis e planos de roaming. Mensagens de texto internacionais eram pouco confiáveis e não tínhamos a grana para as ligações, então nos pautamos em e-mails e muita informação prévia.

Cheguei no dia e hora previstos e fui para o hotel decrépito que conseguimos pagar na abusiva Toronto. Ficava na divisa entre o Distrito da Moda e Chinatown. Lugarzinho um tanto barra-pesada, mas nada pior do que qualquer bairro razoável em São Paulo depois das 22 horas. Eu me instalei e aguardei ansioso o reencontro. Ela chegaria à noite.

Esperei e esperei. Primeiro com expectativa, depois irritação e, por fim, pânico. Não havia como contatá-la, e o atraso já acumulava horas. Quando ela enfim chegou, vítima de um voo cancelado, fiquei absolutamente aliviado. Mas aquele reencontro torto roubou nosso momento romântico, que seria digno de filme do Hugh Grant, e foi apenas a primeira de muitas sensações indesejadas.

Não apenas não senti o amor incomensurável que esperava naquela reunião, como nunca me senti tão distante dela. Foi um encontro de estranhos. No pouco tempo que ficamos afastados, nossos caminhos se transformaram em estradas – e jamais nos reencontraríamos de verdade.

Alguns dias depois, recuperada parte da velha sintonia graças ao charme da viagem e a alguma memória muscular, começamos a aproveitar a viagem. Ainda que eu passasse as noites trabalhando teimosamente em um laptop Dell pesadíssimo, que me entortava a coluna na mochila preta que compramos juntos, foi possível curtir um pouco. Mas o Omelete não podia parar e hoje reconheço que o site foi corresponsável não apenas pelo fim desse relacionamento, mas por vários depois dele. Demoraria um bom tempo para que eu encontrasse outras prioridades na vida.

Na volta ao Brasil, afundei-me cada vez mais no trabalho. Fora o site, escrevi um livro, enquanto ela fazia mais e mais viagens de fim de semana com a família. Era inevitável que conhecêssemos outras pessoas nas direções em que cada um seguia.

Fizemos uma festa de separação e foi incrível. Uma celebração do amor que tivemos e da nossa nova fase. Nossos convidados choraram e encheram a cara. Ficamos todos bêbados, resignados, porém otimistas. Foi naquele dia que me despedi dela com um beijo no rosto e um "eu te amo, viu?", indo para o novo apartamento. Seríamos amigos para sempre, eu e ela – e dediquei à nossa história o *Almanaque do cinema Omelete* que acabara de escrever com o Hessel e o Forlani: "Para Sil, minha comédia romântica".

Racionalidade alguma conseguiria me preparar para a solidão e a barra de voltar a morar sozinho, porém. Montei meu apartamento do zero, já que fiz questão de que ela ficasse na casa que montamos juntos – e ela me confidenciou, anos depois, que isso aliviou muito sua própria transição.

Comprei eletrodomésticos pela internet, móveis de uma tacada só numa loja legal, tudo em dez vezes, e arrumei o apartamento de quarto e sala, mais um escritório minúsculo, da melhor forma que pude. Tudo digno de um programa de decoração com baixo orçamento.

Ficou muito bonito, e no primeiro fim de semana lá, sentado no sofá cheirando a novo, chorei pela primeira vez. Aquela não era a minha casa.

Levou um tempo pra eu me distanciar daqueles dez anos de relacionamento, que a memória deixava cada vez mais ideal – para o desgosto das outras mulheres que passariam pela minha vida. Eu mal sabia que as negociações dentro de namoros só iriam piorar.

Vivi dois relacionamentos difíceis, que me deixaram exausto. Entre eles (e durante um deles), o apartamento recebeu sua cota de convidadas, em minha exploração empolgada, mas quase sempre vazia, de conexões com mulheres.

Em 2013, voltei ao Canadá para cobrir meu primeiro Festival de Cinema de Toronto e também para ir ao casamento da Sil, que estava morando por lá.

Voei de Toronto até Vancouver, onde aluguei um Cadillac lindíssimo, que me ofereceram por 19,90 dólares a mais por dia que o carro básico 1.0 que eu tinha reservado. Sucesso! Equipei-o com um GPS e subi em direção ao interior, buscando as estradas trilhadas pelo meu antigo amor. Eram quatro horas de carro, que o Cadillac conquistou no que pareceram uns quarenta minutos.

Fiquei em um hotel de beira de estrada. Quarto 16, comprido, com três camas de casal lado a lado, uma surrada máquina de café e parca iluminação na qual mal dava pra perceber o carpete manchado. O estabelecimento era operado por uma senhora e seu marido, casados havia pelo menos quarenta anos. Um completava as tarefas do outro atrás do balcão rabiscado, semiocultos por displays com folhetos da região. Do outro lado do pátio – e de uma cerca de madeira –, um barracão pitoresco anunciava "cerveja e música ao vivo" em avisos luminosos vindos diretamente de 1983 feito o *salloon* Roadhouse de Twin Peaks. Tomei duas cervejas no lugar quase vazio... ocupado apenas por um casal de meia-idade, que dançava com sincronia hipnotizante e passos ensaiados ao som da country music que a banda anunciada tocava com olhar perdido.

Sil se casou em uma ensolarada tarde de sábado, com vista para um lago cercado por árvores. A brisa agradável crispava a superfície da água lá embaixo, onde algumas pessoas nadavam. Um amigo do casal cantou com sotaque gringo divertido sua versão de "Minha Menina" d'Os Mutantes. Ela sorria como nunca a havia visto sorrir, linda, enquanto o noivo se tornava o menino dela.

Foi o único casamento em que eu quis estar de verdade. O que mais me emocionou. O casamento do primeiro amor da minha vida.

Saí cedo e voltei pro hotel, depois de recusar vários convites de desconhecidos na festa para atividades no dia seguinte, que iam de pescaria a standup paddle no lago. Assim que acordei, joguei minhas coisas no carro e busquei no GPS por um parque nacional nos arredores. Encontrei-o e andei por seis horas em uma trilha, fazendo barulho com as chaves do carro para espantar possíveis ursos – uma recomendação da administração do lugar.

Dias depois, voltei pra casa. Finalmente pronto. Enfim ciente da estrada que eu trilhava – e agora atento às saídas da estrada. Eu e ela ainda somos amigos. De vez em quando assino um e-mail com "te amo", como o que respondi quando ela mandou fotos de seu primeiro filho.

Esse período foi determinante na minha reflexão sobre a natureza frágil dos relacionamentos, sobre objetivos de vida e como não faz muito sentido viver com alguém a não ser que você se comprometa com o esforço. É a única maneira de equilibrar as inevitáveis mudanças pelas quais as pessoas passam no decorrer dos anos. Ganham objetivos, mudam de ideia, perdem vontades e, frequentemente, seguem caminhos bem diferentes nesse crescimento. Conosco foi exatamente isso. Duas pessoas andando juntas por caminhos distintos. Afastando-se cada vez mais conforme suas células se renovavam.

Capítulo 15
OMELETE: OS PRIMEIROS ANOS

Entre 1998 e 1999 eu ia e voltava de Arujá todos os dias. A agência tinha acabado de se mudar para a Vila Olímpia. O brejo transformado em coração corporativo da cidade começara uns anos antes a receber jovens empresas de tecnologia, mesmo que ainda nem houvesse restaurantes por lá para suprir a demanda trabalhadora do almoço. Frequentemente comíamos no boteco do outro lado da rua, o Tago's – o que deixava o escritório com um fedor de fritura, que emanava das nossas roupas.

O trajeto até lá era insano, pelo menos três horas somadas de transporte todos os dias, a bordo de um Apollo marrom 93 horroroso, porém confortável. De noite o bairro ficava lotado devido às dezenas de casas noturnas, que eu frequentava também com o pessoal da agência ou com minha amiga mais antiga, a Aya, que conheço desde a quarta série do Jean Piaget. Era uma época bacana, curtindo um lado da vida que até então eu não aproveitara muito.

Minha parte nerd também continuava forte. De vez em quando encontrava o pessoal de um grupo de discussão on-line sobre cultura nerd, o Gibiotas, e assunto não faltava. Essa turma formava uma linha de frente dos "nerds raiz", gente que gostava de quadrinhos pelos quadrinhos e adorava discuti-los. Alguns deles se tornariam colaboradores fixos do Omelete: o Érico Assis, o Rodrigo "Piolho" e a Ederli Fortunato, entre outras pessoas apaixonadas, ficaram anos no site.

Era a época dos primeiros grandes filmes de super-heróis, quando os caras em Hollywood voltavam a acreditar que o público poderia se interessar por gente voando, subindo pelas paredes ou simplesmente usando superfortunas no combate ao crime – algo em que eles não apostavam desde o fracasso de *Batman e Robin*, de 1997, com a famosa armadura com mamilos.

As expectativas eram altas, pois *Blade* e *Matrix* tinham pavimentado uma nova estrada para a cultura pop. O primeiro era uma adaptação dos quadrinhos da Marvel Comics sobre o "vampiro que anda de dia", um personagem que não desfrutava o mesmo sucesso dos demais personagens da editora. Eu mesmo não me lembrava de ter lido algo memorável com o herói. Mas Wesley Snipes o tornou estilosíssimo no cinema e provou que as páginas coloridas poderiam colaborar com a sétima arte de maneira menos "excêntrica" e bastante lucrativa.

Mas o filme que efetivamente colocou a nerdice no mapa foi *Matrix*. Sexy, fashion, cheio de momentos memoráveis, um mundo instigante e totalmente conectado à cultura digital, quase que antes mesmo de ela existir. E recheado do início ao fim de referências à cultura pop. Da mesma maneira que *Star Wars* inventou a cultura de fãs, *Matrix* a atualizou pra versão 2.0.

Comecei a ouvir falar desse filme no boca a boca, antes de sua estreia. Alguém tinha lido em algum lugar que ele revolucionaria o cinema, então fui bem na estreia, em uma sessão lotada. Logo no começo, no primeiro "bullet time", a parada no ar da Trinity, um cara no cinema comentou em alto e bom som: "Mas isso é impossível, que absurdo." Foi a senha para destravar minha cabeça, e comecei a surtar e consumir tudo o que conseguia do filme e ler sobre seus misteriosos diretores, atualmente Lilly e Lana Wachowski. Mas era 1999... a internet ainda não tinha sequer os blogs, muito menos as redes sociais ou plataformas de vídeo. O conteúdo era feito majoritariamente por empresas, não por indivíduos, então era tudo bastante superficial.

No site oficial do filme, o antológico whatisthematrix.com, preenchi um cadastro e recebi um e-mail (eram raros na época!): "The Matrix has you", com Morpheus como remetente. As campanhas digitais estavam em seu berço, e já faziam história ali. Foram a inspiração de toda uma indústria e levaram uma geração inteira a desejar uma carreira em cinema, tecnologia, moda...

Mal sabia eu que, quinze anos depois, estaria sentado em um quarto de hotel em Los Angeles, encontrando-me pela primeira vez com Andy e Lana Wachowski (apenas uma das irmãs Wachowski havia feito a transição de gênero à época, Lilly a faria pouco depois). Na tarde chuvosa, algo pouco comum na cidade, o cansaço no semblante dos cineastas, irmão e irmã, se via de longe; era o fruto de quase duas décadas trabalhando sem parar, algo com que eu me identificava totalmente. Foi uma tarde especial, e, entre inúmeras, a melhor entrevista da minha vida. Falamos de identidade, de haters, de cinema, do declínio da cultura e de inspiração. E foi a melhor entrevista que já fiz, pois talvez tenha sido a única em que me senti diferente ao deixar a sala – e na qual talvez eu também tenha impactado as pessoas entrevistadas de alguma forma.

Depois desses filmes, o cinema abriu suas portas para a cultura nerd, em uma época em que se declarar parte dela ainda era considerado vergonhoso.

Pegando essa onda, o Omelete – que batizei buscando uma "mistura de assuntos" tendo como ingrediente principal, o "ovo", a essência, a cultura nerd – entrou no ar em 29 de maio de 2000, com uma crítica de *Gladiador* escrita pelo Marcelo Forlani. Eu não participava da redação nessa época, apenas ajudava na edição e design do site (o logo horroroso de 2000 é culpa minha, admito). Dentro da agência digital em que o Omelete havia nascido, dedicávamos algumas horinhas da equipe pra atualizá-lo e contávamos com um bom número de colaboradores externos, muitos egressos daquelas listas de discussão das quais eu participava.

Eu não poderia estar mais feliz. A sensa-

Alguns dos primeiros colaboradores do Omelete: Forlani, Érico Assis, Eduardo Viveiros, Fernando Lopes e Rodrigo Teixeira.

ção era de que tudo aquilo que eu havia lido, assistido e jogado na vida estava se materializando na minha frente – e eu tinha o conhecimento de essência para discutir aquelas produções. Como se a vida toda eu estivesse me preparando para o Omelete, para aquele momento.

O lançamento do primeiro filme da franquia *X-Men*, que chegou por aqui em agosto de 2000, foi o ponto de virada para catapultar o Omelete. Um dos nossos sócios de então, o Jotapê Martins (o mesmo cara que traduzia as HQs que eu cresci lendo), foi para nossa primeira San Diego Comic-Con e assistiu ao filme por lá. Fomos basicamente um dos primeiros veículos brasileiros a dar a notícia de que o filme era bom – e a explicá-lo para quem não era nerd (ou não tinha visto o excelente desenho animado de 1992) e não entenderia direito quem eram os tais mutantes.

Eu estava tão empolgado que fui até o recém-inaugurado shopping de Guarulhos para assistir ao filme em grande estilo. Eles tinham por lá um cinema da rede Hoyts, equipado com uma das únicas salas com som THX do Brasil.

Visualmente inspirados pelo couro e látex de *Matrix*, os heróis não eram os mesmos que eu conhecia dos quadrinhos, mas em essência estavam bem parecidos – e minha euforia ao vê-los nas telas era 100% real, um entusiasmo que acredito explicar até hoje a relação próxima que tenho com os outros fãs. Apesar de ser um cara na tela falando dos filmes, no fundo sou o mesmo Érico que leu *A morte da Fênix* sob a escada do vizinho.

Com o tempo, os estúdios começaram a perceber isso, e chegaram os primeiros convites para entrevistas e viagens, para ver de perto como os filmes tipo *X-Men* eram feitos. E sei que a ideia é bem batida, mas se eu pudesse falar pro Érico de 10 anos que um dia eu entrevistaria a Mulher-Maravilha no cenário de Primeira Guerra Mundial, que iria ver de perto o mutante Apocalipse, que entraria na Nave-Coruja de *Watchmen*, que cruzaria os portões da cidade grega de Rhesus ou sentaria diante do Luke Skywalker em pessoa, acho que os pulmões de bronquite do moleque explodiriam de vez.

Mas conforme o amor pelo site e meu apreço pela escrita cresciam, o interesse da agência onde o Omelete nasceu diminuía. É que a primeira onda de investimentos na internet, depois de crescer e crescer (igual ao filme de 1958 *A bolha assassina*, que revelou ao mundo o "rei do cool" Steve McQueen), enfim estourou em toneladas de gosma alienígena que cobriram o mercado. Os investimentos excêntricos em sites de aventureiros finalmente cessaram – e o sonho de vender o Omelete, aquele site que nasceu da pergunta "Alguém aí sabe alguma coisa sobre algo?", foi congelado em carbonita, aguardando sua princesa Leia e enfeitando o Palácio do Jabba.

A empresa também tinha os próprios problemas, então perdemos a equipe que ajudava a atualizar o site e os colaboradores iam e vinham, já que não havia dinheiro nenhum para pagá-los (e não os culpo – demoraria muito tempo para aparecer alguma grana nessa operação toda). Sem essas pessoas, eu deixei de trabalhar apenas no design do site e arrisquei-me a escrever. No começo, apanhava horas para fazer uma simples notícia... dias pra arranhar um artigo.

Minha primeira notícia saiu em 7 de julho de 2000, "*Tropas Estelares: A Série* estréia no Brasil". Assim mesmo, com acento, já que foi muito antes da reforma ortográfica. A informação estava aguardando na fila de notícias pra entrar no site, então resolvi escrever eu mesmo, pois a série animada tinha estreado cinco dias antes, no canal a cabo AXN.

A notícia não era assim tão importante... mas fiquei incomodado com a demora pela minha relação com a obra de Robert A. Heinlein e, em especial, com o filme de 1997 dirigido pelo Paul Verhoeven – o mestre de *RoboCop* e *O vingador do futuro*. Eu havia perdido a estreia nos cinemas em 1997 e aluguei o VHS em seu lançamento, um ano depois. Estava tão empolgado para assistir ao filme *Tropas estelares* que decidi, enfim, trocar a minha TV de 14 polegadas, na qual eu mal conseguia ler os diálogos de *The Legend of Zelda: Ocarina of Time*, por uma maior.

Eu tinha juntado pouco mais da metade da grana necessária e decidi arriscar um pagamento à vista. Fui até o shopping Silvio Romero Plaza, no Tatuapé, que eu sabia ter uma loja em promoção, e tentei pechinchar. Não colou. Estava desistindo quando juntei coragem para uma última cartada... uma oferta no aparelho que estava em exposição na vitrine sabe-se lá desde quando. Uma Phillips de 42 sedutoras polegadas – exatamente o que eu queria e... Sucesso! Eles me ajudaram a colocar a TV de tubo no carro e fui pra casa, ávido pela batalha futurista dos humanos pela sobrevivência do planeta Terra contra os terríveis insetos alienígenas gigantes de Klendathu.

Abri o portão da casa da minha avó e entrei com o Corsinha 91 que eu pilotava na época. No banco de trás, vinha sem caixa a TV da vitrine, amarrada com o cinto de segurança. Meu precioso passageiro. No desejo incontrolável de instalar o aparelho, porém, não calculei seu peso. Uma rápida pesquisa no Google hoje me informa que uma TV de tubo de 42 polegadas pesa em média trinta quilos. Na ocasião pareceram uns cinquenta, que eu arranquei do carro com esforço sobre-humano. Desequilibrado e trôpego, avancei pelos corredores da casa com o trambolho apoiado no peito, quase dobrando para trás com o peso. Ela quase caiu uma vez, mas consegui apoiá-la no joelho; os cantos de plástico duro doíam contra os meus músculos – todos eles. Eu suava e tremia com o esforço de carregar aquele cubo desengonçado e o suspendi, sabe-se lá com que força, até a altura dos ombros pra colocá-lo no móvel diante da cama no quarto. Mas assisti ao *Tropas estelares* naquele dia memorável em que comprei minha primeira TV.

Aos poucos fui ficando mais rápido nas notícias, críticas e artigos, aprimorando e aprendendo o tal do jornalismo com o Forlani e o Jotapê, que saiu da sociedade uns anos depois. Acabei ficando melhor do que imaginava – felizmente, pois tive algumas oportunidades inacreditáveis graças à escrita.

Tenho ótimas lembranças desses primeiros anos de site, de desbravar o mundo dos estúdios, de buscar notícias e do desafio constante de equilibrar nossos trabalhos regulares com a necessidade de alimentar constantemente esse bebê chamado Omelete. Nos primeiros meses sequer o atualizávamos diariamente. Era impossível. Mas a frequência foi aumentando conforme crescia a nossa empolgação com o potencial do novo negócio.

Os quadrinhos eram nosso foco nessa época, em parte pelo meu contrato como designer com a Editora Metal Pesado. Eu gostava muito de trabalhar com o editor Eloyr Pacheco

Ao lado do Eloyr Pacheco em minha fase de engravatado.

– com quem colaborei depois na editora dele, a Brainstore. Mas a minha história com essa editora terminou bem mal. Primeiro que eles mudaram de nome (tantas vezes que não consigo nem começar a explicar aqui as picaretagens), até que foram vendidos para um grupo editorial maior – e meu contrato foi junto. Eu adaptava as capas americanas, criava logos em português e fazia o design de algumas coleções. Até que me pediram para fazer o código de barras dessas revistas também. Expliquei que eu não tinha o software adequado, mas eles queriam muito economizar os oitenta reais do fotolito em que vinha cada código e me passaram um programinha.

Então comecei a incorporar os códigos nos meus arquivos e pedi que testassem. Como disseram que estava ok, beleza, segui fazendo na "brodagem". Até que, com a venda da empresa, eu descobri que os códigos sempre estiveram errados e eles não tinham testado nada, nunca. Três revistas que eu tinha feito, incluindo uma *Sandman*, estavam sendo recusadas na nova distribuidora. A nova editora cobrou de mim todas as etiquetas de correção que tiveram de colar nas capas. Era o equivalente a três meses de trabalho, em uma época em que eu vivia apertado, então fui tentar conversar com os caras que sabiam do nosso arranjo anterior (o Eloyr, infelizmente, já não estava mais). Dois deles, editores de velha guarda, não conseguiram nem me olhar nos olhos, pois temiam ter que assumir o custo das etiquetas. O custo ficou para mim, e larguei aquele trabalho infeliz. Aprendi a não confiar tanto nas pessoas e a identificar picaretas, e sobrou mais energia para aplicar nos meus próprios projetos.

Eu precisava mesmo disso, pois essa primeira década do Omelete foi brutal. Depois de desistir do mundo da publicidade, deixar a agência e voltar pra Arujá, entre os problemas de grana da família, meus próprios gastos e o sumiço da maioria dos colaboradores, eu precisava trabalhar cada vez mais para manter o site. Tanto que parecia que eu tinha três empregos (a EMI Music seguia firme, bancando minhas despesas). Os clientes menores de design rendiam um extra que dava um certo conforto – e basicamente pagavam os custos do Omelete e das viagens que começavam a aparecer. Não raro eu tinha umas crises existenciais às três da manhã, com as mãos no rosto, respirando pra não desabar e sonhando com o dia em que o Omelete renderia o suficiente para eu poder largar os demais trabalhos e me dedicar a fazer o que eu já amava.

Nos nossos primeiros anos, o site crescia, turbinado por essa energia, pela paixão e pelos filmes que escancaravam para o mundo tudo aquilo que eu crescera idolatrando, aquilo que estava no meu DNA. *X-Men*, *O Senhor dos Anéis*, *Star Wars*, *Watchmen*, *Batman*, *Homem-Aranha*, as séries novatas *Harry Potter* e *Matrix* iam despertando o interesse das pessoas e trazendo gente nova para o Omelete.

Com isso, nós celebrávamos os números de audiência que cresciam e cada convite que surgia dos estúdios – eram um sinal de respeito ao trabalho. Como o Forlani estava vivendo em Londres, o Omelete passou a ser considerado para as entrevistas que alguns estúdios organizavam por lá.

Algumas das primeiras que me lembro foram as de *O Senhor dos Anéis* e as do lançamento em VHS e DVD de

Harry Potter e a Pedra Filosofal, baseado no livro que eu havia lido logo nos primeiros dias de seu lançamento por aqui, já que minha mãe o comprou por acaso, pois achou que se tratava das aventuras de um colega ceramista ("potter" em inglês). Errou, mas leu o livro, gostou e me recomendou. Assim, quando as primeiras notícias sobre a adaptação começaram a sair, prestamos atenção extra.

Também devo a *Harry Potter* minha primeira viagem à terra da rainha. Em meados de 2007 fui até a cidade entrevistar o elenco do quinto filme da franquia, *Harry Potter e a Ordem da Fênix* na margem sul do Rio Tâmisa, bem pertinho das famosas Casas do Parlamento e seu Big Ben. O evento aconteceu dentro do County Hall, edifício que foi, durante muitos anos, a sede do poder londrino, e aproveitei pra ver uma exposição de veículos de *Star Wars* que estava acontecendo ali também. Acabei ficando bastante afeiçoado a *Harry Potter* por entender exatamente como os fãs se sentem em relação à série de J.K. Rowling. Uma empatia nerd, por assim dizer. Começava ali uma relação pessoal que até hoje tenho com a série, cujo auge foi na CCXP.

Enquanto a Warner se aventurava nesses primeiros anos de Omelete, ainda havia um ou outro estúdio que estava preso ao passado e que não entendia que a internet tinha um alcance muito mais expressivo que os jornais e revistas. Uma assessora de imprensa chegou a me explicar, por telefone, que não poderia me convidar para assistir aos filmes por não ser possível "centimetrar" nossos artigos. Basicamente, parte do trabalho dela na época era medir com a régua o quanto de espaço cada publicação havia dedicado aos seus filmes naquela semana e multiplicar esses centímetros quadrados por uma tabelinha de valor de mídia.

Ela até tentou encostar a régua no monitor, mas não dava pra medir por causa da rolagem da página, me explicou. Minha vontade foi sugerir que ela comprasse um monitor maior, pois isso valorizaria o Omelete, mas fiquei quieto enquanto tentava argumentar com aquele mamute prestes a pisar na areia movediça da revolução digital.

Enquanto uns afundavam, outros pensavam no futuro. Um dos mais importantes motores tecnológicos para esses primeiros anos do site foi o Superomelete. Com a chegada da banda larga ao Brasil, fomos procurados pelo iG para criar uma versão mais recheada do site, contendo trailers e vídeos, um site "irmão" para o Omelete focado em conteúdo pouco compatível com a internet discada. Eles hospedariam esse novo serviço e ajudariam a divulgá-lo. Foi o início de uma parceria comercial que durou alguns anos e nos rendeu ótimos contatos, além de um aprendizado extremamente doloroso para mim. Os servidores que eles nos cediam não eram exatamente os mais estáveis do mundo... e frequentemente o Omelete saía do ar. Em uma ocasião, o site ficou inacessível por um dia inteiro – e quando voltou, estava sem o último mês de notícias e artigos. O backup simplesmente tinha sumido e nosso único retorno do pessoal de tecnologia deles foi "infelizmente, não tem o que fazer".

Fiquei possuído pelo lado sombrio da Força e me entreguei a ele cegamente enquanto digitava meu e-mail de resposta, relâmpagos saindo das pontas dos dedos. Em cópia, o corpo diretivo completo do iG. Estava furioso.

A réplica, elegantíssima, da diretora deles era tão sabonete quanto à da equipe de TI, mas continha um desesperador "podemos então encerrar nossa parceria em vista do seu descontentamento". Palpatine saiu do meu corpo na mesma hora, dando lugar a um assustado C-3PO que, com o rabo dourado entre as pernas, teve que pedir desculpas pianinho pra manter o contrato. Era minúsculo, mas era o que tínhamos – e não podíamos nos dar ao luxo de pagar contas de servidores naquela época. Felizmente, guardávamos todos os textos que eram publicados no Omelete em formato HTML, por data. Aí foi uma questão de republicar tudo, na ordem original, pra poder continuar. Foram dois dias de mutirão, eu, Forlani e Hessel, pra recuperar manualmente o site.

Essas horas e horas de dedicação pareciam exageradas aos olhos das pessoas mais próximas. Cheguei a ouvir que éramos inocentes demais em acreditar em tudo aquilo. "Quando vocês vão ganhar dinheiro com isso?" Eu não fazia ideia – e se não tivesse vinte e poucos anos nessa época, talvez não tivesse aguentado. Era, realmente, um sonho que começou promissor, mas logo provou que a máxima "no pain, no gain" era totalmente real. Seguíamos deixando uns nacos de alma no site.

Para piorar, a conexão de internet em Arujá era um problema enorme. Especialmente para um site que tinha nos trailers um dos seus principais serviços (o YouTube só surgiria uns bons anos depois e nós subíamos vídeo a vídeo pro Omelete). A banda larga estava içando suas velas tímidas em São Paulo, com o barulho do modem aos poucos sendo substituído pelo vento (quase sempre) contínuo dos dados. Em Arujá, porém, sua energia parecia gerada por remadas de meia dúzia de vikings magrelos, que frequentemente precisavam parar para descansar, em meio ao som de tambores furados que marcavam a velocidade inconstante da conexão. Isso quando o barco não afundava.

Eu seguia sem grana para me mudar, mas nenhum grande provedor de banda larga estava operando na cidade. Investi então em uma antena de rádio em cima do quarto que tinha sido da Bruna, que eu transformara em escritório, para estabelecer uma conexão com um provedor local do centro da cidade. Minha antena (que ainda está lá, enferrujando) tinha uma linha de visão com uma torre central deles, no alto de um morro, dois quilômetros à frente. Mas qualquer chuva ou vento forte ferrava as comunicações, me deixando sem conexão.

Isso aconteceu tantas vezes nos piores momentos, quando eu estava enviando arquivos ou atualizando o site com alguma notícia importante, que comecei a invadir o escritório do provedor. Eles ocupavam a mesma quadra onde a banca do Jorge ficava na minha infância e eram vizinhos do antigo cinema da cidade, onde eu tinha assistido à animação *A princesa e o robô*, da Turma da Mônica. Eu colocava minha CPU, mouse, teclado e monitor em uma mala, arrastava tudo até o centro de Arujá e me instalava em um cantinho da operação deles, ligando o PC direto no servidor de internet.

Foram dois anos assim: internet capenga, o cansaço de três empregos, vida entre o meu quarto e o escritório – com uma pausa de uma hora por dia pra assistir a alguma série com a minha mãe (a favorita era *C.S.I.*) – e muito aprendizado. Eu era designer, programador, jornalista, cara do T.I. e crítico. Ao menos o mundo que o Omelete desbravava era fascinante demais. Eu podia ver os filmes antes de todo mundo a convite dos estúdios, e isso dava uma satisfação enorme. Sem falar que as HQs agora chegavam pelo correio e sem que eu precisasse mais comprá-las. O esforço tinha suas compensações: nossa comunidade só crescia e estávamos aprendendo como funciona Hollywood, conhecendo pessoas e aplicando isso tudo no Omelete.

Financeiramente as coisas começaram a melhorar também. A publicidade estava crescendo bem e, aos poucos, eu conseguia tirar algum dinheiro mensal do Omelete. Isso me permitia ir deixando de lado alguns clientes e colocar ainda mais energia no site. Conseguimos também contratar o Hessel definitivamente e começamos uma corrida pra ver quem escrevia mais, em um placar bizarro de volume de notícias, críticas e artigos.

Foi por volta de 2007 que decidimos que era a hora de ocuparmos o mesmo espaço. Eu finalmente tinha conseguido sair de Arujá uns meses antes, e estava morando com a Sil em Santa Cecília, na região central de São Paulo – hoje conhecido como o bairro mais hipster da cidade.

Ela topou nos emprestar seu antigo apartamento, sem aluguel. Cobriríamos apenas os custos nesse mecenato que fez tanta diferença. No pequeno apartamento, no segundo andar de um prédio residencial na Avenida Angélica, discutíamos a cultura nerd o dia todo – e ficou muito mais fácil ir às sessões de imprensa dos filmes. Eram dias incríveis, com rotinas divertidas sendo criadas, como a do almoço: nos espremíamos em um quartinho minúsculo para ver *Chapolin* na minha antiga TV de 14 polegadas enquanto comíamos nossas marmitas aquecidas no micro-ondas (em um retorno triunfal do aparelho radioativo). Às quintas, quando terminávamos de colocar no ar todas as críticas da semana e subir sinopses, fichas dos filmes, trailers, etc. – o que dava um trabalhão –, celebrávamos ao som de "Encarnación" na voz de Jack Black, música da trilha sonora de *Nacho libre*. Pude contar isso pro ator uns anos mais tarde – e ele ficou tão feliz que cantou o refrão da música *a cappella* pro nosso vídeo. Clássico!

Mas a melhor tradição era a do fim do dia às sextas. Nós corríamos para nosso bar favorito, a saudosa Casa Belfiore, na Barra Funda, para pegar mesa para nosso grupo antes que o local lotasse. O Diego, dono e meu colega de sala na FAAP, fazia um dos melhores hambúrgueres da cidade, anos antes do "burger gourmet" virar mania por aqui. Fora uma Guinness na temperatura ideal e batatas fritas rústicas perfeitas, ao som de Lou Reed, Ramones, Pixies e outras bandas que ajudavam a tornar a experiência memorável. A única desgraça era que na época ainda era permitido fumar dentro de bares… E quando dava dez da noite eles fechavam as janelas para não incomodar os vizinhos do casarão e uma nuvem tóxica ia

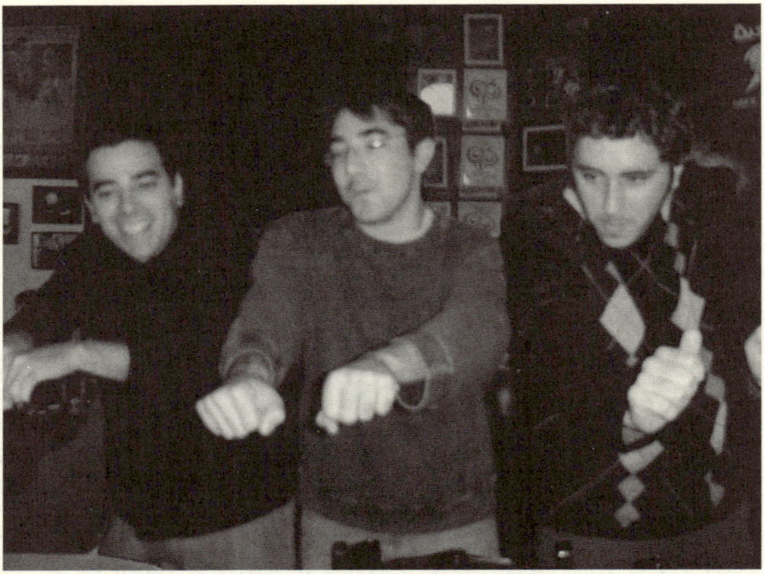

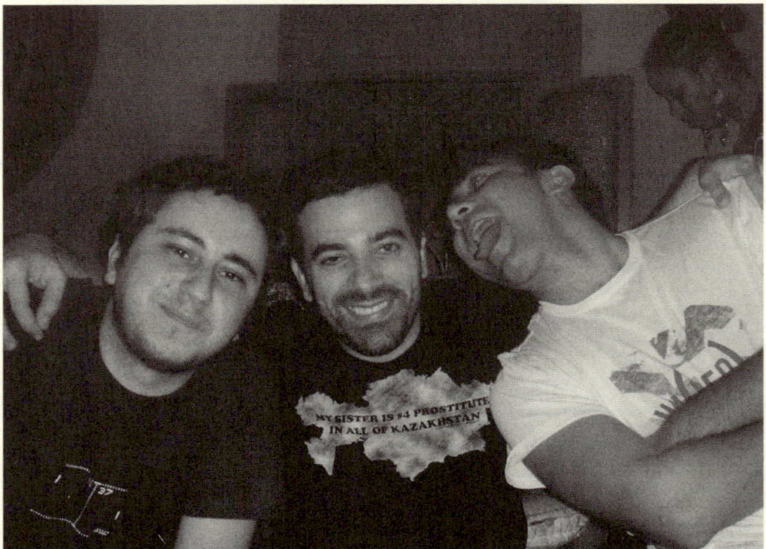
MY SISTER IS #4 PROSTITUTE
IN ALL OF KAZAKHSTAN

enchendo aos poucos o bar... culminando em um *smog* digno de dezembro de 1952 em Londres. Não raro, íamos depois até a casa de alguém para ouvir música, beber e dançar.

E depois de anos recebendo muito pouco com o iG, tivemos uma proposta bem maior do UOL. O portal nos hospedaria e enfim começaríamos a receber algum dinheiro. Também passamos a ser mais notados pelos estúdios e pelas editoras, então caixas de HQs e filmes chegavam aos montes em casa, expandindo consideravelmente meu universo. Enfim eu podia fazer o tempo todo – e cada vez mais! – aquilo que amava.

De todos os dezenove anos em que estive à frente do Omelete, esses são, sem a menor dúvida, os dias de que mais me recordo com amor: os dias do apartamento na Angélica.

Capítulo 16
DIANTE DAS TELAS

Ainda estávamos no apartamento quando, em 3 de setembro de 2008, foi ao ar o primeiro *OmeleTV*, "o programa semanal do Omelete".

A sugestão de criarmos um videocast, como esse tipo de atração era chamado na época na internet, veio de uma produtora chamada Colmeia. Um dos criativos deles, o Cris Dias, negociou com o Forlani como seria nossa parceria e lá fomos nós, inicialmente eu e ele, cruzar a cidade em direção à Vila Leopoldina. O bairro das produtoras de São Paulo acolhia também os estúdios da Colmeia e foi ali que gravamos, em agosto de 2008, o primeiro episódio do programa.

Eu não entendia a razão de as pessoas quererem ver nossa cara, mas a galera curtiu. Mal sabíamos que estávamos criando um formato que viraria, muito antes da popularização do YouTube, um padrão copiado exaustivamente desde então e que permanece vivo (e bem) até hoje. No nosso primeiro cenário, eu e o Forlani sentávamos em cadeiras de diretor. Eu vestia uma camiseta do filme *Segurando as pontas* que comprei on-line de uma loja nos Estados Unidos – um tubarão engolindo um gatinho.

A camiseta em si já daria um programa. Uma marca chamada Wowch alegou que criou o design em 2005. James Franco, o protagonista do filme, porém, garantia que a ideia foi do diretor do filme, David Gordon Green. A semelhança entre os dois designs é inegável... E como a própria Wowch tinha várias peças em seu catálogo "inspiradas" em outras obras e a própria imagem do tubarão fora roubada de um fotógrafo mergulhador chamado Carl Roessler, a coisa ficou por aí mesmo. Pelo menos a Wowch ganhou publicidade gratuita para sua camiseta – e um comprador no Brasil. Usei-a até se desintegrar.

Diante de nós dois, sobre uma mesa de madeira, estavam uma TV portátil e dois itens relacionados ao filme *Batman: o cavaleiro das trevas*, uma imagem de Heath Ledger como o Coringa e uma bola de boliche promocional do segundo longa de Christopher Nolan com o herói da DC Comics.

Em uma espécie de alinhamento cósmico nerd, naquele ano o filme foi justamente o primeiro do gênero de super-heróis em toda a história do cinema a atingir o topo das bilheterias mundiais. O primeiro da série, *Batman Begins*, foi modesto e não conseguiu romper a bolha dos fãs. Mas esse segundo filme estava em todo canto, com o Coringa de volta às telonas e catapultado pelo interesse da mídia na morte de seu intérprete seis meses antes da estreia. Sua qualidade fez o resto do trabalho, bem como o departamento de marketing da Warner Bros.

O estúdio criou uma caça ao tesouro em cinco cidades ao redor do mundo, que começava em um site chamado "whysoserious" e ganhava as ruas dessas megalópoles. Os fãs circulavam em busca de pistas para encontrar o local da primeira exibição do trailer do filme. Nós não quisemos ficar de fora da brincadeira e ziguezagueamos por São Paulo com o resto dos fãs – e acabamos terminando a brincadeira em primeiro lugar, ganhando a cobiçada bola de boliche que enfeitou nosso primeiro programa.

Também estávamos lá, no velho Cine Bristol, para assistir ao primeiro trailer, que Nolan recusou-se a lançar digitalmente sem antes exibi-lo em película, em uma sala de cinema (doze anos depois ele novamente bateu o pé e impediu que *Tenet* fosse lançado em streaming, dando às salas de cinema seu primeiro grande filme inédito para a reabertura das salas pós-isolamento social da covid-19). Goste você ou não de Christopher Nolan, o cineasta merece respeito pelo seu amor ao cinema.

Com o tempo (e muitos *OmeleTVs*), fui ficando mais confortável diante das câmeras. Comecei a fazer entrevistas em vídeo também – e minha primeira sozinho foi um papo com a atriz Alice Braga em 2011 para o filme *O ritual*. E ela foi extremamente generosa e paciente. Logo o *OmeleTV* ganhou uma duração maior e o Hessel passou a participar também. Fizemos juntos algumas das maiores badernas da internet brasileira nessa pré-história do YouTube. O programa especial de James Bond, em que me vesti como uma bond-girl chamada Ursula Berry – mistura de Ursula Andress com Halle Berry – foi um desafio.

Basicamente, entrei no set vestindo um biquíni (com uma segunda pele completa por baixo, o que, segundo o diretor, deixou tudo "bem decente"). No episódio de *Watchmen*, fui o Doutor Manhattan, ao lado de um Hessel barbudo feito Alan Moore e Forlani com uma máscara de Rorschach. Eu vesti um maiô azul e me pintaram dos pés à cabeça de guache da mesma cor – que entrou até no meu olho e teve que ser removido com água e um paninho. Também jogamos quadribol com a empresa inteira, voei na bicicletinha do E.T., fizemos uma festa de Carnaval que levou horas pra limpar, um especial Dragon Ball com o "Borccolo" (mistura de Piccolo e Borgo), um especial de terror com litros de sangue falso e até o Zé do Caixão como convidado especial. Tudo em nome da diversão e informação nerd.

Da mesma forma que não existiam limites, não tínhamos métricas ou dados para que baseássemos o planejamento dos próximos conteúdos. Não sabíamos se a audiência era boa ou ruim por falta de concorrentes e de histórico. Só seguíamos fazendo... e nos divertindo!

Era engraçado demais, mas o trabalho de cruzar a cidade até o estúdio era bem chato. Levava um tempão pra chegar lá e a tarde inteira era consumida pelo deslocamento nesses primeiros vídeos, o que atrasava a atualização do site às sextas-feiras, o dia de gravações.

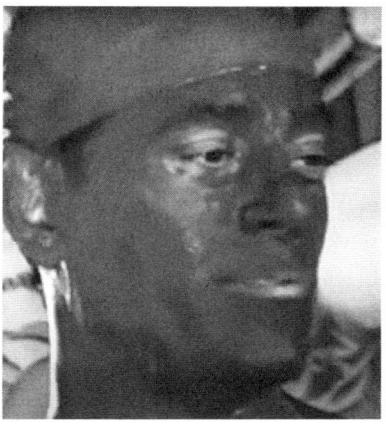

Mesmo assim, eu amava nossa rotina. Estar ali, deixando de lado o design e encarando de frente os desafios do Omelete, era começar a viver um sonho. Sem falar nas viagens e oportunidades que o site nos proporcionava, que eram quase surrealistas. Minha primeira viagem pelo Omelete, por exemplo, aconteceu a convite da Warner Bros. (o primeiro estúdio que acreditou em nós, graças à diretora de marketing Denise Novais). Fui para o México, onde participei de uma entrevista coletiva do filme *Constantine*, com o Keanu Reeves em 2005. Aproveitei para visitar as pirâmides de Teotihuacán e visitar museus, que adorei. E o filme era bacana, ainda que o protagonista estivesse bem diferente do personagem das HQs que eu começara a ler aos 15 anos, na revista mensal *Monstro do Pântano* da Editora Abril, quando John Constantine era um coadjuvante-guru inspirado no cantor Sting para o herói elemental da DC, criado por ninguém menos que Alan Moore.

Cheguei até a fazer algumas capas brasileiras dele na época de designer – e não poderia estar mais animado com isso. Mas boa mesmo foi a festa que fizemos no apartamento do Hessel depois do meu retorno, carregado de garrafas de tequila, um bom *mezcal con gusano* (um destilado de agave com uma larva de mariposa preservada dentro da garrafa) e Kahlúa, um licor de café que é a base do drinque *white russian* – a bebida favorita do "Dude" em *O grande Lebowski*, uma das minhas comédias favoritas, dos incríveis Irmãos Coen.

Na festinha, os *russians* se misturaram com margaritas e shots de mezcal, resultando em uma catarse etílica coletiva memorável. Tequila virou minha kryptonita depois daquilo

– a bebida destilada do agave-azul e eu só nos reencontraríamos no *OmeleTV* especial de *Se beber, não case!*, gravação que terminou com todos os banheiros do escritório vomitados. A comédia de Todd Phillips, inclusive, me rendeu uma festa em Las Vegas também... que foi tão boa que encontrei esta foto com Ed Helms e sequer me lembro que isso aconteceu. Se beber, não entreviste.

Foi nesse clima de união que entre 2007 e 2009 nos aventuramos pela primeira vez fora do universo digital. A *Revista Omelete*, editada pelo Marcelo Forlani, chegou às bancas do Rio e São Paulo em março de 2007. A matéria de capa trazia um extenso artigo sobre *300*, o aguardado filme que adaptou a graphic novel de Frank Miller e Lynn Varley. Conversamos com todo mundo. Do criador da HQ até os atores, passando pelos produtores e o diretor. O resultado foram doze páginas de informações sobre a concepção do projeto, seu desenvolvimento, armadilhas e resultados.

Para a matéria eu visitei a ridiculamente gelada Montreal, no Canadá. Fazia -10° C quando cruzei os portões do estúdio Ice Storm e tive um verdadeiro choque. Logo no corredor principal passou um imortal – um dos guerreiros de elite do imperador-deus Xerxes, figura sombria que parecia recortada diretamente dos quadrinhos. Até as unhas do pé da criatura tinham os ângulos característicos do traço de Miller, com direito a pequenas fendas irregulares e as verrugas, que o quadrinista gosta tanto de desenhar.

Passei dois dias inteiros nesse set e vi uma sequência de batalha incrível, um dos intensos quebra-paus entre espartanos e imortais. Nela, cinquenta homens (dublês e astros) engalfinharam-se num coreografado balé de passos de luta. Gerard Butler, em primeiro plano, atravessava um oponente com sua lança enquanto arremessava outro longe com sua espada em uma sequência longa, de dez segundos – uma eternidade em tempo de cinema. Também pude me deitar ali na muralha de corpos que os espartanos constroem com a primeira leva de invasores persa (e nunca me mandaram a foto desse momento!).

Foi no jantar desse dia que conheci Miller. A lenda viva que revolucionou os quadrinhos e arrancou, ao lado de Alan Moore, a pecha de serem "para crianças". Ele chegou atrasado e sentou-se ao meu lado. Nós já havíamos pedido e os garçons serviram os pratos enquanto conversávamos. Um deles se enganou e entregou minha lula ao quadrinista, que olhou o prato, gostou e já garfou um dos cefalópodes. Esperei mais trinta minutos pelo meu prato e jantei enquanto todos já mandavam a sobremesa. Uns meses mais tarde, eu e o Forlani comemoramos juntos nossa primeira Comic-Con em San Diego em uma festa de lançamento animada, em que tiramos uma foto do nosso momento "this is Sparta".

Além de *300*, celebramos a estreia da série de TV *Heroes*, entrevistamos o quadrinista – e colaborador do site desde o início – José Aguiar e adaptamos para o papel as seções mais queridas pelos nossos leitores na época, "Lembra Desse?" (nostalgia e descrições detalhadas muito antes da Wikipédia) e a "Omelista", comemorando o lançamento e encontrando os dez filmes que mais marcaram o Omelete em seus seis anos de existência. Também entrevistamos a banda Dropkick Murphys (da trilha sonora do filme *Os infiltrados*), fizemos um guia de como acompanhar *Lost* e mergulhamos na moda e na música em *Maria Antonieta*, entre vários outros temas que nos empolgaram e encheram de orgulho.

Lançar a revista foi um tremendo feito. Eu sempre fiquei muito feliz ao ver o meu trabalho materializado. Adorava receber os CDs que fazia, ou os cartazes. Era um momento incrível, ver o produto físico nas mãos. De alguma forma, o digital nunca foi suficiente pra mim. Sempre parece um plano, não o fim. E ver a *Revista Omelete* nas bancas era exatamente isso – felicidade materializada.

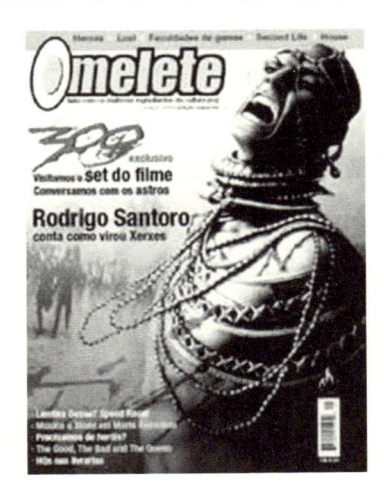

Infelizmente, porém, pela maneira como as editoras funcionavam, transportar essa matéria impressa era muito diferente do que eu estava acostumado no mundo digital do Omelete. Os processos de distribuição não eram automatizados e não dava pra saber onde e se as revistas estavam sendo vendidas. As respostas demorariam três meses – e esse prazo era absolutamente decepcionante. Sem falar que a distribuição era feita por fases no caso de publicações com baixa tiragem, como a nossa, e certos estados esperariam até seis meses para recebê-la. Não demorou para percebermos que as revistas não eram nosso negócio e a *Omelete* ficou por ali mesmo, uma única e saudosa edição, que guardo com carinho enorme.

Isso não quis dizer que estávamos prontos para desistir do papel. Em 2009, deixamos novamente o digital de lado e lançamos nosso primeiro livro. O *Almanaque do cinema Omelete* apresentou uma relação de filmes que marcaram época, que inovaram, que escandalizaram e que colaboraram com a história do cinema, além de personagens inesquecíveis, heróis, lendas, bilheteria, valores estrondosos, musas, casos e "tudo mais que um cinéfilo sempre quis saber", segundo o comunicado de imprensa. Escrevi o almanaque ao lado do Forlani e do Hessel ao longo de uns oito meses, e o lançamento aconteceu na extinta livraria Fnac da Avenida Paulista, em uma noite na qual ficamos horas autografando os quase mil exemplares vendidos ali.

Fiquei meio embriagado pela energia positiva que recebi sentado em uma mesa no meio da livraria. Estava exausto, mas feliz como poucas vezes me senti. Há algo extremamente mágico em terminar um livro e publicá-lo, no cheiro da tinta, na gramatura do papel, no peso do volume impresso, na textura do verniz da capa e, especialmente, em compartilhar seu esforço com as pessoas que o compraram. Eu sentiria isso algumas outras vezes à frente do Omelete, especialmente trabalhando na CCXP.

Depois daquela noite fomos comer hambúrgueres, a turma do Omelete toda. Mas eu estava com uma nova namorada, que algumas esposas dos colegas não aceitaram, por algum motivo que prefiro não conjecturar, e nossas saídas juntos foram minguando dramaticamente. Cada um foi para o seu lado, mas no trabalho continuávamos mais ligados do que nunca. Nos dias do lançamento da revista vivíamos, sem saber, os últimos dias do nosso apartamentinho. Estávamos prestes a deixar aquele útero omelético para ganhar o mundo – e mais pessoas.

Havia uns meses estávamos tentando encontrar um representante comercial para o site. Alguém que pudesse fazer as visitas às agências e lidar com os vendedores dos nossos parceiros, já que a procura por espaço publicitário e nosso trabalho estava aumentando e eu detestava ter que lidar com essas conversas. Especialmente quando ouvia alguém tentando comprar nossa opinião, como se ela estivesse à venda, ou não demonstrava preocupação nenhuma com os nossos leitores e com a usabilidade do site. Comecei a ficar queimado nas agências – e um departamento comercial era necessário.

Naquele mesmo ano fizemos nossa primeira contratação para a vaga. Com o dinheiro aparecendo, nossos investidores ressurgiram para ajudar, agora definitivamente comprometidos com o Omelete, e a empresa que até então era totalmente caseira e *freestyle* – um jazz nerd – começou a se parecer com algo mais estruturado: uma fanfarra.

Com grandes vendedores vêm grandes necessidades de imagem – e demos adeus ao apartamento. Nos mudamos para um conjunto comercial com duas salas na mesma Avenida Angélica, um quarteirão pra baixo, também para receber nossos primeiros estagiários. Era o Edifício Philadelphia, de tijolos aparentes, e viramos vizinhos de um escritório de advocacia com duas advogadas mal-humoradas, que detestavam as risadas que vinham do conjunto ao lado.

Com a mudança, o pessoal do estúdio passou a vir gravar conosco, economizando um bom tempo de trânsito e dando um ar mais real aos vídeos (e melhorando meu humor). Não vivíamos mais aqueles dias de liberdade extrema do apartamento, mas era um ótimo momento da empresa.

Ganhamos nossas primeiras estagiárias de redação, entre elas a Carina Toledo, que acabou ganhando um protagonismo especial e virou a estrela do *OmeleTV* com seu jeito expansivo e cativante – além de ser uma das primeiras mulheres na internet a, lamentavelmente, terem que provar para o mundo majoritariamente masculino dos nerds que entendia do que estava falando e tinha direito, como qualquer um, de estar ali. Ela foi apenas a primeira nessa luta dentro do Omelete, seguida pela Aline Diniz e Carol Moreira, depois a Míriam Castro e tantas outras, que venceram o preconceito no mundo nerd e são algumas das mais importantes vozes da cultura pop brasileira da atualidade.

Depois de algumas dezenas de programas juntos, chegou ao fim a parceria com a Colmeia. A empresa estava repensando suas estratégias e o *OmeleTV* não fazia mais parte delas, já que o investimento era alto e até ali – nesses dias de fronteira entre as mídias – não tínhamos conseguido qualquer patrocínio para os vídeos. O término da relação, porém, não significava o fim do programa. Como agora tínhamos esse canal estabelecido, o show não podia parar. Surgiu assim a necessidade de investir em um time de vídeo – e entre essas pessoas e o recém-contratado time administrativo, passamos em dois anos de quatro para doze pessoas.

Os dois conjuntos na Angélica ficaram pequenos – especialmente em dias de gravação, quando as câmeras e recuos para gravação obrigavam todo mundo a sair das suas cadeiras e se espremer em um canto da sala da redação – o mesmo canto que vivia atulhado com cartazes de filmes. Estes, inclusive, brotavam como uma praga no Omelete, inutilizando uma das portas de tanto volume.

Começamos a procurar alternativas pelo bairro, até que conheci o produtor Rodrigo Teixeira, da RT Features. Eles estavam buscando outra empresa para dividir o espaço de uma ampla casa na Rua Bahia – e lá fomos nós, agora equipados com nosso próprio estúdio. A casa tinha sido uma finalizadora de cinema e era equipada com uma pequena sala de projeção, que transformamos em um espaço para gravar. Investimos em mais equipamentos e profissionais de edição e captação, além de um cenário para o programa. E o melhor... a casa ficava bem perto da minha e eu podia levar o Gabagoo, meu buldogue francês, pra trabalhar comigo diariamente. Ele até hoje não pode ver um estúdio em operação que já se instala e relaxa entre tripés e cabos, roncando enquanto gravamos. O bicho era tão popular no escritório que às vezes eu até era surpreendido ao encontrar fotos dele em redes sociais de pessoas que iam ao Omelete dar entrevistas.

A experiência de estar ao lado de gente que faz cinema e televisão foi muito gratificante. Aprendíamos juntos e trocávamos experiências, com grande respeito. Chegamos até a participar de uma cena de *Alemão* e uns anos depois eles receberam um Oscar pelo roteiro adaptado de *Me chame pelo seu nome*.

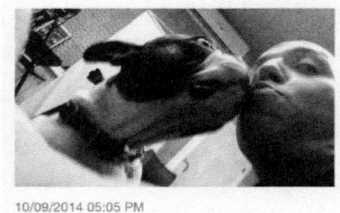

Gabagoo com Gaz Deaves, da Rocksteady Games.

Caio Blat em cena de Alemão *assistindo ao* OmeleTV.

Com essa atmosfera e o talento de novatos no time, como a Carol Moreira e o Thiago Romariz, começamos a fazer mudanças radicais no programa. Ela insistentemente avisava que o nosso *OmeleTV*, apesar de ter sido pioneiro, estava ficando datado diante da nova enxurrada de conteúdo nerd na internet. Brincávamos com a duração, publicações e formatos, observando métricas e mergulhando fundo nos dados, de forma a guiar a nova fase editorial da empresa.

Eu já tinha visto de pertinho como funciona a direção de arte no cinema na minha primeira visita a um set de filmagens. Em 2004, mais uma vez a convite da Warner, fui até a Austrália para ver as filmagens de *Superman: o retorno*.

Do convite à viagem passaram-se uns sete dias – e uma correria para conseguir um passaporte de urgência. Eu estava ansiosíssimo para cruzar o planeta a trabalho.

A viagem durou 31 horas de ponta a ponta, com três escalas e infinitas horas de voo. É engraçado o que acontece quando se faz muitas escalas. Como todas as salas de embarque dos aeroportos se parecem – exceto por um ou outro artigo na Duty Free ou uma marca de cerveja esquisita no barzinho da sala de embarque –, parece que nem saímos do lugar. Cinco horas para chegar a Santiago do Chile? Uísque escocês, cigarros, chocolates suíços e artesanato local. Mais dezesseis até Auckland, Nova Zelândia? Uísque escocês, cigarros, chocolates suíços e artesanato local. Mais três até Sydney? Não faço a menor ideia. Já nem considerava mais as lojas. Eu chegara a um estado de semiconsciência do jet lag, impulsionado por objetivos de curtíssimo prazo. "Passe a imigração", "pegue a mala", "descubra como chegar ao hotel com o mínimo de dinheiro possível".

Houve um grande "apagão" mental dessa viagem por conta da exaustão, mas acordei dele ao descer do trem em Sydney, extremamente mal-humorado pelo sono e com dores no corpo. Até que vi a luz do sol refletida sobre as formas da Ópera de Sydney, um dos cartões-postais mais famosos do planeta. Foi como se a visão lavasse todo o cansaço. Larguei a mala, sentei em um atracadouro e fiquei ali uns minutos, refletindo sobre como meus sonhos estavam acontecendo. Fiquei emocionado naquele banco, absorvendo o momento e tentando me recompor.

Mas o arrepio mesmo veio mais tarde, durante uma caminhada pela cidade, quando me deparei com banners do fictício Museu de Metrópolis enfileirados ao longo da rua mais chique da cidade, a Market Street, que tinha sido usa-

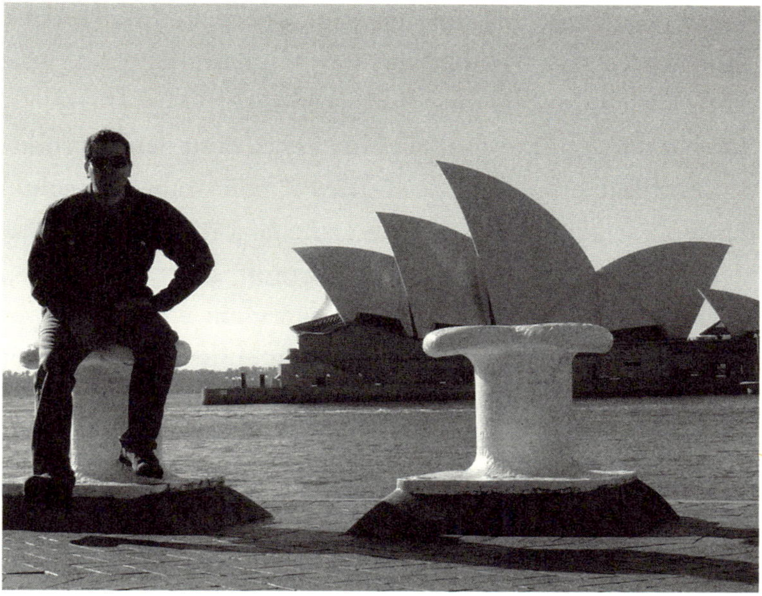

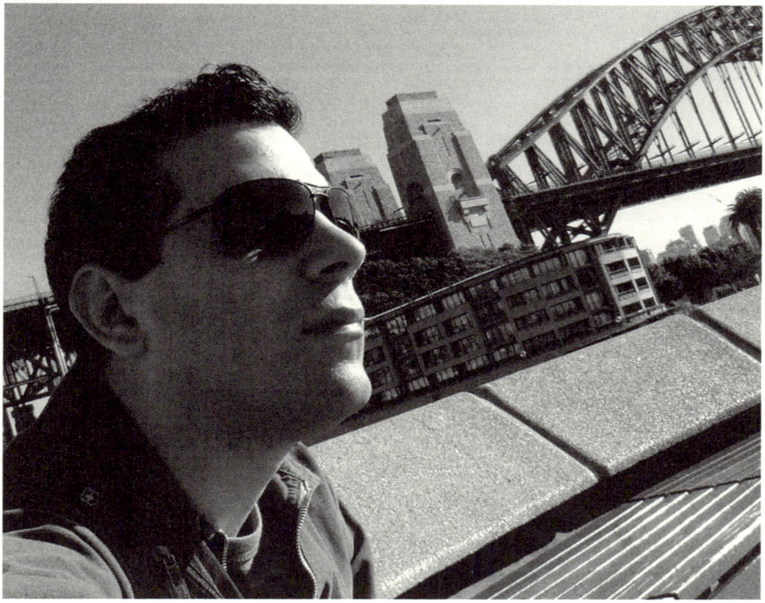

da para uma das cenas do filme do Superman um dia antes. Eu não só estava na Austrália, mas também dentro de uma das mais icônicas cidades dos quadrinhos!

No dia seguinte conheci Guy Dyas, designer de produção do filme e também de *X-Men 2*, cujo trabalho incluiu desde o cartão de visita de Lois Lane no jornal *Planeta Diário* até os destroços do planeta Krypton, sobre os quais eu pude caminhar. Mas fazer uma paisagem alienígena, por mais desafiador que pareça, é mais tranquilo que reproduzir coisas que nós conhecemos e sabemos como funcionam... Daí meu espanto – que lembro com clareza até hoje – quando pude andar pelo set do iate *The Gertrude*, completo com banheira de hidromassagem e sala de ginástica, que foi construído em estúdio. Foi nesse exato local que a tão falada magia do cinema explodiu em meu rosto.

O interior do navio The Gertrude.

Foi fantástico vivenciar como os cenários podem enganar nossos olhos mesmo do lado de trás das telas. Eu tocava tudo, maravilhado. Um corrimão de madeira nobre que era completamente frio ao toque, por ser alumínio pintado. Ou o cristal luxuoso com sensação de plástico barato. Livros falsos, perspectivas enganosas. Tudo é criado para ter o menor custo possível e ao mesmo tempo aproximar-se da realidade – ou transcendê-la.

Uma década mais tarde eu voltaria à cidade – e ao mesmo estúdio – para visitar a Nova York de 1922, quando Jay Gatsby recebia em volta da piscina figuras da alta sociedade misturadas às garotas e garotos fáceis em um frenesi de bebida, boa música e celebridades. Noventa anos depois que F. Scott Fitzgerald imaginou esses encontros em *O grande Gatsby*, subi a bordo do icônico

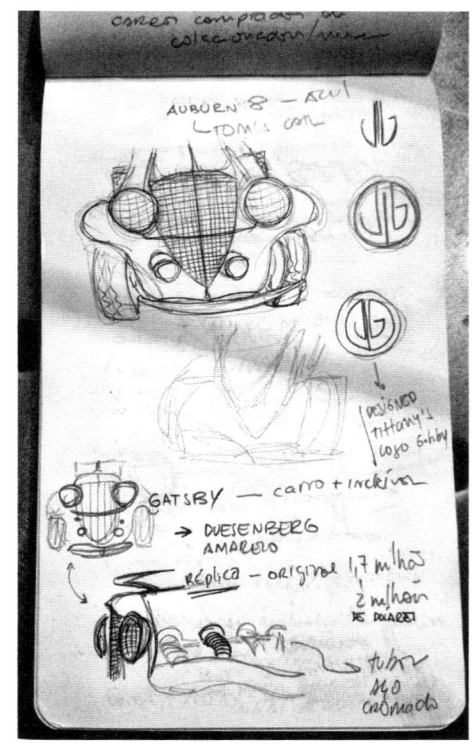

Minhas anotações do set de O grande Gatsby.

Rolls-Royce amarelo-ovo do personagem-título – que rabisquei em meu caderninho de notas – e fui levado até o diretor Baz Luhrmann, que se preparava para filmar a maior cena da adaptação.

Ele rodava em 3-D, então sentei-me em uma tenda diante de um monitor de 50 polegadas, coloquei meus fones de ouvido e óculos especiais e fui imediatamente transportado para a década de 1920. Na cena, duas garotas lindíssimas usavam vestidos brilhantes e seguravam-se pelos ombros nus, olhando para cima, com seus olhos bem marcados de maquiagem, sorrindo diretamente para a câmera. Música eletrônica então explodiu nas caixas de som e modelos dançaram um charleston selvagem, suas mãos crispadas em punhos angulosos que iam e vinham, alternando com as pernas. Homens de ternos, fraques e maiôs (sim, homens usavam maiôs na época) sacodiam-se espasmodicamente em contraste com outros, que boiavam abraçados em zebras infláveis na piscina, bêbados demais para aproveitar a farra da festa, que terminou com Leonardo DiCaprio brindando e virando meme, naquele que foi o set mais alucinante em que já pisei.

O pôster de *O grande Gatsby*, autografado, foi pendurado na redação da nova casa, que tinha mais espaço pra crescer e um clima gostoso. Mas os problemas, até então quase inexistentes, agora começavam a se multiplicar.

Manter o jazz nerd custava pouco. Quase nada. Três carinhas em um apartamento emprestado era uma coisa. Antes da expansão, estávamos ganhando algum dinheiro simplesmente por não gastarmos. Mas agora, com a empresa em ampliação e precisando de um fluxo mensal de investimento para se bancar... a situação era bem diferente. Nossos investidores entraram com o objetivo de crescimento e o departamento comercial virou uma prioridade. E todo mundo tinha metas para bater.

Eu entendia a necessidade de crescimento, não sou louco e estava alinhado com os objetivos da empresa, mas comecei a bater de frente com essa equipe, que não entendia o conceito de essência. Viam oportunidade em tudo o que escrevíamos e se pudessem encheriam as páginas todas com publicidade – o que eu abominava.

Eu tentava defender nossa integridade constantemente – e poupar os nossos leitores de uma enxurrada midiática constante. Mas a paciência não é uma das minhas virtudes... e os bate-bocas foram ficando mais frequentes. Olhando para trás, vejo que a equipe era pouco preparada – e que eu poderia ter sido mais delicado, sem dúvida. Mas alguns ali pareciam não entender que se a gente se vendesse, se a redação cedesse às vontades ciclotímicas do mercado, perderíamos a nossa maior conquista: a credibilidade.

Se por um lado essas brigas geravam desgaste interno, do lado do público o reconhecimento só aumentava. As redes sociais começavam a acontecer pra valer no Brasil e o Omelete entrou e estava interagindo em todas elas; ficamos mais próximos do que nunca dos nossos leitores – que começavam a exibir comportamento de fãs. Eu já era reconhecido na rua com certa frequência, começava a ouvir frases como "Cresci vendo você". Ganhei também meu quinhão de haters, inevitáveis em qualquer história de sucesso.

Mas da mesma forma como relutei em colocar meu rosto diante das câmeras, também via essa mudança em direção às redes sociais com certa desconfiança. Pra mim, reduzir o conteúdo que fazíamos a uma mera imagem ou aos 140 caracteres de um tweet na época era fazer parte de um movimento de simplificação exagerada da informação. Mal sabia eu que em dez anos, em parte graças a isso, nossa sociedade estaria absurdamente polarizada, hipnotizada pelas telas e consumindo cada vez mais bobagem; e o tempo de atenção míngua a cada novo aplicativo da moda.

De qualquer maneira, passamos de apreciadores de criações de terceiros ao papel de inspiração na vida das pessoas, o que eu demorei um tempo para entender claramente – mas que hoje vejo como um enorme privilégio e responsabilidade. Tanto que daí veio a ideia de fazer nosso primeiro evento.

A KingCon aconteceu dentro da mesma Fnac que nos acolheu para o lançamento do *Almanaque do cinema Omelete*. Todas as noites de 24 a 30 de outubro de 2011, reunimos cerca de duzentos fãs e quadrinistas para celebrar a cultura pop. Entre as inúmeras discussões, que criei junto com o quadrinista Rafael Grampá, estavam "O que aconteceu com o quadrinista brasileiro?" (com Fábio Moon, Gabriel Bá, Rafael Albuquerque, Gustavo Duarte e Marcelo Braga), "Farmacologia do diabo" (com Lourenço Mutarelli), "Editores em perigo" (com Douglas Quinta Reis, José Lopes, Claudio Martini, Rogério de Campos e André Conti moderados por João Montanaro), "Eu também curto quadrinhos!" (com J.R. Duran, Carlos Miranda, Danilo Gentili e Chuck

Hipolitho) e uma exploração "científica" se seria possível existir no mundo real um Batman.

Mas a atração que fez mais sucesso foi um *OmeleTV* ao vivo, em que tentamos eleger o maior nerd do universo através de desafios de conhecimento, socialização e habilidades gamers. E houve também o painel "Fala, Troll!" em que cedíamos o microfone para quem quisesse reclamar de nós, contanto que o fizesse na nossa cara e não atrás de um teclado. Ninguém se manifestou, mas soubemos de um sujeito que estava acompanhando o evento na sala ao lado – tinha tanta gente que colocamos uma televisão na porta! – que disse "se eu estivesse lá, participaria", sendo que ele estava a apenas cinco metros da entrada. Não se fazem mais valentões como antigamente, pelo visto.

Os fãs, as experiências com conteúdo fora do mundo digital e a KingCon deram asas ao desejo antigo de realizar um evento estilo "Comic-Con" no Brasil – uma história que começou uns anos antes, com minha primeira viagem a San Diego...

Capítulo 17
CCXP BEGINS

Em 2007, eu e o Forlani juntamos todos os nossos trocados para, depois de sete anos noticiando a San Diego Comic-Con, finalmente viajar até a capital mundial da cultura nerd e sentir o evento na pele.

Marinheiros de primeiríssima viagem, porém, fizemos tudo errado. Ok, conseguimos o credenciamento de imprensa, o que já era ótimo, mas demos mole no infame "hotelpocalypse", tendo que pagar mais de abusivos trezentos dólares pela diária de um quarto que ficava quilômetros distante do centro de convenções. É que a cidade recebe centenas de milhares de visitantes durante a SDCC e simplesmente não há quartos suficientes para todos, então na época criava-se uma fila on-line na qual, até uns anos atrás, você era atendido por ordem de entrada no sistema (nunca dei tanto "refresh" na minha vida).

A grana iria quase que na íntegra aí e nas passagens, então era preciso economizar em todo o resto. Mas fizemos a burrice de não comprar um voo direto para San Diego; em vez disso, fomos para Los Angeles, alugando um carro para viajar os duzentos quilômetros que separam as duas cidades. Mais dinheiro jogado fora... mas tudo bem. Estávamos a caminho da Comic-Con!

Alugamos o carro em Los Angeles no meu nome, pois o cartão de crédito internacional que havia acabado de conquistar dava direito a um seguro. Não foi fácil reservá-lo, já que as locadoras no aeroporto não tinham mais veículos (e não fizemos reserva no Brasil). Sem saber que há um trem ótimo que faz o trajeto em 180 confortáveis minutos, passamos por algumas horas de desespero até finalmente conseguirmos o último carro disponível em uma pequena locadora perto da estrada para San Diego. Colocamos nele as malas, música no iPod, endereço no GPS e pronto! San Diego, aí vamos nós!

Um mísero quilômetro depois, um caminhão de tortillas acertou o nosso carro bem na entrada da estrada.

Eu não sabia que em Los Angeles você pode entrar à direita no sinal vermelho se não estiver vindo outro carro... e parei na avenida. Uns segundinhos depois, "BAM", fomos atingidos. O carro não ficou muito danificado, mas o porta-malas não fechava mais, deixando-nos com um problema desesperador: se retornássemos à locadora perderíamos a grana e o carro, já que era o último disponível. A única solução era mesmo seguir adiante, então decidimos fazer uma gambiarra. Encontramos uns arames na beira da estrada e me enfiei no porta-malas pela abertura no banco de trás. Amarrei a tampa do jeito que deu e ficou firme. Estava bom o suficiente, então resolvemos lidar com o seguro depois.

A viagem transcorreu sem mais problemas. Fizemos o check-in no hotel três estrelas (a preço de cinco), então nos preparamos para o primeiro dia do evento. E já tínhamos entrevistas logo cedo!

Na manhã de quinta, entramos no carro e viramos a chave na ignição. Nada. O motor deu um gemido de morte e tudo ficou escuro. A luz do porta-malas tinha ficado acesa a noite toda, por causa do fechamento improvisado com o araminho, descarregando a bateria.

"A Força é forte em San Diego", falei, enquanto os dois atrapalhados mentalizavam o motor ganhando a fagulha que precisava para explodir. Silêncio. A Força. Pausa dramática... e VROOOM. Odin seja louvado! O carro retornou à vida, nos levando até o centro de convenções. E lá fui eu de volta ao porta-malas para entender onde estava o sensor que apagava a luz e enganá-lo com um teco de chiclete. Deu certo.

Essa talvez tenha sido a Comic-Con mais incrível de que participei. Tudo era novo, empolgante... Havíamos entendido onde ficavam as coisas e conseguimos chegar de madrugada para dormir na fila e garantir que conseguiríamos entrar para ver os painéis na "Sala H", a maior do evento. Além disso, estávamos cheios de entrevistas legais. E festas. Muitas festas! Bati papo com o Neil Gaiman e o Roger Avary, que estavam lá para divulgar a animação *A lenda de Beowulf*, trocamos (breves) ideias com Matt Groening e falamos um tempão com o diretor de *Mandando bala*, Michael Davis. O ruim era chegar no hotel e ter que escrever... mas éramos jovens e empolgados e aquilo tudo era legal demais pra que perdêssemos tempo descansando.

As longas esperas na fila da Sala H rendiam bons programas também.

Sem falar que, entre um compromisso e outro, tive alguns minutos para andar pela feira. Em uma dessas andanças encontrei o estande de George A. Romero. No dia anterior lamentei não ter conseguido assistir à apresentação dele sobre zumbis, pois foi simultânea à de *Lost*. Mas o diretor de *A noite dos mortos-vivos* estava na feira vendendo seus filmes e autografando cartazes e DVDs. Assim, pude trocar rapidamente algumas palavras com ele e deixar meu nerd interior aflorar, com direito a autógrafo e foto. Uns anos mais tarde, encontrei o especialista em efeitos e maquiador Tom Savini no evento e consegui um cartaz autografado de *A noite dos mortos-vivos* também, que mantenho com orgulho na parede da sala de casa.

Lembro-me claramente do nosso último dia, quando estávamos no carro voltando para Los Angeles (com quatro horas e pouco de congestionamento) e o Forlani disse: "Imagina que legal seria se tivéssemos uma dessas no Brasil?" Ficamos pirando sobre como seria...

San Diego nunca mais foi tão divertida. Nosso nível de investimento no evento cresceu demais a partir daí – e a responsabilidade idem. Nos anos seguintes, o Forlani adormecido sobre o laptop virou um cenário comum e a nossa trilha era o despertador de hora em hora pra ter certeza se o upload dos vídeos e fotos estava funcionando na internet de merda dos hotéis. As festas viraram trabalho também – e chegar às sete da manhã nas filas se tornou uma lembrança feliz, depois que passamos a acampar ao relento desde as duas da tarde do dia anterior. Felizmente, havia mais pessoas da equipe para ajudar conforme o mundo todo descobria o quanto a Comic-Con era incrível.

Enquanto entendíamos o evento, suas interações e funcionamento, de volta ao Brasil estávamos consolidando ano após ano nossa relação com os estúdios, que seria fundamental para o que viria a seguir. Nós necessitávamos do conteúdo deles e eles estavam cada vez mais dependentes do tipo de conhecimento que tínhamos, além da relação com nossos seguidores. Com o tanto de filmes nerds em produção, eles precisavam entender como construir aquilo que já tínhamos com as próprias bases, como a de fãs de *O Senhor dos Anéis*, por exemplo.

Essa franquia é particularmente especial pra mim, pois trouxe muita gente ao Omelete pela publicação de artigos especiais e algumas conversas com o elenco, nos nossos primeiros anos. Infelizmente, não fiz nenhuma dessas entrevistas na época, mas em junho de 2012 visitei o set de filmagens da trilogia *O Hobbit* em Wellington, na Nova Zelândia, cidade onde mora o diretor Peter Jackson.

Foi uma das minhas viagens mais queridas, não apenas pelo set (que era incrível), mas pela riqueza da cultura. Estranhamente, me senti muito próximo à cultura mais radicalmente oposta possível da minha: a maori.

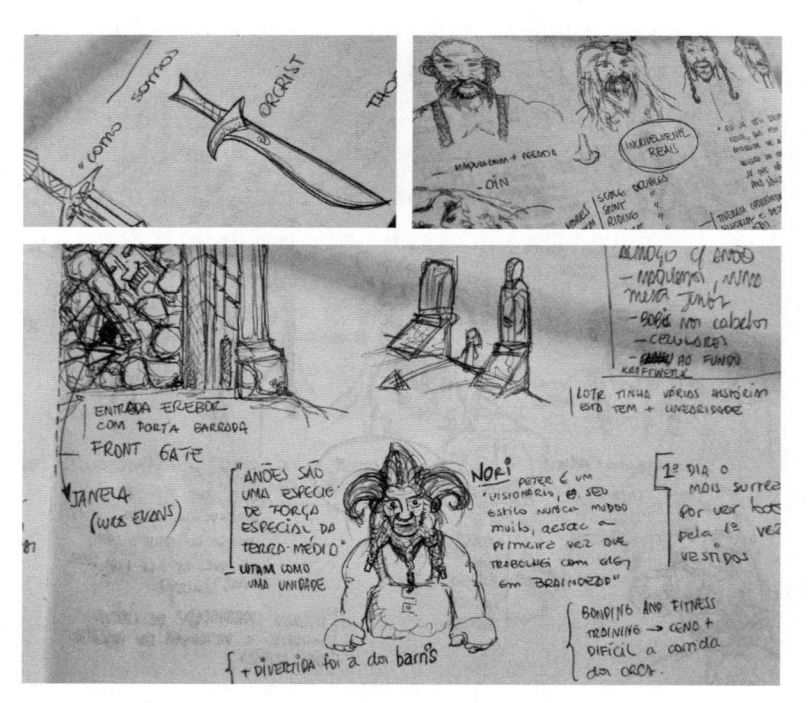

Meus desenhos do set de Peter Jackson preencheram quase todo um caderno.

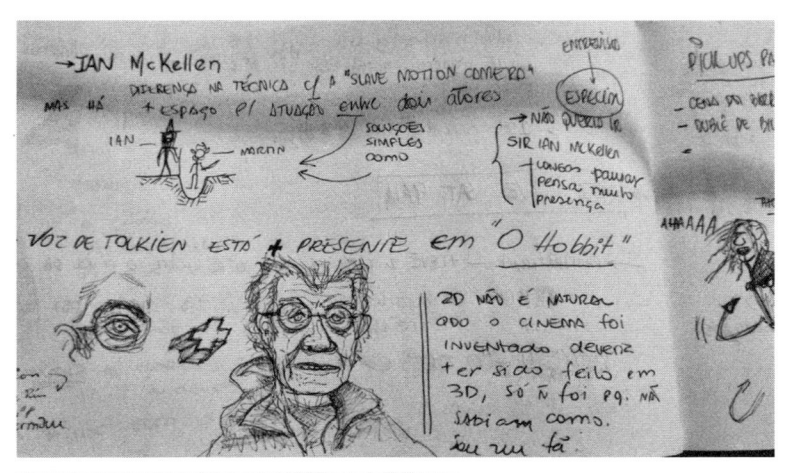

Eu já tinha aprendido que viagens bate e volta pro outro lado do mundo acabam em esgotamento mental e físico, então tirei alguns dias para visitar o país antes dos demais compromissos. Assim, fiz todos os roteiros de cenários de *O Senhor dos Anéis* que consegui, incluindo uma das melhores experiências da minha vida: visitar o Condado – o lugar onde Peter Jackson construiu a vila dos hobbits, que depois foi mantido como atração turística com o auxílio do governo do país. O parque temático fica perto da cidade de Rotorua, onde há um instituto chamado Te Puia, aberto em 1963 para a preservação das tradições e artes maoris. Foi uma jornada espiritual como eu nunca havia experimentado.

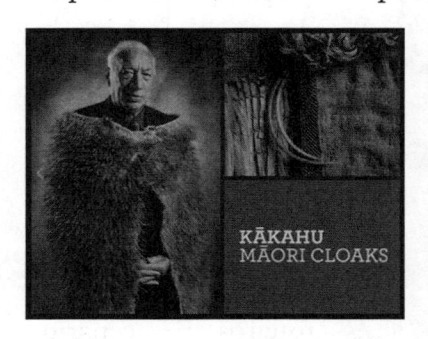

Entre os silenciosos rituais de tatuagem com bambu (que requerem que você vista uma espécie de saia cerimonial para acompanhar), a intimidadora dança de guerra do haka e as canções tradicionais, visitei uma exposição extremamente austera, a *Kākahu – Mantos vivos*, dedicada aos mantos maoris. Para entrar, tive que ser benzido. A fotografia era proibida, assim como qualquer conversa. Andando pelo escuro, no silêncio profundo, li que a atmosfera de respeito absoluto era pela energia dos mortos que estavam ali. Cada manto exposto, de confecção extremamente intrincada, era acompanhado da foto de seu tecelão e uma breve biografia. Na cultura maori, quando você tece um manto, coloca nele sua energia a cada ponto, a cada nó. Transfere a ele sua essência. Então, quando você morre, uma parte sua segue existindo no trabalho. Olhei cada um daqueles mantos como se estivessem vivos. Com reverência. E querendo acreditar naquilo, pois pra mim fazia sentido demais a ideia de que você deve trabalhar ciente de que está deixando energia em cada movimento feito – então, se esse legado vai ficar vivo, você deve honrar sua energia. Não há tempo para trabalhar pelo dinheiro (que deve ser uma consequência), apenas pelo propósito. Pela verdade que você está perseguindo.

Eu me sentia inspirado pelos maoris – os mais teimosos deles, pelo menos –, enfiando minha alma em tudo que fazia no Omelete; arregalando os olhos e mostrando a língua no melhor estilo haka para quem se colocasse no meu caminho. Assim, logo ganhei fama de irascível. Ficava enlouquecido pelo medo de que algo maculasse o que eu havia construído com tanta paixão.

Por isso, o período de desentendimentos com a equipe do comercial foi o que eu mais senti no estômago. Por mais que eu me esforçasse para mudar a minha postura e ficar tranquilo depois, e mesmo que a maior parte da equipe gostasse de mim, vira e mexe o reflexo das brigas desses dois anos volta para me assombrar.

Com o passar do tempo e algumas trocas de pessoal, alcançamos um entendimento mútuo. Esse equilíbrio entre essência e qualidade de venda (e saber o que vender) acabou rendendo ao Omelete seus primeiros anos de retorno financeiro, sem desonrar a relação do site com leitores e com os parceiros que fizemos na indústria – e enfim estávamos prontos para o maior salto de fé da história da empresa.

O desejo antigo meu e do Forlani de fazer um encontro como a Comic-Con de San Diego começou a dar resultado. Depois de anos conversando com empresas produtoras de eventos e ouvindo um monte de "nãos", veio enfim nosso primeiro ano com dinheiro sobrando.

Era 2013 e decidimos fazer aquele famoso "all-in" do pôquer: apostar tudo. O risco era calculado, mas teríamos sérios problemas de caixa se algo desse errado. Além disso, éramos todos novatos nesse negócio, então cada decisão era extensivamente debatida entre os sócios da nova empreitada – que incluíam agora o Renan Pizii da Iron Studios, maior empresário de colecionáveis do Brasil, e o Ivan Costa, curador e agente de quadrinistas, além de colecionador voraz –, usando uma mistura de referências de outros eventos, opiniões de empresas atuantes desse mercado e bom senso. Foi nosso melhor tempo juntos e havia respeito pra cacete envolvido.

Era como planejar uma viagem a um território inexplorado, tendo como única bússola a confiança uns nos outros. Era aquele tipo de inocência otimista que lança expedições ao mar – mas que pode acabar com todo mundo encalhado e congelando no gelo do Ártico. Contratar especialistas para o time não era uma opção na época, já que estávamos arriscando basicamente todo o dinheiro que a empresa havia gerado em catorze anos. Nós nos jogamos.

Eu jamais vou me esquecer de quando anunciamos a CCXP – ComicCon Experience – no início de 2014, meses antes de sua realização, em dezembro. Parte das pessoas reagiu com indiferença, parte com negatividade ("mais um evento de youtubers e dubladores", disseram alguns). Mas a maioria, nossos fãs de verdade, aqueles que nos acompanhavam desde o começo e com os quais tínhamos a conexão que eu defendia tanto, nos apoiaram.

Uma pessoa em particular, cujo nome lamento não ter guardado, fez toda a diferença ao responder um comentário negativo: "E daí se forem apenas youtubers e dubladores? A galera do Omelete pode subir sozinha no palco que eu estarei lá para apoiar. Eles precisam do meu dinheiro pra fazer o evento que eu sei que podem fazer." Pessoa desconhecida, eu te amo. E jurei que não nos apoiaríamos nem em youtubers, nem em dubladores para montar esse evento. Eles seriam celebrados futuramente. Bom, tivemos o Wendel Bezerra (a voz do Bob Esponja e do Goku), como a voz do evento nas propagandas e no sistema de som, pedindo para as pessoas não correrem. Quem não obedeceria ao Goku, né?

Assim, o ano de 2014 foi de uma preparação ridiculamente intensa. Felizmente, eu contava com um apoio como jamais sonhara. Estava começando um relacionamento com uma jornalista que conheci uns anos antes durante uma entrevista de um dos *Velozes e furiosos,* no México. A Nathalia Arcuri e eu ficamos amigos, mas passávamos meses sem conversar – até que nos reencontramos e, para a minha surpresa, ela me chamou para sair. "Uma mulher linda de doer, com a risada de um pirata", minha mãe a descreveu quando se conheceram, sem nem desconfiar que o ímpeto guerreiro da Nathalia era igualmente bucaneiro e que aquela jornalista destemida em poucos anos dominaria os mares da educação financeira no Brasil à frente da própria empresa, a Me Poupe!

Ela tinha um conhecimento profundo de produção televisiva e de palco e me ajudou muito quando fiquei encarregado dos auditórios da CCXP. Na época, eu era o editor-chefe do Omelete e parecia uma escolha lógica para a missão. Só não desconfiava que além do conteúdo e curadoria teria também que aprender sobre logística de camarins, contratação e recepção de artistas, além do funcionamento do auditório como um todo.

Minha referência principal para o palco, claro, era a San Diego Comic-Con. Lá, no famoso "Hall H", os estúdios apresentam seus lançamentos futuros, com uma mistura de material exclusivo e conversas com elencos e cineastas. São 6.500 pessoas impactadas em primeira mão, com o objetivo de iniciar o burburinho sobre produções que estão vindo aí.

Assumi o desafio, e logo demos ao nosso auditório um nome com mais personalidade que "sala H" (que a San Diego Comic-Con usa simplesmente pela sinalização pronta do pavilhão). Nosso auditório seria o "Thunder", o trovão que ecoaria cultura pop no Brasil. Mas dar nome à sala era fácil... projetar e produzir algo à altura dessas ambições era um pouquinho mais complicado.

A lendária fila para o Hall H.

Uma decisão acertada (e meio sem querer, tenho que admitir) foi contratar uma empresa de cenografia, montagem e operação que estava acostumada a fazer shows. Foram eles que apresentaram um projeto que tinha um pouco mais de charme e luzes além do convencional e necessário para a iluminação dos palestrantes, padrão no evento americano. A ideia parecia ótima e de cara começava a nos diferenciar de outras convenções de quadrinhos – ainda que não soubéssemos na época que era o que tanto queríamos.

O orçamento era ínfimo, porém, e soluções baratas – incluindo aí algumas permutas em troca de divulgação no Omelete ou no próprio evento – precisavam ser encontradas para transformar o pavilhão cru do Centro de Exposições Imigrantes (que estava prestes a ser reformado) em uma sala de cinema e debates.

Com uma apresentação cheia de sonhos, saímos para conversar com os estúdios sobre estandes e conteúdo, vendendo a ideia de um encontro de fãs como nunca fora realizado no Brasil. E mais uma vez a credibilidade do Omelete no mercado, pelo trabalho editorial, foi fundamental... e gerou uma união entre estúdios muito mais forte do que poderíamos esperar. Nada como ter criado uma relação de confiança e integridade com essas pessoas durante os anos. Quando a gente precisou, eles estavam conosco.

A sensação era de acolhimento puro. Sabíamos que nossos fãs e parceiros não nos deixariam na mão, mesmo precisando peitar seus chefes e escritórios-matriz – que nada de bom tinham a dizer sobre a ideia de uma "Comic-Con no Brasil".

A resiliência é fundamental para qualquer bom empreendedor ou executivo no Brasil, e nossos parceiros brilharam. Editoras nos apoiaram, lojas especializadas compareceram e, especialmente, a indústria do entretenimento deu seu passo à frente. Aos poucos, os executivos locais dos estúdios foram conseguindo convencer os cabeças em Los Angeles, apoiados por investimentos nossos em convidados internacionais, cujos agentes encontramos cavoucando no Google e com uma ou outra indicação de amigo do amigo. Dava um frio na barriga desgraçado ligar pra eles e receber aqueles montes de contratos, cheios de termos que eu tentava entender. Mas as compensações também vinham à altura... E o primeiro contrato assinado, o de Sean Astin, de *Os Goonies* e *O Senhor dos Anéis*, rendeu um grito de satisfação que até hoje deve estar ecoando no casarão da Rua Ceará... para a qual nos mudamos em 2014, quando nós e a RT não cabíamos mais no sobrado da Rua Bahia.

A nova sede do Omelete era imponente – uma mansão dos primeiros anos do século XX, como tantas outras no bairro de Higienópolis, construída graças às fortunas do café em São Paulo. Centenária, a casa já começou abrigando cerca de cinquenta pessoas – e transformamos o cômodo mais bonito em uma sala de reunião que batizamos de "Sala da Justiça". Logo, claro, começaram as reclamações de funcionários que não queriam ficar até tarde ali, afinal o lugar à noite dava calafrios.

Não dá pra culpá-los. Uma médium disse que ali realmente havia um espírito, o de uma antiga proprietária. Ela estaria incomodada com a movimentação, uma vez que passara anos e anos sozinha. Eu não brinco com essas coisas e me identifico demais com o provérbio espanhol "Não acredito em bruxas, mas que existem, existem". Portanto, questionei se deveríamos fazer alguma coisa. "Deixe umas flores amarelas que ela vai gostar." Passei anos deixando umas flores sempre no mesmo canto da sala em que, supostamente, ela gostava de observar a rua.

Fora os arrepios ao sair tarde do Omelete, com a casa toda apagada, minha única experiência realmente estranha nessa casa foi uma noite em que estava sozinho na minha sala, no segundo andar. Ela ficava em frente ao estúdio, cujas portas estavam fechadas. Eu estava adiantando o trabalho do dia seguinte, e já eram umas dez da noite quando ouvi um barulhão de coisas caindo lá dentro. Abri a porta e... nada. Não havia coisa alguma no chão e o estúdio estava arrumado para as gravações do *OmeleTV*. Fechei a porta e voltei ao trabalho.

Não deu nem um minuto e mais um estrondo ecoou no estúdio. Corri e abri a porta de uma vez. No meio do cômodo, distante uns bons dois metros da prateleira onde estava anteriormente, vi no chão uma máscara do Predador, virada pra mim.

Apaguei a luz, fechei a porta e apanhei minhas coisas, pensando que alguém estava me mandando para casa. Enquanto ia até a porta, me senti observado, e mais um pouco daria pra ouvir aquela estática de quando aparecem criaturas nos jogos da série *Silent Hill*.

Nunca mais vi ou ouvi nada estranho ali – e continuei ficando até tarde, mas sempre com atenção redobrada. Não tinha muito jeito, já que a preparação do nosso primeiro evento era intensa, assim como a expectativa. O que eu tinha mesmo era medo de fracassar – algo bem mais apavorante que um fantasma.

Felizmente, as coisas iam bem. A Warner Bros. foi o primeiro estúdio a fechar uma atração para a CCXP. Parecia um sonho inalcançável para aquela primeira edição: uma exibição de *O hobbit: a batalha dos cinco exércitos*, com direito à presença de Richard Armitage, ator que vive o anão Thorin Escudo de Carvalho no filme. E não seria uma exibição qualquer... mas a primeira em todo o mundo! Obviamente, dissemos que seria perfeito, maravilhoso, etc. Mas se com grandes poderes vêm grandes responsabilidades, com grandes responsabilidades vêm problemas colossais. Uma exibição desse porte exigia projeção com tecnologia de cinema, algo que nenhuma montadora de eventos do país estava acostumada a fazer.

Nessa época, entre ligações chatíssimas sobre vistos, passagens, um vaivém bizarro de projetos técnicos e o desgaste de um sem-fim de imprevistos – mais o estresse do "será que a galera vai?" –, perdi uns cinco quilos. Não comia e estava obcecado. O medo da aposta total no evento estava pesando... e até minha barba começou a ficar branca.

Foi um período de enorme aprendizado, especialmente técnico. Estávamos entendendo na marra como funcionava um evento disruptivo (e esse era só o *meu* lado da equação. Em todas as áreas da CCXP os responsáveis encontravam questões iguais ou piores para resolver).

Arquitetonicamente, o espaço para montarmos o Thunder era uma desgraça também. O teto era baixo, o que permitia uma tela no máximo mediana e um palco baixinho, coisa de quarenta centímetros. Dois pilares no meio do público estragavam a visão, forçando a colocação de telas de LED nas laterais para melhorar a visibilidade (embaixo das quais colocamos um monte de logos de apoiadores, tipo evento coxinha corporativo).

O espaço que tínhamos atendia duas mil pessoas, e não fazíamos a menor ideia se seria suficiente. Quando começamos a planejar, meses antes de ter o primeiro estúdio confirmado, não sabíamos nem qual tipo de conteúdo seria exibido ali, afinal. Era nosso primeiro evento e tudo estava incerto. O tamanho parecia bom... mas estávamos com tanto receio de o público não aparecer que pedimos pra instalar duas paredes de cortina em cabos de aço "cortando" as extremidades da sala. Quando fechadas, a ocupação máxima da sala caía para mil lugares. A ideia era encher primeiro o centro e depois abrir uma lateral, e só depois a outra, para que o Thunder ficasse o mais cheio possível. Coeficiente de cagaço puro.

E por falar em cagaço... no nosso primeiro dia eu estava tão alterado e nervoso que precisei tomar metadinha de um ansiolítico – meu primeiro na vida. Eu nem tinha descido do carro ainda quando me enfiaram o remedinho na boca "pra dissolver sob a língua". Cítaras começaram a tocar na minha cabeça e me senti bem mais confiante e preparado. Aquele 4 de dezembro de 2014 foi um dia de vários debutes... e me lembro até hoje da sensação de chegar de carro pela Imigrantes e ver o banner do evento lá no alto, a representação física de um sonho. Nunca uma lona impressa foi tão linda para mim.

Eu mal poderia imaginar que a minha cortina precisaria ser fechada uma única vez, tamanha a disposição do público em participar das apresentações. O Thunder, afinal, só amanheceu menor no último dia do evento, já que a première de *O hobbit* seria restrita para oitocentas pessoas – a pedido do próprio Peter Jackson. Esse foi o segundo suadouro que o diretor me deu, já que faltando semanas para a CCXP ele solicitou que a sessão fosse exibida... em 3-D! E lá fomos nós trocar tela, encontrar projetores para projeção 3-D (eu fiquei em choque com o tamanho deles) e criar uma operação para a distribuição de óculos, que precisavam ser devolvidos no final, sendo que boa parte do público permaneceria na sala para os painéis seguintes. Pois trocamos a tela, encontramos o parceiro e, junto com a Warner Bros., fizemos uma operação de troca dos óculos por um card comemorativo da primeira exibição do filme no mundo! Número de óculos perdidos? Zero.

Uma única história me entristece ao pensar nesse dia.

Estávamos adaptando espaços do Centro de Exposições Imigrantes para as nossas necessidades e transformando espaços vazios em uma sala de espetáculos. E isso incluía áreas que só a galera do backstage via: salas operacionais e de recepção para artistas, outra coisa que ninguém ali havia realizado antes. Pegamos uma sala de reuniões e a dividimos com tecido colorido em "green rooms" – outro termo que aprendi em 2014 – para que os convidados pudessem descansar e esperar suas atividades. Era tosco demais, supercafona... mas até que funcionava. Felizmente, descobri depois, já era um pouco melhor do que o usado nos eventos do exterior. Mesmo assim, era como entrar em um labirinto-pesadelo de cubos mágicos.

As salinhas de descanso eram passáveis. O problema mesmo eram os banheiros. Essas salas não tinham sanitários anexos e tivemos que contratar os de tipo químico. Os que conseguimos pagar eram melhores do que os azuis e verdes de Carnaval, mas ainda assim, zoados.

Fiquei preocupado, então pedi pra colocarem umas florezinhas dentro e um *pot-pourri* pra dar um cheirinho e tal. Ficou decente e me assegurei de que eles se manteriam assim colocando um funcionário de limpeza plantado ao lado deles, limpando a cada uso! Eu não brinco com banheiro e não faço cocô fora de casa ou de ambientes controlados (*meu* quarto de hotel, por exemplo) desde que tirei as fraldas, então o assunto é sério pra mim.

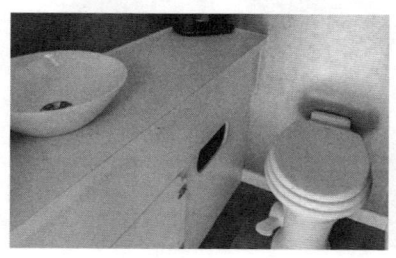

Estava dando tudo certo até o domingo. A primeira apresentação do dia foi justamente a exibição d'*O hobbit*. Em algum momento, porém, a entrada de Richard Armitage passara do fim do filme para o começo, como uma introdução às dez da manhã. Assim, todo o staff de camarins aguardava o elegante britânico logo cedo... exceto a pessoa da limpeza, que não fora avisada. Até aí, tudo bem. Os banheiros terminaram o sábado limpíssimos, dentro do planejado. Não era assim tão necessário limpá-los antes do primeiro uso do dia, certo? Catastroficamente, porém, o banheiro externo não fora trancado naquela noite. Externo, aberto e cheirosinho, ele viralizou entre as equipes de manutenção da madrugada, tornando-se um verdadeiro oásis para qualquer tipo de urgência fisiológica. Vulnerável, o lugar ficou em uso contínuo durante a madrugada – e em algum momento parou de funcionar. Mas não de ser usado.

Nove e meia da manhã do domingo. Eis que chega o belo Thorin, do alto de seu 1,89 metro, para trabalhar. Antes de entrar no palco, decide passar no banheiro. E o que ele viu e sentiu ali, trancado no cubículo do terror, deve ter reduzido a ameaça do dragão Smaug a uma lagartixa. Como bom inglês, ele sai elegante e nada fala. Um assessor entra em seguida, porém, e logo sou notificado, para minha eterna vergonha, sobre o estado do banheiro.

Nunca mais deixei de fazer um checklist de operação antes de começar o dia.

Banheiros à parte, igualmente desafiadora foi a Disney. Com seus padrões de qualidade, a empresa também exigiu um grande esforço da equipe para calibrar tudo e deixar a operação redonda. Em eventos com pré-estreia que contarão com a presença de pessoas envolvidas na produção do filme, como era o caso de *Operação Big Hero*, a norma da empresa exige que técnicos especializados em projeção acompanhem a montagem e testem tudo previamente. Então, logo na nossa viagem inaugural por esse universo, tínhamos uma equipe gringa aqui medindo tudo. Um profissional calado andava pelos cantos do Thunder segurando medidores de áudio e conferindo milimetricamente os padrões do que era projetado na tela.

Para o meu alívio, passamos nos testes. Don Hall, codiretor do filme, e Roy Conli, produtor, subiram ao palco no sábado, 6 de dezembro de 2014, inaugurando uma tradição de pré-estreias de animação da Disney na CCXP e deixando um de nossos primeiros grandes elogios. "Isto é uma Comic-Con de muita classe, de nível internacional", me disse Conli.

O palco modesto funcionava. A projeção estava bonita e não tivemos nenhum problema técnico grave. Nessa primeira edição, fizemos o "Juramento Goonie" com o Sean Astin e recebemos Rebecca Mader (de *Once Upon a Time*, que acabou se tornando uma grande amiga), Jason Momoa (antes de ser Aquaman, mas já cheio de uma atitude "pirata" que deu trabalho para a produção quando ele resolveu andar pelo meio do evento), Édgar Vivar (o Sr. Barriga de *Chaves*, um fofo), a turma do Porta dos Fundos, Mauricio de Sousa (sendo ovacionado pelo nosso público pela primeira de muitas vezes), os produtores Brad Fuller e Andrew Form (que levaram ao painel da Paramount novidades de *O exterminador do futuro: gênesis*, cujo set eu havia visitado) e tantos outros nomes – especialmente técnicos, produtores, escritores e quadrinistas. E um dos meus convidados favoritos me proporcionou um dos primeiros momentos de certeza de que estávamos fazendo o trabalho direito...

Jim Morris, o presidente dos estúdios Pixar, foi apresentar o filme *Divertida Mente*, também no sábado. Ele estava comigo nos bastidores de terno alinhado e tablet na mão, repassando suas anotações uma última vez, quando pontualmente às 16h30 ouviu-se um urro entusiasmado vindo da plateia. Ele se assustou, e eu também, afinal era o tipo de reação que o nosso público demonstrava quando convidados muito carismáticos entravam no palco... Aturdido, ele me perguntou o que estava acontecendo. "Não era minha vez?", disse. E lá fui eu descobrir, com o coração batendo forte. Espiei o palco esperando o pior...

Vazio. Estava voltando meio perplexo pro backstage quando entendi o que havia causado o frisson.

"É o logo da Pixar na tela", contei pro executivo, que ficou branco e voltou a ler rapidamente suas anotações, dois minutos antes de entrar.

Esse momento de amor extremo por uma marca concretizou algo que até ali eu só sabia em teoria. Que a nossa comunidade era a mais apaixonada do mundo – e que poderíamos contar com ela para entregar o nível de emoção que traria mais e mais pessoas ao evento nos anos seguintes. Naquele palco, estávamos transformando produtores, especialistas em efeitos especiais e diretores de animação em astros do rock.

As reações emotivas não se restringiram a quem estava na plateia ou em cima do palco. Executivos dos estúdios, que passaram meses brigando com seus chefes por conteúdo e implorando por convidados, certos do sucesso do evento e nos apoiando a cada passo, também choravam emocionados pelos corredores. Ao final do sábado, alguém me ligou desesperado para entender o que havia acontecido no painel da Disney, pois uma das diretoras estava aos prantos sentada na escada. Fui correndo descobrir. Era felicidade e orgulho.

Eu também chorei. Muito. A emoção de realizar algo nessa escala, de entreter as pessoas assim, respeitando criadores e criações, e conseguir realizar algo que um ano antes eu desconhecia completamente era intensa demais. A primeira vez que as lágrimas escorreram pelo meu rosto depois de tanta adrenalina da montagem foi durante a exibição do curta *O banquete*, que vinha antes de *Operação Big Hero*. Assistir a um filme da Pixar já é motivo suficiente para chorar, mas ali, na exibição que eu estava comandando, era muito mais intenso. Desci da base de projeção pra me esconder em um cantinho escuro sob a estrutura, tentando conter a emoção enquanto o cachorrinho protagonista via seu dono entristecer-se depois de um divórcio. Eu estava indo bem, me segurando enquanto o filminho caminhava para seu fofíssimo e emotivo desfecho. Eu ia conseguir...

Mas então surgiu Nathalia Arcuri, com quem eu havia começado a namorar uns meses antes. "E ele parece o Gabagoo", disse ela, comparando com a voz embargada o cachorro da tela e o nosso. Choramos. No domingo, o público se recusava a ir embora. Dançavam pelos corredores, desejando que aquele fim de semana especial durasse mais tempo. Eu e o Forlani celebramos abraçados com nossos sócios, em um dos momentos mais felizes de toda a minha vida. Todo mundo chorava. Havíamos conseguido.

No entanto, as lágrimas do segundo ano de CCXP teriam um gosto bem diferente.

Capítulo 18
PÂNICO NA CCXP

Toda banda que estoura demais no seu primeiro álbum enfrenta a crise do segundo. Afinal, os fãs criam uma expectativa quase irreal sobre o que virá a seguir. Com o sucesso da primeira CCXP, eu me sentia um pouco assim. O evento tinha sido absurdamente positivo, repleto de momentos que ficarão pra sempre comigo. O segundo álbum, portanto, não poderia desapontar – mas era meio inevitável que o fizesse. A sorte de principiante acontece uma vez só...

Enquanto o evento não chegava, eu me ocupava com a contratação de artistas. Havíamos estourado (e muito!) o nosso orçamento em 2014 com imprevistos e adicionais; assim, controlar os gastos na segunda edição era importante. Como uma das linhas na planilha que mais pesou foram os vistos de trabalho para os convidados, optamos por fazer um esforço maior nesse lado. Afinal, era apenas um pouco de burocracia, certo? Dava pra economizar aí...

O acompanhante de um dos convidados de 2014, que veio por conta própria, me recomendou com convicção uma empresa em Los Angeles, que havia conseguido tirar o visto brasileiro para ele sem qualquer estresse e por um valor excelente. Ele nos colocou em contato e conversamos. Um pacote de vistos foi negociado e a empresa nos detalhou seu processo de trabalho, que parecia bastante profissional. Tudo tranquilo e indo tão bem que decidimos solicitar também os vistos dos quadrinistas por essa empresa.

Um dos maiores problemas que eu enfrentava com os convidados eram os prazos. Quando você depende de que as pessoas preencham formulários de solicitação de vistos, enviem cópias de seus passaportes e fotos para o visto respeitando as regras do governo brasileiro (fundo branco, sem óculos, cabelos para trás, olhando para frente, sem sombra, etc.), a única certeza é que eles não vão enviar até o último instante possível. E mesmo que você cobre agentes diariamente, respostas como "ele está gravando no set em Timbuktu e sem acesso à internet" começam a virar padrão. E os dias passam…

Depois de muita pressão, enfim consegui recolher e encaminhar dezenove passaportes para nosso agente… indicado, seguro e competente. Ele tinha um mês pra cuidar de tudo. Estávamos dentro do prazo.

Minha barba ainda era preta nessa época, exceto pelos fios brancos adquiridos na CCXP14. Mas essa situação dos vistos a tornaria mais grisalha…

O agente começou a me enrolar. Muito. E o prazo estava passando. Eu ligava duas vezes por dia pra ele – e o fuso horário de seis horas para Los Angeles me forçava a trabalhar ativamente na madrugada, quando todos por lá estavam finalmente me dando retorno. Foi durante uma dessas ligações que eu descobri que a empresa não estava mais em Los Angeles, mas em São Francisco, o que não fazia sentido algum. Comecei a procurar ajuda, pois estávamos perdendo toda a margem de manobra nos prazos. Dois dias a mais e *nenhum* dos nossos convidados conseguiria vir para a CCXP15. Minha carreira estava em risco. Minha empresa estava em risco. Tudo estava em risco. Eu tremia.

Era uma sexta-feira quando pedi ajuda de joelhos à empresa do ano anterior – a que era supercara, mas fazia acontecer. Eles investigaram e me indicaram uma terceira empresa nos Estados Unidos, pela urgência e desespero dos prazos. Uma ligação depois, descobri que nossa indicação na verdade era apenas um cara e que ele fora *banido* do consulado brasileiro em Los Angeles depois de uma briga. E ele havia se mudado para São Francisco para acessar outro consulado – que jamais conseguiria operar dentro dos nossos prazos apertados. Os novos agentes me deram então a notícia de que, se eles recebessem os passaportes na segunda-feira, ainda havia esperança. Só precisava da colaboração de um sujeito que eu havia acabado de descobrir que era um malandro e que estava com todos os passaportes de dezenas de estrelas de Hollywood e de seus acompanhantes.

Eu estava ferrado.

Liguei pra ele na sexta à noite, conjurando todos os deuses que conhecia e mais uns aos quais me converti naquele dia. Minha alma certamente será dividida entre vários infernos depois disso.

Temendo pelo pior, precisei encontrar uma cara de pau inédita. Com toda a calma do mundo, expliquei que entendia o que estava acontecendo e que sentia a dor dele; mas eu precisava muito encaminhar os passaportes para outra empresa e que ele – como compensação pelo que havia passado, pobrezinho – poderia ficar com todo o dinheiro que adiantamos se conseguisse colocar os documentos na transportadora naquele mesmo dia. Ele aceitou. Temporariamente, eu respirei. "Mas são 17h40. Faltam vinte minutos pra transportadora fechar e a loja mais próxima fica a uns trinta minutos daqui. Eles não abrem de sábado", me disse o sujeito.

"Run, motherfucker. Run."

A partir daqui conto o relato em segunda (e exagerada) mão, conforme me foi narrado pelo agente, que de causador de uma das maiores dores profissionais tornou-se meu herói particular nesta história de redenção digna de cinema.

Vou chamá-lo de Barry, em prol da fluidez da narrativa – e ele merece um apelido de peso e velocidade agora: um nome de Flash.

Barry reuniu os dezenove passaportes de uma só vez. Divididos em várias pastas, recheadas de formulários preenchidos e fotos de vistos reveladas. Trôpego, porém determinado, ele abriu a porta do apartamento recém-alugado em São Francisco e saltou para dentro do carro, já acelerando pelas colinas da cidade. A cada morro, podia-se avistar os amortecedores conforme o veículo deixava o solo, atingindo em seguida a segurança do asfalto. "Vai garoto", disse Barry ao carro, com o pé no acelerador e a mão esquerda no volante enquanto a direita segurava as pastas no lugar no banco do passageiro. Os minutos passavam velozmente, mas Barry seguia conquistando quilômetro a quilômetro, certo de que daria tempo. A loja da transportadora surgiu ao longe. Eram seis horas e uns quebrados. Barry correu com as pastas sob o braço, largando o carro semiatravessado na calçada.

– Encomenda urgente! – bradou com o peito cheio da adrenalina.

– O último caminhão acabou de sair – disse o atendente, aliviado pelo início de seu fim de semana enquanto fechava a janelinha do guichê.

– Faz quanto tempo? – insistiu Barry.

– Dois minutos – cuspiu o atendente enquanto sumia em direção ao seu descanso.

Barry respirou e tomou ali a decisão que o tornaria uma lenda nos bastidores da CCXP. Despiu-se do briguento sujeito que fora expulso do consulado brasileiro para sempre, empertigou-se e olhou em direção ao sol poente. São Francisco começava a esfriar, mas ele nada sentiu. "O próximo posto de coleta fica a dez minutos daqui", pensou rápido, enquanto os pistões do carro já explodiam com a energia da combustão. Homem e máquina agora eram um, carne e metal voando em um borrão de determinação pela via expressa.

O caminhão da transportadora fora ultrapassado. Era uma mera lembrança desaparecida do retrovisor quando Barry desceu do carro que estalava alto com o esforço. As botas de couro tocando o meio-fio passo a passo até a porta da transportadora.

Fechada.

"Não por muito tempo", pensou o agente ao esmurrar o vidro. "Eles vão me atender."

E de fato atenderam.

***

"A águia pousou", ouvi ao celular, incrédulo da minha sorte e com lágrimas nos olhos na madrugada de sábado. Eu já estava procurando passagens para São Francisco para resolver pessoalmente minha cagada amadora, quando soube que os dezenove passaportes chegariam à nova empresa na segunda de manhã. Meus músculos doíam de tensão.

Com os documentos em mãos profissionais, os vistos saíram a tempo. Alguns chegaram às mãos dos viajantes apenas horas antes de seus embarques, o que certamente contribuiu para minha degradação física e mental naquele ano.

Todavia, o pior ainda estava por vir. Estamos falando de eventos, pessoal. Essas entidades têm vida própria, rezam para Loki e se divertem procurando maneiras de fazer tudo dar errado, para poderem rir dos organizadores depois.

Como todas as áreas da CCXP, o sucesso do Auditório Thunder em 2014 exigia algo ainda melhor para 2015. Havia até mais responsabilidade, já que o número de convidados – e sua notoriedade – aumentaria bastante, assim como as necessidades técnicas dos estúdios. Receberíamos, afinal, os atores Adam Sandler, Taylor Lautner, Evangeline Lilly, John Rhys-Davies, Terry Crews, Krysten Ritter, David Tennant e Misha Collins, o figurinista Michael Wilkinson (de *Batman vs Superman*), o cantor e quadrinista Gerard Way, o elenco de *Sense8*, o escritor Timothy Zahn (autor da *Trilogia Thrawn*, de *Star Wars*) e o produtor de *O despertar da Força*, Bryan Burke. Sem falar nos diretores Peter Sohn (que foi ovacionado pelo público após a exibição da pré-estreia de *O bom dinossauro*) e Anthony Russo, de *Capitão América: o Soldado Invernal* (que anos mais tarde

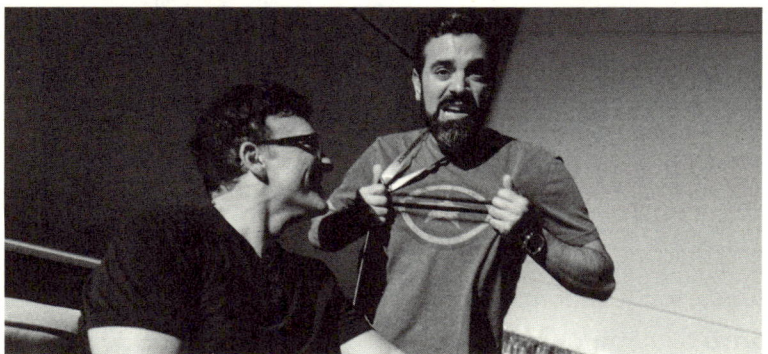

John Rhys-Davies, os Sense8 (Aml Ameen, Jamie Clayton e Alfonso Herrera), Evangeline Lilly e Anthony Russo; em registros de Daniel Deák, o fotógrafo oficial da CCXP, que provavelmente é a pessoa que mais me fotografou na vida!

assinaria com seu irmão Joe o maior filme em bilheteria de todos os tempos, *Vingadores: Ultimato!*). UFA! Nada mau para um evento em sua segunda edição!

Outro nome confirmado era Frank Miller, um herói pessoal e ladrão de moluscos. O cara que escreveu *Batman: O Cavaleiro das Trevas*, e com quem eu já havia me encontrado brevemente uns anos antes, no set de *300*, uma das três memoráveis filmagens de Zack Snyder que visitei (as outras foram *Watchmen* e *Sucker Punch*). Miller viria ao Brasil como convidado de honra da CCXP. Gostou tanto que voltou em 2016 e 2019, quando dividimos o palco.

O line-up estrelado de 2015 exigia um auditório maior do que o anterior – coisa que não era possível fazer, pois o pavilhão do Centro de Exposições Imigrantes estava em obras, tendo sido parcialmente derrubado para dar lugar ao novo São Paulo Expo – que usaríamos a partir de 2016. Sabíamos da reforma, mas, novatos, não entendíamos o quanto ela nos prejudicaria.

O espaço disponível era exatamente o mesmo do ano anterior. E como poderíamos aumentá-lo? Os pilares atrapalhando a visão eram os mesmos, assim como o formato do lugar. A solução veio de forma tecnológica: nossos fornecedores de projeção, que mais uma vez trabalhariam em formato de permuta, chegaram com algo inédito no Brasil: projeção simultânea de cinema digital em três telas, com três projetores.

Ora, a primeira sessão de cinema da minha vida, uns trinta anos antes, no Cinespacial, tinha três telas e era projeção com filme. Então, por que não ter isso digital na CCXP? Confiei.

Com as três telas distribuídas no espaço, seria possível aumentar o número de cadeiras de 2.000 para 2.500, já que mesmo quem estaria atrás de um pilar poderia ter boa visão de uma das telas laterais, que teriam o mesmo tamanho e qualidade da central. Eles garantiram que a novidade funcionaria perfeitamente, que já tinham testado e tudo correria bem.

Também montamos nossa primeira arquibancada, para melhorar a qualidade do auditório. Parecia que teríamos mais um ano perfeito. Mas os deuses dos eventos decidiram nos testar.

Nos últimos dias de ensaio no auditório, constatei que o trabalho ali rapidamente se tornara grande demais para mim. A montagem fora caótica e as três telas não funcionavam com a projeção de cinema conforme prometido, apenas como espelho de tela dos notebooks. E quase todo o nosso conteúdo principal era de cinema, cuja projeção digital envolve um complicado processo de criptografia para evitar cópias e exibições não autorizadas. Estávamos virando noites tentando fazer a coisa acontecer... sem sucesso. Acabaram os ensaios e em poucas horas o público entraria pelas portas. Eu não tinha ideia do que fazer – e enquanto isso eu escrevia roteiros, tentava organizar conteúdo e torcia pelo melhor.

A CCXP15 começou numa quinta-feira, 3 de dezembro, também conhecida como meu aniversário. O primeiro painel começou às 13h30 e era sobre as "Pegadinhas" do SBT, com o saco de pancadas oficial da TV aberta, Ivo Holanda.

Começou com tudo certo. A câmera funcionava bem nas três telas e o auditório estava confortavelmente cheio. Até que a luz oscilou.

Chuvas torrenciais transformaram a terra da obra do lado de fora do pavilhão em lama, o que gerou dificuldades operacionais (felizmente, fizemos um túnel de quase um quilômetro de tendas para proteger o público nas filas). E pior... uma das paredes do pavilhão simplesmente não estava lá quando chegamos para a montagem: fora derrubada e substituída por barreiras de tecido, que deixavam parte do evento exposto. Não havia muito o que fazer, além de trabalhar com essa realidade úmida, para o nosso desespero e reclamações dos expositores.

Era o primeiro dos quatro dias em que o pavilhão foi um festival de goteiras, algumas inundações pontuais e falta de luz. A equipe corria para resolver problemas em todos os cantos, enquanto o público se divertia apesar de tudo. Fomos o último evento a utilizar o pavilhão antes de ser fechado para o fim da reforma e reinauguração e isso deixou marcas na alma de todos que operaram a CCXP naquele ano, tenho certeza.

Com isso, nosso gerador do auditório parou de funcionar e começamos a usar a energia da rua – o que é considerado perigoso para equipamentos sensíveis. Em minutos alguém entra nos bastidores e alerta: "Incêndio."

Meu corpo jorrava adrenalina. "Onde?", perguntei. E fui informado que o cabo do gerador externo que nos alimentava, a cinquenta metros dali, estava soltando fumaça. Não era um incêndio... mas um dos exageros absurdos que chegam nos "telefones sem fio" que são as comunicações de evento. O fornecedor da parte elétrica decidira ignorar nossa planta técnica e, por preguiça, colocou um gerador bem maior, pra não "correr riscos". O problema é que ele esqueceu de trocar a dimensão do cabo de alimentação, que acabou esquentando. De qualquer maneira, o estrago estava feito. Os equipamentos de projeção que já não funcionavam direito pararam de vez, com uma placa queimada. Seriam necessários dias para refazer as ligações – e eu tinha apenas minutos. Seguimos o dia em amadorismo puro, com sincronizações manuais de conteúdo (que obviamente ficaram porcas), desespero dos operadores e um diretor (eu) despreparado para o pior.

A quinta-feira terminou com um estúdio extremamente decepcionado com a qualidade do que apresentamos. Os demais estavam chegando e não faziam a menor ideia do que encontrariam. Eu precisava fazer algo logo – a essa altura a equipe dava sinais claros de desespero. Brigamos durante a noite toda, até que tive uma ideia... que só posso descrever como criminosa. A projeção central de cinema estava perfeita. O problema eram as telas laterais, que não tinham sincronia de imagem com a central. Com isso, era como se três filmes diferentes fossem exibidos ao mesmo tempo – com o som de um só. Mas a projeção de notebooks funcionava corretamente e as câmeras vinham desses computadores. E se nós filmássemos a tela central, de cinema, e projetássemos essa filmagem nas laterais?

Seria igual ao *Bambi* do Cinespacial... um projetor e um jogo high-tech de espelhos. Pedi para arrumarem as melhores câmeras disponíveis, calibramos as cores delas e o resultado ficou bastante razoável. Havia sincronia, pelo menos. E compensamos com sucesso o contraste de cores nas telas laterais. Eu basicamente criei uma operação de pirataria ao vivo no meio da madrugada, no mais puro desespero.

A sexta transcorreu bem. Apesar do nervosismo geral e da tensão do dia anterior, os painéis aconteceram sem problemas e a gambiarra aguentou. Mas um novo teste estava se aproximando – e dessa vez era de conteúdo. O painel de *Jessica Jones*, que tinha David Tennant, precisava ser encurtado por conta de uma mudança de planos informada por um dos agentes dos artistas. A questão é que metade do público era formado por fãs de *Doctor Who*, que estavam ali apenas para ver o ator que encarnara o Doutor por três temporadas. Eu fora avisado que receberia um sinal na hora de encerrar a conversa – e estava no palco com os dois protagonistas da série não fazia nem quinze minutos quando a cortina lateral do palco se abriu e uma representante passou a palma da mão aberta horizontalmente na altura do pescoço. "Corta", li em seus lábios. Puxei mais um minutinho e ela ressurgiu, mais enfática. Eu tinha que encerrar. E foi o que fiz, para o desgosto do público.

Fiz a besteira de entrar nas minhas redes sociais na sequência – e descobri que eu me tornara o inimigo público número 1 dos "whovians". Que eu era um merda, que havia decidido encerrar o painel apenas para confrontá-los. Uma horda em meu encalço e pouquíssimas vozes em minha defesa. E eu não podia contar a eles o que tinha acontecido, a pedido dos responsáveis. "Segure essa pelo time", ouvi de um dos agentes. Fiquei chateado demais, em parte por entender os fãs e em parte por eles realmente acharem que eu havia decidido encerrar pois "não entendia os fãs". Justo eu.

O dia terminou mal, mas ainda pioraria muito.

Entra em cena um técnico que a Disney tinha trazido dos Estados Unidos para cuidar da qualidade de projeção dos conteúdos deles. Elegante, experiente, clínico e todo equipado, ele chegou em silêncio, olhou a gambiarra e em quinze segundos me perguntou o que estava acontecendo. Expliquei como pude.

– Isso é inadmissível. Em todos os meus anos de profissão, nunca vi algo assim. Isso está uma merda e você deveria ter vergonha – falou com o dedo em meu rosto.

Respirei fundo. Contei até dez. O desespero bateu, mas consegui dominar. Eu estava aprendendo sobre administração de crises conforme elas se enfileiravam.

– Eu sei. E lamento muito. Respeito demais seu trabalho, os cineastas e a empresa que você representa – falei. E tive clareza do que fazer a seguir.

O único conteúdo de cinema que eles iam apresentar era a pré-estreia de *O bom dinossauro*, que seria a primeira atração do dia. Então abrimos com o auditório reduzido. Eu me sentei em cadeira por cadeira para garantir que todos os lugares disponíveis tivessem boa visibilidade da tela. Quando o filme terminasse – e o conteúdo migrasse para as apresentações dos computadores –, encheríamos os assentos remanescentes. Ele aceitou.

Os ensaios seguiram – e Bryan Burk, na época sócio de J.J. Abrams na Bad Robot, reparou nos meus testes. Conversamos sobre tudo o que estava acontecendo.

– Precisamos de gente como você na produtora, se um dia quiser – me ofereceu. Aquela validação foi importante, me deu alguma força. Mas ao final do sábado outra maior chegaria.

Consegui ir para o hotel quase uma da manhã. Tomei banho e me recompus. Estava exausto, abalado, triste e me sentindo uma farsa. Mas tinha mais dois dias pela frente. Precisava descansar. Dormi um sono nervoso.

Acordei às 2h30 de um pesadelo horrível. Estava banhado em suor e tremia. Corri para o banheiro e comecei a passar mal e sentir algo que nunca mais experimentei na vida. Eu me sentia dividido. Metade do meu cérebro me pedia: "Fuja daqui – pegue seu cachorro, sua esposa e vá embora. Não olhe para trás. Salve-se." A outra metade estranhava. "Esse não sou eu. Eu nunca desisti de nada. Quem é esse?" Eu me sentia possuído – e comecei a chorar em desespero. Felizmente, a Nathalia estava no hotel comigo. Acordou e me fez abrir a porta. Seus superpoderes de desfodedora da nação, coach das massas e heroína das finanças foram aplicados. Ela passou duas horas me acalmando. Fui retomando a razão depois do primeiro e único ataque de pânico que já tive. E, graças ao amor da minha vida, entendi o que eu tinha que fazer: pedir ajuda.

Aguardei mais uma hora e mandei mensagens para todos os meus sócios. Precisava de alguém comigo para cuidar das filas e da organização dos lugares, para que eu pudesse me concentrar exclusivamente na minha função principal: garantir que o conteúdo fosse corretamente exibido. Eles apareceram. Nosso time na época era muito unido.

O sábado aconteceu. Todo o material foi entregue. Chegamos ao fim do dia nos arrastando, mas felizes. Eu rastejava para fora dali quando alguém segurou meu ombro. Era o técnico da Disney. Ele estendeu a mão e apertou a minha. Agradeceu e pediu desculpas.

– Fui duro demais com você ontem e agradeço pelo que você fez hoje aqui.

Eu me desculpei novamente, agradeci e aceitei suas desculpas. Mas, ainda segurando sua mão, pedi que ele me fizesse uma promessa:

– Você vai voltar aqui ano que vem.

Capítulo 19

OMELETE VS. CCXP

Me senti mastigado e semidigerido depois da CCXP15. Tanto que passei uma semana em Paraty dormindo e me recuperando depois de sair da barriga do monstro. Depois do breve descanso, porém, entendi que uma vez que você entra para o mundo dos eventos, não tem mais saída. O trabalho se torna um vício – e comecei a planejar meu reencontro com essa criatura chamada CCXP em um ano que começou esquisito, mas terminou com "cheiro de vitória", para citar a memorável frase do tenente Kilgore em *Apocalipse Now* que durante alguns anos foi minha assinatura de e-mail.

Na vida pessoal, as coisas estavam bem. Nathalia havia se mudado para a minha casa uns meses antes e decidimos transformá-la em algo menos nerd, para que ela se sentisse mais à vontade. A ideia "genial" era fazer uma grande reforma na sala e nos dois quartos... sem sair do apartamento. "Não vai fazer muita sujeira", nos disse a arquiteta.

Lembrei diariamente dessa declaração enquanto sacos enormes de entulho impediam que a porta da frente abrisse direito. Nós nos entrincheiramos na suíte e espanamos o cachorro enquanto o lugar era recoberto por um fino pó de gesso do forro instalado pelo proprietário anterior, que gostava de fingir ostentação palaciana no coração de Santa Cecília. Derrubamos tudo – era gesso pra cacete – e acordávamos todo dia com os pedreiros já dentro de casa. "Bom dia, doutor!"

A reforma ficou linda – mas não desfrutamos nem seis meses o resultado. Talvez o apartamento tenha ficado legal demais para a nossa vizinhança. Ele ficava a poucos metros da Rua Canuto do Val, um reduto boêmio de gosto extremamente duvidoso e dotado de um karaokê infernal, que funciona 24/7 ignorando qualquer lei de silêncio. Criminoso mesmo. Cansei de reclamar e acho que o novo visual da casa nos motivou a dar um basta naquele martírio desafinado e bêbado, regado a "Como Uma Deusa" de segunda a segunda, sempre por volta das duas da manhã. Então nos mudamos em dezembro para o edifício vizinho ao que eu morava antes daquele. Curiosamente, desde a mudança definitiva para São Paulo, me mudei seis vezes, mas só tive dois CEPs – dizem que sou tão bairrista que opero em "área do delivery".

Foi em 2016 também que decidi mudar meus padrões de comportamento e meu foco profissional. Comecei a fazer terapia para entender melhor os gatilhos de raiva, buscando me transformar em um gestor melhor. Demorou um pouco, mas funcionou. Mal reconheço o cara cujo sangue subia rápido por qualquer motivo e entendi que não poderia mais participar do tipo de gestão que estávamos executando na empresa, buscando atalhos fáceis – e baratos – para as coisas em vez de contratar profissionais realmente qualificados. O nível do desafio chamado CCXP era enorme... e eu estava me preparando para provar ao meu novo amigo, o técnico da Disney, que a operação de auditório, da próxima vez, seria gloriosa.

Dentro dessa nova realidade pessoal, decidi também começar a sair definitivamente do editorial do Omelete, que deixei nas mãos do Thiago Romariz. Eu já não controlava mais o dia a dia da redação, mas precisava me afastar também dos vídeos, mesmo que aos poucos, para não assustar nossos fãs. De vídeos quase diários, fui reduzindo minha participação substancialmente, entrando apenas em programas que conversassem com a minha história e preferências.

Foi o caso, naquele ano, de grandes filmes como *Capitão América: guerra civil* e *Batman vs Superman: a origem da Justiça*. Esses filmes que colocaram herói contra herói e universo contra universo, no melhor estilo das histórias em quadrinhos. Eram o tipo de produção que apelava emocionalmente à minha essência nerd – e certamente os vídeos de análise sobre eles de que participei se beneficiaram disso. Tanto que foi no *"Batman vs Superman: a origem da Justiça* – O veredito" que surgiu minha mais célebre frase: "Sou fã, quero *service*", uma resposta às pessoas que diziam que o filme de Zack Snyder se rendia demais ao que os fãs queriam ver – o tal "fan service". Oras... o fã de verdade merece ser "servido" – e essa frase de certa maneira concretizou em palavras o que eu senti a vida toda. Esse respeito à relação mútua entre aquele que cria uma história e aquele que a consome, que a reformula baseado nas suas expectativas e vivências e dá novos significados a ela. Sinto que, se os criadores estiverem realmente embebidos desse sentimento, é muito difícil uma obra não reverberar em seu público.

As reflexões sobre meu momento de mudança me fizeram também deixar as grandes viagens anuais para a nova geração do Omelete. Afinal, já não fazia sentido continuar ocupando esse espaço sendo que eu estava cada vez mais distante da redação. Logo de cara decidi que aquela seria minha última visita à San Diego Comic-Con. Foi difícil desapegar, mas depois de quase dez anos frequentando o evento, senti que ele não tinha mais nada a me ensinar e que precisava de outros ares para continuar me aprimorando. Felizmente, tenho uma ótima lembrança desse ano: o painel de *Doutor Estranho*, que encheu a Sala H de vapor e projetou sobre a cabeça de seis mil pessoas um cosmo como em um planetário nerd, ao som da trilha do filme... E que culminou com a presença de Benedict Cumberbatch no palco, iluminado por um foco de luz e com os braços abertos. Aquilo me arrepiou e fez com que eu quisesse superar aquela sensação no meu próprio auditório. Uns anos depois, conheci o diretor daquele momento e pude trabalhar com ele na CCXP.

O ano de 2016 marcou também minha última visita a um set de filme. Entrei nos esgotos de *It: a Coisa* em setembro. Eu estava no Canadá para o Festival de Cinema de Toronto, que desde 2015 era minha viagem anual favorita, e aceitei o convite da Warner para ver o covil do palhaço Pennywise.

Tomando susto sozinho nos esgotos de It.

Foi ali, no dia 3 de setembro de 2016, vivendo essas derradeiras viagens como jornalista do Omelete, que me peguei divagando sobre mudanças e comecei a expressá-las na forma de um livro de memórias. Este que você está lendo.

Mas enquanto as viagens como jornalista ficavam para trás – as definitivas aconteceriam em 2017 –, eu começava um outro tipo de relação com o mundo. O repórter dava lugar ao diretor de eventos, e comecei a frequentá-los com um viés completamente diferente – e tão interessante quanto o anterior. Começava aí minha história de amor com os bastidores, que me afastaria de ver a frente das telas e me levaria para o escuro desafiador da produção, o backstage.

Por viver dentro das paredes do evento, eu mal aproveitei a CCXP durante esses anos todos. Ouvia relatos e via fotos dos grandes estandes, mas não cheguei a experimentar uma atração sequer. Só os via sendo montados, as pilhas de madeira e serras a todo vapor. O cheiro de solda e tinta fresca – e o do medo por todos os anos, sem exceção, ao olhar para as montagens na terça à noite e pensar: "Não vai dar tempo." Sempre deu.

Apesar de não conseguir visitar o evento, eu sempre tentava tirar umas horinhas em uma madrugada qualquer para pelo menos apreciar a qualidade das construções. Sozinho no pavilhão, fora uns seguranças sonolentos, eu dava minha volta sem pressa, olhando as atrações e pensando na alegria dos fãs quando começassem a circular por ali. Era tudo tão incrível. Afinal, a qualidade da execução de eventos no Brasil não tem igual no mundo, algo que credito à nossa cultura do Carnaval. Aqui construímos, usamos e destruímos. Ano que vem tem outro samba-enredo. Em

San Diego, observei durante dez anos os mesmos estandes, as mesmas sinalizações desbotando a cada uso. O olhar do jornalista misturado ao do produtor.

Um marco interessante dessa minha transição do jornalismo à produção é *Rogue One: uma história Star Wars*. O primeiro filme da franquia a lidar com personagens fora da Saga Skywalker, que me acompanhava desde a infância, representa um capítulo especialmente memorável na minha saga pessoal. Ele rendeu, afinal, minha segunda visita à Lucasfilm. Desta vez, não como jornalista, mas como promotor de um evento no qual eles tinham grande interesse. Fui convidado para um tour privado pelos corredores da empresa, visitando cantos que eu não tinha visto da primeira vez – e podendo parar para apreciar o que eu quisesse.

É difícil explicar o que isso significou pra mim. Eu estava dentro da empresa que era uma das maiores responsáveis pelas minhas escolhas de vida e carreira, uma das minhas maiores paixões como fã – e sendo tratado de igual para igual. Na saída, parei diante da estátua de pedra do Yoda e senti meus olhos lacrimejarem.

O resultado de tanta inspiração, lições de vida e preparação foi o ano mais feliz da CCXP pra mim.

Sem falar que a reforma do pavilhão ficou pronta – e os cem mil metros quadrados do recém-inaugurado São Paulo Expo seriam nossos em sua totalidade. O espaço nos permitiu finalmente sair da área em que fazíamos o auditório Thunder, com seu pé-direito baixinho e pilares do pesadelo, para o pedaço mais nobre do novo pavilhão. Essa mudança permitiu que meu cinemão/palco crescesse para 3.500 lugares, com uma arquibancada, novo palco, nova tela e tecnologia. E depois do perrengue de 2015, criei casca e informei que só voltaria à direção do palco se pudesse contratar os fornecedores que eu quisesse. E meus sócios aceitaram essa condição.

Com dinheiro na mão, consegui trazer os melhores profissionais de projeção, luz e som do Brasil. Além disso, descobri que o trabalho de coordenação que eu estava fazendo com essa turma toda podia ser dividido em várias pessoas capacitadas... que eu não precisava estar sozinho.

Com o time contratado e um sem-fim de reuniões de alinhamento depois, o trabalho foi incrível. Pulamos de meia dúzia de equipamentos de luz para uma centena – e podíamos trabalhar como uma mistura de show de rock com cinema e palestra, com um palco cenografado, lindo, com telas de LED recortadas nas laterais. O mundo dos eventos estilo "Comic-Con" nunca mais foi o mesmo. E eu fora mordido pelo bicho dos espetáculos.

No backstage com Eddie e Japonês, da equipe da Wolf Produções.

Do lado artístico, tudo também correu muito bem. Pra começar, nenhum dos nossos convidados cancelou sua presença — uma constante nesse tipo de evento — e os estúdios trouxeram convidados de peso, como Vin Diesel, Milla Jovovich, Paul W.S. Anderson, Ron Clements e John Musker (os diretores de *Moana*, que apresentaram o filme aqui), além de James Gunn, diretor de *Guardiões da Galáxia: Vol. 2* (que trouxe um trailer inédito do filme).

Mas o ano foi mesmo da Netflix. A empresa resolveu mostrar as caras em 2016 já trazendo o maior line-up da história da CCXP, com nada menos que quinze convidados no palco! O elenco de *3%* abriu o dia, seguido pelos astros de *Shadowhunters*, três membros do *cluster* de *Sense8* e Neil Patrick Harris (*Desventuras em Série*). A presença deles foi tão expressiva que em determinado momento houve um fenômeno que eu batizei como o "quadrilátero da histeria". Neil Patrick Harris estava no palco principal, enquanto os Sense8 estavam na live do Omelete, o elenco de *Shadowhunters* fazendo fotos e autógrafos e a turma de *3%* na nossa passarela na fila. Como essas áreas eram próximas, a gritaria em cada uma se misturava às demais – com duas horas de um barulho ensurdecedor ecoando de todos os lados pelo novo pavilhão.

Meu momento favorito dessa edição foi o sábado, quando a Disney trouxe James Gunn para o painel da Marvel Studios. Eu estava nos bastidores com ele, me preparando para entrar, quando o diretor – acostumado com eventos no mundo todo – sacou o celular e começou a fazer uma live para seus fãs.

– Estou aqui no Brasil, me preparando para entrar, e vou dar uma espiada lá fora e mostrar pra vocês a galera – comentava on-line quando afastou a cortina. – HOLY SHIT – soltou.

O "puta merda" de Gunn mostrou como ele ficou visivelmente impressionado com o tamanho do público que o aguardava. Estranhei, pois ele frequenta anualmente San Diego, cujo auditório principal tem quase duas vezes o tamanho do nosso, mas imagino que o visual, as luzes, a energia e a arquibancada devessem dar uma sensação de grandiosidade diferente para quem estava sobre o palco. Eu o apresentei e ele entrou.

E aí que veio meu momento favorito. Olhei para as mãos dele e notei que o diretor tremia. Aquilo me deu orgulho... orgulho de mim mesmo, pois eu estava completamente à vontade entre meus nerds, e orgulho do palco que ajudei a construir, que causava tamanha comoção em um cara acostumado a isso – e acostumado a gerar emoções também no cinema.

Foi um ano realmente mágico. Claro que tivemos nossa cota de problemas, como discussões entre as equipes, que precisavam entender seus limites para não atrapalhar o trabalho umas das outras; e noites sem dormir, trabalhando em roteiros e na construção das timelines do show, mas o aprendizado foi incrível, assim como o resultado.

E o técnico da Disney? Kent Peterson voltou à CCXP, como prometido. Chegou sem alarde... andou sozinho pelo auditório, assistiu em silêncio aos testes e entrou na cabine de comando com um sorriso no rosto. Apertou minha mão de novo, desta vez com orgulho do que tinha visto. No ano seguinte ele se tornaria um mentor e uma inspiração, ao lado da diretora de marketing da Disney, Roberta Fraissat. Eles são tão importantes na minha jornada que encomendei ao quadrinista Thobias Daneluz uma arte registrando nossa parceria e o quanto aprendi com eles.

Kent, eu e Roberta na arte de Thobias Daneluz.

O ano de 2017 foi um dos mais exaustivos da minha carreira – e imagino que para quase todo mundo com quem eu trabalhava. Começou com a CCXP Tour, evento que aconteceu em Recife, de 13 e 16 de abril de 2017. Basicamente, terminamos a CCXP 2016 e começamos imediatamente – e bem atrasados – a planejar de verdade o nosso primeiro evento fora de São Paulo.

Aprendi que não é nada fácil trabalhar em outra cidade, mesmo com a maioria da equipe indo comigo para dirigir os três auditórios recifenses. Mas o resultado foi de uma das energias mais poderosas que já recebi. Os nerds do Nordeste lotaram o nosso palco principal, e gritaram e curtiram a cada atração. Um momento particularmente especial pra mim foi quando estava escondido em um dos balcões laterais, observando se estava tudo ok com a entrada de público e se podia dar o comando para começarmos. Fui visto por alguém lá embaixo, e ouvi o grito "O Borgo!" com a pessoa apontando para mim. O teatro lotado começou a gritar meu nome e aplaudir, o que me deixou imediatamente emocionado. Acenei envergonhado, os aplaudi de volta e me senti renovado, pronto para mais um dia difícil, mas extremamente feliz.

E o Kent também foi ao Nordeste acompanhar mais uma vez a Disney – e me dar uma nova lição. Exibimos um painel ao vivo de *Star Wars: Os últimos Jedi* diretamente do evento Star Wars Celebration nos Estados Unidos. Era uma transmissão via satélite, então exigiu horas de ensaios e alinhamentos entre equipes de dois cantos do mundo. Entrou tudo certinho e foi perfeito... até a hora de exibirmos o trailer do filme, que estava nos nossos servidores locais – guardado a sete chaves, pois seria a primeira exibição em tela grande do planeta, juntamente com o evento americano. Só que, um minuto antes do "play", o técnico de projeção deixou a cabine para ir ao banheiro – deixando todos ali em pânico. Ele saiu sem aviso e foram uns trinta segundos desesperados até o início do trailer, com o público mais e mais nervoso com a demora. O veterano ralhou com o garoto depois da exibição, como havia brigado comigo uns anos antes. Mas depois entregou uma longa carta a ele, escrita à mão, explicando que ele mesmo havia feito uma grande besteira no início da carreira e que seu chefe na época optou por não demiti-lo: se existe uma certeza na vida de um bom profissional é a de que ele jamais repetirá um erro cometido. Aprendemos com os erros – e nos tornamos pessoas melhores e profissionais mais competentes.

Com o final da CCXP Tour, emendamos as preparações para a primeira Game XP, evento que aconteceria dentro do Rock in Rio, em setembro, no Parque Olímpico do Rio de Janeiro. É uma sensação inexplicável trabalhar nos bastidores de um dos maiores festivais de música do mundo.

As pessoas, os equipamentos, a integridade daquela equipe em consolidação desde 1985... Estar ali era como chegar à Série A de algum campeonato. Um atestado de que estávamos entre os melhores do mundo dos eventos – mas como diria o Tio Ben: com grandes poderes vêm grandes responsabilidades... E a nossa preparação para o que viria a seguir era simplesmente insuficiente. Todo o planejamento do palco principal foi feito em cima da hora, e os materiais que seriam exibidos naquela que era "a maior tela de games do mundo" chegaram um ou dois dias antes do evento. Uma correria absurda, que deixou a equipe completamente estressada e com os nervos exaltados.

Eu não estava devidamente envolvido naquele projeto e entrei às pressas para colaborar, o que me rendeu um travamento das costas de tanta tensão. Tivemos até algumas brigas nos bastidores, resultado de equipes desalinhadas, que sequer se conheciam. Fiz o meu melhor para conter a situação – e acredito que nos saímos bem; o show foi um sucesso e o público não percebeu problema algum. Mas por dentro estávamos destruídos.

Apesar da alegria e dos aprendizados de ter vivido os bastidores do Rock in Rio, tive que engatar uma série de sessões de acupuntura e alguns médicos para lidar com os resquícios de toda aquela baderna. E foi nesse estado que começou a preparação desesperada para a CCXP17.

Claro que muito do evento já estava devidamente contratado e em curso, mas é impossível ter foco em três eventos em um ano com uma equipe que se fragmentava, ainda que na época não soubéssemos disso.

Depois de tudo isso, quando comecei pra valer a cuidar da programação do palco principal da CCXP17, eu já estava usando o tanque na reserva. Mesmo assim, decidi fazer minha última visita ao Toronto Film Festival, o que, pelo menos, serviu para clarear minha mente. Cheguei uns dias antes e foi lá que comecei a organizar este livro – em uma praia em um parque banhado pelo Lago Ontario. Depois, foram absurdos 26 filmes vistos em oito dias. Pelo menos a tecnologia nesse ano já havia alcançado minha necessidade e eu podia escrever as críticas no celular. Saía de um filme e entrava na fila do seguinte já colocando as ideias em um documento, que ia sendo refinado a cada intervalo. Quando finalmente voltava ao apartamento pra dormir, tinha as críticas do dia bem adiantadas – e só dava uma revisada no computador antes de mandá-las para a redação. Bem diferente daquelas primeiras madrugadas em San Diego, quando tínhamos que anotar o dia todo em caderninhos e depois voltar para o hotel e começar a trabalhar... indo até três, quatro da manhã pra subir tudo no dia.

Voltei renovado após me despedir do Érico jornalista, que havia sido abandonado alguns anos antes em detrimento da CCXP. A atmosfera charmosa de Toronto, com as filas de cinéfilos nas ruas, as conversas animadas sobre cinema nos cafés e restaurantes, as festas das dezenas de filmes que estavam sendo apresentados ali... tudo aquilo me dava uma sensação de pertencimento tão grande quanto a que eu sentia em San Diego – e que curiosamente nunca pude experimentar na CCXP, devido ao trabalho. No meu próprio evento eu só me sentia parte mesmo era dos bastidores.

Não que isso fosse ruim. Eu me sentia criativo como nunca, numa posição de sonhar o que quisesse e realizar isso – contanto que dentro do budget, claro.

Um dos projetos que tenho mais orgulho de ter criado e que me permitiu pensar em todos os ângulos da experiência foi a loja oficial de *Harry Potter*. Essa jornada teve início em 2012, quando o Omelete começou uma operação de varejo, associando-se à loja Mundo Geek. No início, eu não opinava muito por lá e o Matheus Machado, hoje meu sócio na Huuro Entretenimento, tocava o setor praticamente no porão da casa da Rua Bahia. A lojinha foi crescendo no on-line e ganhando corpo com as vendas físicas na CCXP. Até que se decidiu que era o momento de ingressarmos no mundo das assinaturas de colecionáveis – as famosas *loot boxes*.

Eu fui inicialmente contra, pois não conseguia ver o Omelete criando produtos à altura da expectativa dos fãs. Felizmente, fui voto vencido, já que reencontrei ali mesmo no Omelete minha paixão pelo design. Fui encarregado da equipe de criação que precisava abastecer a caixa mensalmente e esse trabalho era essencialmente de direção de arte, algo de que eu não sabia estar com tanta saudade.

Começamos timidamente, caçando produtos entre parceiros comerciais e comprando itens no mercado. Mas esse formato era financeiramente inviável. Era preciso criar produtos proprietários de qualidade, que tivessem uma identidade forte e fossem licenciados. Pirataria, como algumas das caixas concorrentes faziam, era impensável. Fechamos então nossa primeira licença com a Warner Bros. Com ela criei nossa primeira coleção, os bustos Omelete Legends. Em uma das nossas reuniões de criação, mostrei ao nosso time (Rodrigo Didier, Thobias Daneluz e Iberê Guimarães) a imagem do monumento em homenagem ao cosmonauta soviético Yuri Gagarin, o primeiro homem a ir para o espaço. Eu queria algo que simbolizasse a força de heróis e vilões tal qual a estátua em Moscou honrava o voo realizado em 12 de abril de 1961. A estátua mede 12,5 metros e está em uma base de trinta metros, simbolizando o rastro deixado pelos foguetes quando miram o espaço. Eles então apresentaram ideias para nossos bustos – e fechamos naquela que trazia uma base relacionada ao tema, assim como Bondarenko, Bielopolski, Gajevsky e Sudakov tinham imaginado sua obra inaugurada em 1980.

Não tínhamos o titânio russo, mas usamos uma liga de metal para os nossos bustos, que dava peso e elegância a eles. Os vilões seriam prateados e os heróis, dourados. Começamos com o Coringa e fizemos mais de cinquenta peças, entre DC, Marvel e *O Senhor dos Anéis*. O Omelete Box durou quatro anos, sendo encerrado alguns meses depois que eu deixei a empresa.

As licenças que adquirimos nos permitiram assumir a loja oficial do Wizarding World no Brasil em 2016. No primeiro ano, fizemos uma simpática cabana na CCXP, inspirada nas casas de Hogsmeade do filme. Acontece que os fãs estavam sedentos. Existiam poucos produtos oficiais de *Harry Potter* no Brasil naquela época e nossos estoques foram atacados por uma horda descontrolada que limpou as prateleiras.

Com esse sucesso no currículo, infernizei a Warner Bros. para obter seu aval e fazer uma loja temática de verdade na CCXP17. Foram meses de discussões até autorizarem... e quando o fizeram, com um milhão de ressalvas, pedi que nos deixassem fazer uma réplica de um cenário da série por aqui. O escritório da autora disse "não", mas fizemos um projeto mesmo assim, no risco. E ficou tão bonito que veio um "hmm, talvez". Em 2017 fizemos um campo de quadribol para as filas e uma loja lindíssima que lembrava o Castelo de Hogwarts, com direito a surpresas escondidas pelos cantos, como um pomo de ouro pendurado em uma das salas.

Meu apreço ao detalhe e à experiência resultou em um duro aprendizado. As pessoas não queriam sair da loja e ficavam tirando fotos, curtindo o momento... exatamente o oposto do que se espera quando o objetivo são vendas e fluxo de pessoas. Vendemos bem, mas os fãs passaram horas na fila... algo que precisava ser corrigido para o ano seguinte.

A solução foi separar loja e experiência, deixando as duas estruturas próximas. Investiríamos na experiência e

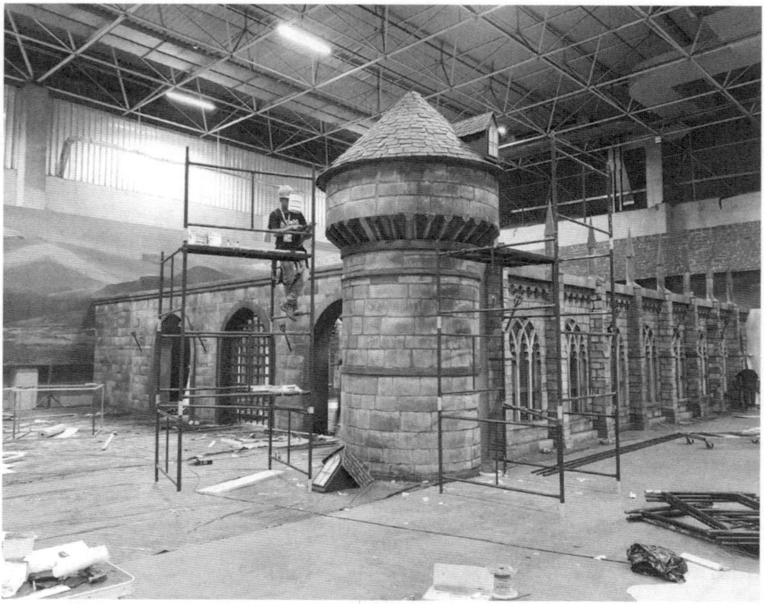

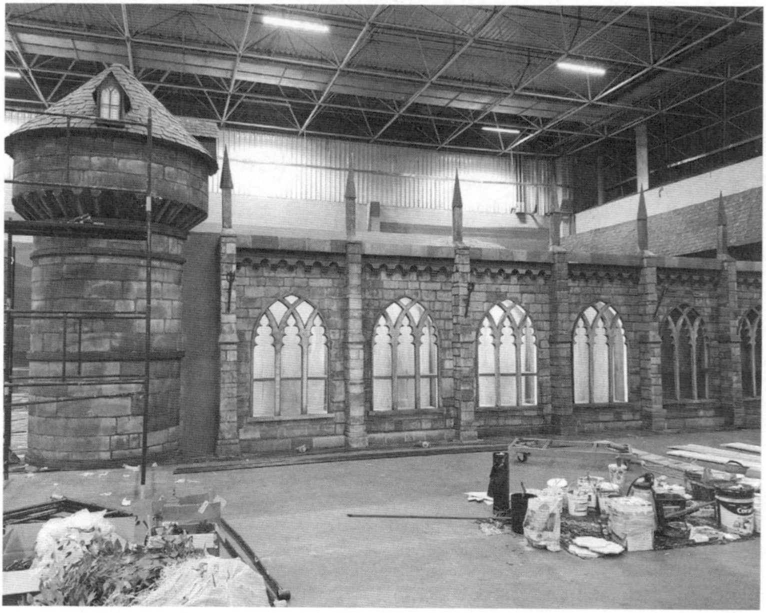

deixaríamos a loja mais funcional. Mas para isso acontecer, eu precisava de uma réplica à altura dos filmes, algo que a Warner Bros. tinha receio de autorizar, já que a barra de qualidade da saga é altíssima.

Como estávamos tateando terreno desconhecido para todos, enfrentamos uma série de dificuldades, desde prazos impossíveis até a obrigação de contratar o diretor de arte dos filmes e parques da Universal, Alan Gilmore. Mas consegui convencê-lo a trabalhar conosco por um quinto do preço normal com um e-mail manchado de lágrimas e ao som de violinos, explicando todas as diferenças entre o mirrado real e a poderosa libra. Naquele ano fizemos juntos a cabana do Hagrid, com o hipogrifo Bicuço construído pena a pena pelos gênios acelerados da Da20 Cenografia – que exportamos pra CCXP Alemanha depois – e, um ano depois, o Expresso de Hogwarts. Ambos os projetos são um orgulho absurdo pra mim, por tê-los perseguido apesar do "não" inicial e pelo sonho de trabalhar com um diretor de arte do calibre do Alan. Ele era, afinal, igual àqueles caras que eu havia visto aos 8 anos de idade no documentário do George Lucas e que tinham me trazido até ali. Igualmente empolgado, escrevi, ao som de John Williams, a nossa homenagem aos 80 anos do Superman, que começava com um filme resumindo sua história e terminava com a revelação de uma estátua em tamanho real, hiper-realista, baseada no trabalho do artista Alex Ross com o personagem.

Mas a criatividade não parava por aí nesse

período extremamente fértil. Além das experiências e dos palcos, trabalhei pela primeira vez na criação de um mundo de ficção, fazendo a direção criativa de *Ordem Vermelha: filhos da degradação*, ao lado de dois artistas conceituais, Didier e Victor Hugo Sousa, e do escritor Felipe Castilho – que anos mais tarde escreveria a primeira série da Huuro, *Carenteners*.

A ideia original veio em 2016, quando senti a necessidade de criar um grupo de "regras de essência" para quaisquer produtos originais que viéssemos a desenvolver na CCXP, como uma linha de camisetas, livros, filmes... Elas funcionariam mais ou menos assim: a CCXP sempre deveria atuar como um escudo na defesa da criatividade, lutando contra qualquer força contrária. Uma camiseta do evento deveria representar isso de alguma maneira, mesmo que de forma sutil. Criei ícones, inspirados em heráldica, que poderiam ser adaptados para qualquer projeto, desenhei alguns exemplos e comecei a vender a ideia dentro do Omelete.

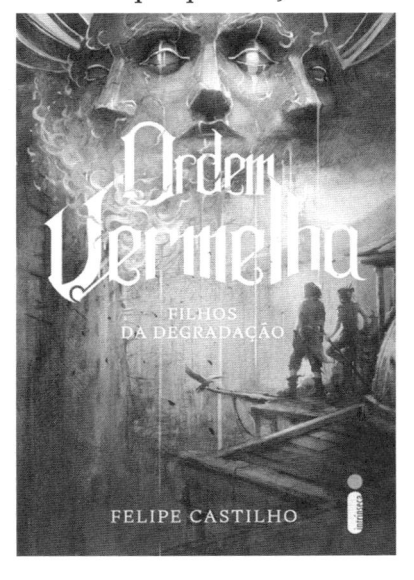

O Didier, com quem eu desenhava produtos no Omelete Box, adorou. Em algumas semanas, me trouxe uns rascunhos de personagens cujas raças seriam representantes de quatro artes (escrita, pintura, música e escultura). Eu trouxe então um editor amigo, Daniel Lameira – que trabalhou também no livro que você tem em mãos –, e ele então sugeriu que o Castilho escrevesse nosso primeiro romance de fantasia, baseado nesses conceitos.

A experiência me levou de volta a 1983 – mesma época em que conheci o trabalho de George Lucas –, quando vi minha primeira "bíblia" de universo fantástico, apesar de ainda não saber que se tratava de uma. Era o álbum de figurinhas *S.P.A.C.E.: Sistemas e Planos de Ataque a Comandos Estelares*, lançado pela Editora Rio Gráfica. Em "128 cromos autocolantes" e ao preço de capa de 120 cruzeiros, o colecionador era levado ao coração de uma batalha intergaláctica entre as forças do Seis Negro, lideradas pelo terrível ciborgue alienígena Gruthar, e os planetas do sistema do Sol Vermelho. Era basicamente uma coleção de artes conceituais de seres, veículos, armamentos e ambientes, com parágrafos detalhando a imagem, como no exemplo a seguir, da figurinha 19 – uma bela mistura de tartaruga e tatu irrompendo da areia. Ao fundo, montes rochosos e três figuras humanoides sob um céu vermelho.

"19 – OS CAVADORES – Vivendo normalmente sob a superfície rochosa de Minos, só saem de lá na época do acasalamento. E, durante esse período, são cruelmente caçados pelos minorianos. São difíceis de matar porque têm a pele muito dura. Além disso, a lei do povo de Minos proíbe o uso de armas na caçada, considerada um grande esporte. Depois de morto, o cavador é assado na própria carapaça, compondo um suculento banquete para toda a aldeia."

Duzentas e oitenta figurinhas com parágrafos como esse, que li e reli tantas vezes que escrevi uma história em quadrinhos inspirada no mundo de *S.P.A.C.E.*, de uma mera página, para a aula de educação artística da terceira série. A professora Rosângela adorou, mas como a HQ começava e terminava com um soldado motociclista do Mundo Anelar ocupando o quadrinho todo (no primeiro ele ia, no último ele voltava pra casa), ela virou de ponta-cabeça a página para mostrar para classe, dizendo que "podia ser lida até assim". Lembro claramente de ter ficado bastante ressentido com aquela manobra, que ofendia minha pueril "integridade artística". Prenúncio do sangue em ebulição de quando alguém se mete no meu trabalho.

O álbum não trazia créditos do ilustrador, mas descobri trinta anos depois tratar-se do britânico Ian Kennedy, que colaborou com o escritor Kelvin Gosnell na antológica publicação *2000 AD*.

Ordem Vermelha é um trabalho de que me orgulho demais, por termos discutido – como em *S.P.A.C.E.* – cada aspecto do mundo de Untherak, do sistema monetário às crenças, raças, drogas, alimentação, animais, arquitetura, castas e história daquele lugar. Fomos fundo na mitologia, nos apaixonando pelos personagens e seu ambiente, e com o tempo desenvolvi uma nova obsessão – criar mundos contextualizados e pensar em como integrá-los a projetos corporativos, o que se tornou o capítulo atual da minha carreira. Curti tanto realizar o livro que trouxe o Castilho para o primeiro trabalho da minha empresa pós-Omelete, a Huuro Entretenimento: a série *Carenteners*, que ele escreveu em tempo recorde para aproveitar o isolamento social da pandemia com outra roteirista, a Luíza Fazio.

Lançamos *Ordem Vermelha: filhos da degradação* na CCXP17 – e revisei sua última versão no voo para Köln, na Alemanha, cidade que sedia o maior festival de games do mundo, a Gamescom. Fui à cidade em agosto, para ver o evento e conhecer o pavilhão da Koelnmesse, empresa organizadora de eventos que estava interessada em levar a CCXP para lá, em sua primeira edição internacional. Eu nunca havia me interessado em visitar a Alemanha, mas foi paixão à primeira vista.

Köln, ou Colônia, é uma cidade que foi totalmente devastada na Segunda Guerra Mundial – à exceção de sua catedral, que era usada como marco para bombardeios pela sua altura. É a quinta igreja mais alta do mundo e domina a cidade, considerada "feia" para os padrões germânicos pela necessidade de uma reconstrução barata no pós-guerra. De alguma forma, esses eventos transformaram o povo da cidade, que foge bastante do estereótipo de sisudez esperado de alemães. Fiz muitos amigos por lá, que espero manter durante toda a vida – e o evento e o pavilhão foram absolutamente fantásticos em sua organização. Trabalhar com eles definitivamente colaborou para elevar meu nível de jogo.

A CCXP17 foi outro marco na minha história. Tivemos um sem-fim de problemas com convidados e inúmeros cancelamentos de última hora que me forçaram a passar vários dias (que deveriam ser dedicados à preparação final de apresentações) em ligações eternas com agentes, em busca de artistas substitutos – e tome mais uma enxurrada de dores de cabeça com vistos e passaportes de última hora. Felizmente, se existe uma coisa que aprendi a fazer é me apoiar nos meus aprendizados e na casca da armadura que cada problema resolvido ajuda a criar. Coisas que teriam me deixado em pânico uns anos antes agora viravam mera nota de rodapé no fim de um dia agitado.

Uma equipe competente também faz toda a diferença – e eu tinha a melhor de todas pelo segundo ano seguido, com profissionais que se sentiram respeitados e uma atmosfera de colaboração e amizade como eu nunca havia experimentado antes. Defendíamos uns aos outros como guerreiros espartanos, mas isso não significa que tivemos menos trabalho. Os estúdios apostaram ainda mais pesado no evento e tínhamos que seguir provando nossa qualidade e competência, especialmente porque em 2017 os profissionais estrangeiros ainda não confiavam muito que aquele grupo de brasileiros seria capaz de realizar algo grandioso como prometíamos. Para garantir, foi o primeiro ano em que eu dormi dentro do pavilhão, em um trailer estacionado nos fundos, feito um cozinheiro de metanfetamina saído de *Breaking Bad*. Foi uma semana longe de casa, dormindo três horas por noite e vivendo à base de café pra despertar e ansiolíticos pra desligar.

A entrega foi primorosa. Até nosso maior e mais vergonhoso problema técnico, uma cenografia de fitas de LED de baixa qualidade, passou basicamente despercebido. Mas é aquilo que se diz sobre eventos... só você sabe o que foi planejado. E não é que o problema, que me tirou horas de sono, foi elogiado por várias pessoas como um "lindo efeito"?

Sob a oscilação dos LEDs cagados passaram astros como Will Smith, Joel Kinnaman, Nick Jonas, Dylan O'Brien, Alicia Vikander, Simon Pegg, Tye Sheridan, Danai Gurira e os produtores/diretores Phil Lord e Chris Miller, que mostraram o primeiro e indescritivelmente incrível trailer de *Homem-Aranha no Aranhaverso*. Ali, revelou-se que Miles Morales, o Homem-Aranha filho de um homem negro e uma mulher porto-riquenha do Universo Ultimate da Marvel, protagonizaria a primeira animação longa-metragem do herói no cinema. História sendo feita no meu querido palco. E tivemos uma conversa via satélite com Tom Hardy diretamente do set de *Venom* em Atlanta, além de uma orquestra – "compactada" pra caber no espaço do palco – tocando o arrepiante tema de *Jurassic Park* para a entrada do diretor J.A. Bayona e do roteirista Colin Trevorrow, de *Jurassic World: reino ameaçado*.

Mas foi mesmo o "Maluco no Pedaço" que chacoalhou as estruturas da CCXP naquele ano. Sua passagem pelo estande do Omelete causou uma multidão aglomerada como eu nunca tinha visto no evento. Um mar de gente cercava o estúdio – e a sensação era tão claustrofóbica que preferi voltar para as profundezas do backstage e me proteger daquela visão aterrorizante. Minha cabeça não desliga um segundo sequer em situações assim: fico buscando algo errado, alguma coisa fora do lugar ou que tenha potencial para causar um acidente. Nessas horas, você tem que confiar nos planos, acreditar na equipe e pensar que fez tudo o que poderia ter feito. Mas ver milhares de pessoas juntas tentando se aproximar de um famoso foi um pouco demais e começou a sobrecarregar meus circuitos buscadores de encrenca.

Essa desgastante mania de querer resolver tudo, adquirida no trauma de 2015, foi trabalhada em uma inusitada sessão de coaching um ano depois.

Lorenzo di Bonaventura, um dos maiores produtores de Hollywood, veio à CCXP18 para divulgar *Bumblebee*, o sexto filme da série *Transformers*. Eu nunca fui um fã dos robôs da Hasbro... não gostava dos brinquedos na década de 1980 e o desenho não tinha muito apelo pra mim. Acho que era por causa dos carros. Meu interesse por duas ou quatro rodas se limitava ao que era pilotado pelo Batman. Nunca colecionei nenhum tipo de carrinho e acho o visual de autobots e decepticons quadrado demais. Em um Top 10 de robôs gigantes, os Transformers ficariam lá no final pra mim.

Meu desinteresse pelos Transformers, porém, não significa que eu não aprecie o trabalho do seu produtor. Di Bonaventura estava no meu radar desde a minha primeira entrevista internacional, já que ele havia realizado sua estreia como produtor em *Constantine* e depois fez mais um monte de adaptações de produtos nerds para o cinema – como os meus queridos *Comandos em Ação* – que de tanto amor até me renderam aquele dedinho do pé trincado.

Quando Di Bonaventura chegou ao evento, o pessoal da Paramount Pictures pediu que eu contasse a ele um pouco sobre a CCXP. Circulamos pela área restrita, observando do alto os estandes enquanto eu contava a nossa história. Ele fazia perguntas sobre número de funcionários, visitantes e essas coisas, quando eu vi um acabamento malfeito na sala que servia de camarim para nossos cinco Power Rangers convidados naquele ano. Pedi licença, chamei o encarregado da área, mostrei o problema e seguimos. Ele então me perguntou se poderia me dar um conselho...

"Em um filme como os que eu faço, temos às vezes mil pessoas no set. Cada uma ali é parte do time e precisa estar atenta aos problemas que lhes cabem. Levei algum tempo para aceitar isso, mas... quando eu tentava resolver os problemas deles, eu não os estava ajudando. Eles precisam encontrar e resolver os problemas sozinhos. E eles irão. Você precisa cuidar dos seus próprios, que eles ainda não conseguem resolver por você. Acredite no time que você montou e saiba que os problemas que eles não conseguirem resolver certamente chegarão até você."

Quando um cara cujos filmes somados já fizeram mais de sete bilhões de dólares em bilheteria resolve te dar uma lição, você ouve. Era como se o próprio Optimus Prime estivesse me oferecendo um conselho. E penso nisso até hoje... no quanto eu devo ficar buscando problemas ou se devo confiar mais e relaxar. Ainda não estou totalmente convencido de que devo baixar minha guarda, mas com certeza comecei a me cercar de pessoas mais competentes, com as quais posso aprender tanto quanto ensinar. E minha equipe de produção do auditório é certamente com quem eu mais sinto falta de trabalhar no Omelete. Eles me ensinavam muito e tinham um amor que rivalizava com o meu pelo que fazíamos ali. Viramos noites juntos e nos abraçamos em comemoração a cada entrega e desafio superado. Naqueles dias impossivelmente exaustivos, eu me sentia um comandante dividindo a trincheira com os soldados, e a alegria causada pelas pessoas gritando na plateia não tinha comparação com a que eu tinha em ver o orgulho da equipe que eu integrava.

Eu só não percebia o quão estranho era eu passar o ano todo ansioso por estar ali, sendo que no meu dia a dia uma outra equipe, bem maior, deveria despertar o mesmo sentimento em mim. O novo direcionamento da empresa, seu foco em crescimento e expansão, não mais nas pessoas e no conteúdo que a trouxe até ali, me incomodava. Ser maior, sem dúvida, possibilita experiências grandiosas e que impactam mais pessoas. Sócios maiores, relacionamentos de peso que impressionam e muitas vezes ofuscam a razão. Mas eu estava em um movimento reverso, de querer me reconectar com a nerdice. Meus dias no Omelete definitivamente estavam chegando ao fim...

Capítulo 20
EM DIREÇÃO AO PÔR DO SOL

A cultura nerd contemporânea alcançou sua maioridade junto ao grande público em 2018. Foram dezoito anos desde o lançamento do primeiro *X-Men*, o filme que começou toda a onda dos super-heróis. Estávamos lá no início também, como Omelete, em meados daquele mesmo ano, defendendo que o nerd deveria ter seu espaço, décadas antes de as lojas mais descoladas do shopping terem licença da Marvel e da DC, e de todo mundo saber quem é o Groot.

Desde então, os nerds se organizaram, triunfaram... e ganharam também seus próprios valentões intolerantes, mais preocupados em discutir se o Poderoso Thor deveria ceder espaço para uma versão feminina do personagem do que em efetivamente celebrar que as HQs da Thor são dez vezes mais legais do que as do filho de Odin.

Enfim... o nosso legado está aí e 2018, o ano da emancipação mainstream dessa cultura, chegou com o peso de *Vingadores: guerra infinita,* talvez o filme mais nerd da história. Afinal, pela primeira vez, tínhamos todos os universos da Marvel reunidos em uma só aventura cinematográfica, na melhor tradição das supersagas da editora, com direito a Thanos de Titã como vilão – um presente que os fãs da Marvel aguardavam desde o primeiro *Vingadores*. Tudo isso orquestrado por um cara chamado Kevin Feige, o dono incontestável da essência nerd do estúdio, que replicou nos cinemas (e depois em outras telas) a fórmula Marvel forjada nos gibis... e seus mandamentos gravados no meu coração desde moleque.

Estava tudo ali: a fragilidade dos heróis – que tinham problemas como os nossos –, suas reações ora dramáticas, ora engraçadíssimas face às adversidades, os amigos, os amores, as batalhas capazes de estremecer os pilares da existência, a diversidade... tudo! As mentes criativas de Jack Kirby, Stan Lee, Steve Ditko, Jim Starlin, Joe Simon e tantos outros mestres dos quadrinhos que ajudaram a moldar quem eu sou, ali representadas com uma dignidade que me emocionava.

Me emocionei ao vivo ao noticiar a morte de um desses mestres, Stan Lee, em 12 de novembro daquele ano. A cultura nerd estava agora em todos os cantos do planeta, emancipada e mais popular do que nunca, mas havia perdido sua figura paterna mais querida.

Eu fiquei de luto, pensando em como aquele homem cuja mera visão me congelou em uma San Diego Comic-Con – eu fiquei sem coragem de cruzar dois passos para apertar sua mão – me influenciou tanto. Suas visões de um mundo em que pessoas diferentes não deveriam ser tratadas com "medo e ódio pela humanidade" até hoje me guiam. Quantas vezes não li essa frase na primeira página das HQs dos X-Men, afinal? E apenas dezoito anos antes de seu falecimento, a vi pronunciada pela primeira vez nas telonas. Pouco tempo depois eu veria outro célebre bordão super-heroico: "com grandes poderes vêm grandes responsabilidades", que em 2002 iniciou a primeira de nada menos que onze aparições do Homem-Aranha nos cinemas até hoje. Ditko, com quem Lee criou o personagem, também faleceu naquele 2018.

O ano, porém, teve nada menos que seis filmes de super-heróis entre as dez maiores bilheterias mundiais do cinema. Sessenta por cento, contra zero quando começamos o Omelete!

Era tudo tão surreal que até o mais zoado dos personagens, o Aquaman, estava na lista… e montado em um cavalo marinho. E a Disney investiu centenas de milhões para recriar a nação tecnológica africana de Wakanda em um filme estrelado, dirigido e produzido por negros. E o poderoso *Pantera Negra*, vivido com emocionante dignidade por Chadwick Boseman, não apenas se tornou um dos longas mais lucrativos de 2018, mas também é considerado um dos três melhores da história do estúdio. E até personagens que são a cara dos anos 1990 nos quadrinhos, Deadpool e Venom, também estrelaram seus próprios filmes.

Na televisão, *Game of Thrones* e *The Walking Dead* dividiam a atenção do público. Ambos vertendo nerdice como a coisa mais comum do planeta. A primeira, uma fantasia com dragões sendo cavalgados, lobos-gigantes e mortos-vivos congelados. A outra, só com mortos-vivos mesmo, na melhor tradição das obras de George A. Romero e baseada nos quadrinhos da Image Comics.

A cultura nerd estava em todo lado – e desconfio que nunca mais estará tão em evidência como em 2018 e 2019. O sonho era real.

Eu certamente não imaginava nada disso quando, dez anos antes, em San Diego, fiz uma mesa-redonda com Robert Downey Jr. para o primeiro *Homem de Ferro*, o filme que inaugurou a Marvel Studios.

Foi uma das entrevistas mais curiosas de toda a minha carreira, já que em Hollywood é quase uma regra que atores e atrizes apareçam em entrevistas com visual completamente distinto do que apresentam no filme que estão divulgando. Uma regrinha de negócios para evitar que astros fiquem escravos de seus papéis. Assim, foi com assombro que entrevistei nesse evento... Tony Stark! Downey Jr. não apenas foi às suas entrevistas do filme na Comic-Con com o mesmo cavanhaque e cabelo do personagem, mas também apareceu vestindo um dos ternos e os óculos que ele usa no filme. E, para completar a esquisitice do momento, durante a conversa ele cruzou as pernas, recostou-se na cadeira, esticou o braço na minha direção e apertou meu trapézio direito. Eu não sabia muito bem o que fazer, então ficamos ali, ligados, enquanto ele respondia às perguntas dos jornalistas.

Essa Comic-Con foi realmente especial, pois além dessa entrevista, consegui meu primeiro furo jornalístico internacional para o Omelete. Fui convidado para entrevistar o elenco do filme *Watchmen*, em um infame "tapete vermelho" – na verdade uma passarela ao ar livre em que passei horas em pé aguardando sob o sol da Califórnia. Depois das entrevistas, todos os jornalistas estavam suados, impacientes e irritados – e ansiosos pra ir para a sombra. Assim, quando o último convidado saiu da área, a bagunça se dissipou em segundos. Eu fiquei, pois me peguei olhando os cartazes inéditos que serviram de fundo para as entrevistas. Como ninguém os removeu, resolvi fotografá-los, sem saber quando seriam lançados oficialmente.

Sozinho, pude enquadrar direitinho cada um com a câmera (celulares ainda não tiravam foto), passar para o laptop que me queimava os ombros com seu peso e editar as fotos, colocando uma marca-d'água do site. Depois, procurei um ponto de wi-fi e subi as imagens. O resultado foi uma notícia que o mundo inteiro replicou, pois os tais cartazes eram tudo o que tínhamos dessa obra cinematográfica de Zack Snyder inspirada no clássico de Alan Moore e Dave Gibbons.

A audiência do site explodiu e eu adoraria continuar essa história dizendo que conheci o Alan Moore, mas isso infelizmente nunca aconteceu – e duvido que vá, pela essência de mago ermitão do quadrinista. Mas pelo menos pude entrevistar Dave Gibbons, o ilustrador de *Watchmen*, com quem conversei por uma hora durante a divulgação do filme, e tomamos uma cerveja Blue Moon depois, quando ele autografou minha edição de *Absolute Watchmen*.

Eu realizei tantas entrevistas de *Watchmen* – no set, na San Diego Comic-Con e durante o lançamento do filme –

que escrevi, sozinho, cerca de quarenta páginas sobre a produção. E me pintaram de Doutor Manhattan usando guache azul para um *OmeleTV* sobre a adaptação, algo que os fãs frequentemente desenterram para me zoar. Sem falar que quase virei vítima do Comediante no filme...

Fazia -16 ºC em Montreal quando eu visitei o set de *Watchmen*. A cena que vi sendo rodada era externa, no pátio do estúdio onde reconstruíram a Nova York dos anos 1970 para as manifestações antivigilantes. Na rua suja, pichada – a "porn street" –, havia a Promethea Cab Company, a loja de quadrinhos Treasure Island, o bar Rumrunner e, claro, o icônico restaurante Gunga Diner. Além de uma multidão de figurantes, que nos intervalos agrupavam-se ao redor de latões pegando fogo.

Eu estava completamente encapotado e tremendo de frio, quando assisti aos personagens Coruja e Comediante chegando para dissipar a turba. O Comediante salta da nave – que pairava presa por um guindaste – e ataca violentamente a galera, em uma cena de pancadaria que não poupa ninguém. Meu rosto congelava enquanto eu ia me aproximando de uma viatura da polícia em chamas, parte do cenário, em busca de calor. Acabei levando bronca de um bombeiro e tive que ficar ainda mais longe da ação, sentindo o maior frio que já experimentei na vida. Felizmente a produção tinha uns aquecedores químicos pra jogar dentro da roupa e dos sapatos e aguentei até o fim – ou jamais me perdoaria por ter perdido aquilo.

Alan Moore e Frank Miller...

Nem nos meus sonhos mais insanos eu imaginei que um dia estaria ao vivo presenciando as filmagens das maiores obras dos dois no cinema. Quem diria que a cultura nerd chegaria até aqui... e que meu amor por ela me traria junto?

Olhando para trás, parece tudo surpreendentemente simples. Ao ser honesto comigo mesmo, ao amar e proteger minha essência, me tornei protagonista nessa indústria. Eu simplesmente segui meu coração, deixando as distrações de lado e entendendo os outros fãs, que me viam como um representante. Começamos sem saber que outros como nós existiam... e veja aonde chegamos.

Claro que tudo isso veio acompanhado de muito aprendizado no processo. Aprendendo por mim e por todos os outros fãs. Não acredito em sorte, mas tivemos momentos tão surrealmente difíceis que até considerei que a sorte poderia ser um fator. Mas creio que não. Se eu percebesse o quão pouco eu sabia, talvez não tivesse embarcado nessa loucura. O apoio da comunidade era o motor que me fazia seguir, sempre fazendo a balança da "sorte" pender para o meu lado.

A comunidade me tornou uma pessoa melhor. Conhecer tanta gente na CCXP, ouvir – mesmo que brevemente

– suas histórias e poder participar delas de alguma maneira é algo que ficará para sempre comigo. Uma das maiores honras que já vivenciei. Poucas coisas me chateavam tanto quanto saber que alguém teve uma experiência ruim em um dos nossos eventos, mas nada me trouxe tanta satisfação quanto proporcionar um momento que ficará pra sempre com as pessoas – como tantos momentos proporcionados por criadores que fazem a cultura pop todos os dias.

E nenhuma história que eu possa contar tem o peso de uma que chegou a mim uns anos atrás, quando uma adolescente me escreveu em nome de seu melhor amigo. Ele, em seu leito de morte, pediu a ela que me agradecesse pelo melhor dia de sua vida. A percepção de que o melhor dia da vida dele fora justamente o pior da minha caiu sobre mim com um peso que me emociona até hoje. Foi o mesmo dia em que tive um ataque de pânico. O dia em que achei que eu era uma farsa, que não sabia o que estava fazendo e que senti, solitário, o impacto inclemente do que eu estava realizando. Naquele mesmo dia eu conheci rapidamente esse garoto, graças à mesma amiga que me escreveu: ela fora até o canto do palco e pedira que eu tirasse uma foto com ele, que estava em uma cadeira de rodas no público.

Afastei o gradil e fui. Conversamos uns minutos. Tiramos uma foto juntos e voltei. Uns meses depois, a mensagem. Ele se foi devido a uma doença. Mas fez questão de que eu soubesse o quanto foi feliz naquele dia.

Penso nele com frequência, como um exemplo de tantas histórias que mexeram comigo e injetaram em mim a mesma energia apaixonada que depositei no Omelete. Era a essa energia que eu recorria quando estava me arrastando no palco, depois de noites sem dormir, depois de problemas na madrugada e sob o peso da expectativa de milhares de pessoas que eu não queria decepcionar, nunca. Quando o público gritava, tudo valia a pena.

Refleti muito tempo sobre isso, sobre meu legado – sobre o quanto meu trabalho devia honrar todo esse histórico de esforço, de apoio e aprendizado... Na melhor tradição dos mantos maoris, o fruto do meu trabalho, para mim, detinha minha essência. Ou pelo menos era o que eu acreditava.

Eu enfim podia me orgulhar de algo, imagino que da mesma maneira como se sentem aqueles nos créditos do entretenimento que mais me emocionaram ao longo da vida. Como os criadores de *The Elder Scrolls V: Skyrim*, o game ao qual sem dúvida alguma eu mais dediquei horas de jogo, pela sua amplitude e quantidade absurda de opções narrativas alternativas à missão principal, além de possibilidades de estruturação de personagem. É um jogo de mundo aberto que efetivamente te abarca em seu contexto fantástico, rico em mitologia e povoado com espécies de todos os tipos. Joguei e terminei

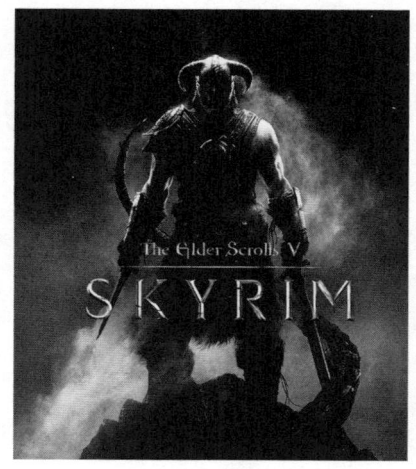

Skyrim três vezes em três consoles distintos – e em cada uma delas encontrei momentos inéditos nesse mundo. A Bethesda, criadora da série, sempre terá um lugar tão especial no meu coração quanto a Lucasfilm, a Marvel e a DC. E eu tenho um orgulho avassalador de ter ajudado a conseguir, com o Omelete e a CCXP, algo parecido com o que essas empresas criaram. Algo que se tornou sinônimo de uma ligação emocional com os fãs, que estarão juntos nos melhores e piores momentos dessas empresas. Fãs apaixonados que nos apoiaram tanto – e me deram forças quando decidi sair.

Mas da mesma forma como aconteceu com a Lucasfilm, depois de tantas decisões de que eu discordei nos últimos filmes de *Star Wars*, também comecei a questionar cada vez mais os caminhos do Omelete. Empresas evoluem e nem sempre para onde seus fundadores gostariam. Entendi isso e simplesmente não tinha mais energia para argumentar. Ninguém quer ser o chato para sempre – e quando ouvi que eu era a "polícia geek", o convívio ficou realmente exaustivo, por mais que eu amasse o que construí e a maioria das pessoas ali. Ficou nítido para mim o quanto o caminho da empresa não era mais o meu.

Tive certeza de que era hora de partir depois da CCXP19, a maior e mais espetacular delas. A primeira transmitida para o mundo, incensada pela mídia internacional e desejada por nerds ao redor do globo. E o painel de *Mulher-Maravilha 1984* que eu codirigi, resultado de seis meses de trabalho e que culminou com Gal Gadot saindo do palco, foi o momento mais "épico" da minha carreira. Éramos os reis do mundo. Mas nos bastidores, a sensação era de infelicidade e desunião.

Os dois últimos painéis que apresentei na CCXP foram da Disney. Dez anos depois de minha primeira entrevista com Kevin Feige, eu o reencontrava no palco em uma condição bem diferente: em meu território. De produtor novato, ele se tornara um dos homens mais influentes da indústria do cinema, responsável por quatro filmes dos Vingadores no Top 10 das maiores bilheterias de todos os tempos. Eu também não era o mesmo jornalista de site nerd de uma década antes, sem dúvida. Mostramos juntos cenas nunca antes apresentadas do filme dos Eternos – uma criação mitológica/religiosa do mestre Jack Kirby, uma espécie de texto sagrado marvete misturado com *Eram os deuses astronautas?* que caiu superbem para o meu momento.

Na sequência veio o painel de *Star Wars: A ascensão Skywalker*, com o diretor J.J. Abrams e os atores John Boyega, Daisy Ridley e Oscar Isaac.

Infelizmente, o último *Star Wars* foi uma decepção gigantesca pra mim, por achar que a Lucasfilm teme tanto sua comunidade de fãs que se recusa a dar a ela algo efetivamente novo, que fale com nosso momento da mesma maneira como a trilogia original falou. *Star Wars: Os últimos Jedi* até tentou fazê-lo, ao sugerir que Rey seria uma pessoa comum, sem uma herança familiar. A mensagem é fortíssima e inspiradora, pois leva a protagonista de catadora de lixo a heroína, mensagem que é reforçada pela cena final do Episódio VIII, com o garotinho escravo usando a Força para pegar a vassoura. Mas não... tinham que ignorar isso para dar um sobrenome de peso à Jedi – o que não consigo enxergar como uma influência positiva na vida de qualquer jovem fã, ao menos não do modo como os filmes originais foram para a minha. Um final ruim para a saga que me acompanhou a vida toda. Um final... distante da essência que fora construída ao longo de tanto tempo.

Com sorte, daqui a quarenta anos, quando eu estiver escrevendo a "parte II" da minha vida, quem sabe eu não tenha um final melhor de *Star Wars* para discutir. Enfim. Dois meses mais tarde eu comunicava minha decisão, um membro da gangue deixando o bando em busca da própria história, feito o John Marston em *Red Dead Redemption*, meu game (cada vez mais) favorito. Desde o momento em que os primeiros acordes da trilha lindíssima de Bill Elm e Woody Jackson começaram a tocar no jogo, fui imediatamente transportado para aquelas brincadeiras de meia na sala de casa, ao som do LP *Western Classics* do meu pai.

A história cativante dessa obra-prima, sobre a mais pura redenção, fez por mim o que só os melhores filmes do gênero fizeram. Tive minha época de obsessão com o faroeste, assistindo constantemente nos anos 1990 à tentativa de retorno revisionista do gênero ao cinema, com empreitadas que iam de *Dança com lobos* a *Os imperdoáveis*. Eu já vinha de uma paixão temporária por *Silverado* – filme que fora a minha porta de entrada para o gênero na segunda metade da década de 1980 e iniciara meus longos momentos de indecisão, parado na frente da seção "Western" das locadoras de Arujá, para escolher qual levar pra casa. Foi depois de *Silverado* que conheci Sergio Leone e Clint Eastwood, Bronson, Van Cleef, Wayne...

Assistir ao pistoleiro solitário cruzando o desconhecido, em direção às fronteiras em formação do Oeste Selvagem, sempre foi incrível. Os ideais de honra, companheirismo e o significado de "deixar sua marca" desses filmes sempre me tocavam. Junto com os quadrinhos, o cinema foi fundamental para minha formação... e nenhum gênero tinha mais a dizer que o bangue-bangue.

Mas foi *Red Dead Redemption* o produto que efetivamente me colocou na pele desse pistoleiro solitário. Que me fez tomar as decisões dele, muitas vezes vagando sem rumo, tendo como companhia apenas o vento e o som do trote do cavalo. Mídia formidável essa dos games... especialmente na mão de mestres, como a Rockstar Games, que fazem do envolvimento emocional sua prioridade.

Red Dead Redemption também foi o primeiro game que me fez chorar. Duas vezes.

A lágrima final é a óbvia, considerando a história do jogo. Ela que acompanha o destino do protagonista em uma das cenas finais. Sozinho, sem qualquer recurso a não ser sua voz lamentada, William Elliott Whitmore pede "Bury Me Not on the Lone Prairie" – a mais conhecida das baladas de cowboy (uma que o "Homem de Preto" também imortalizou em seu álbum *Johnny Cash Sings the Ballads of the True West*).

Mas a primeira lágrima que derramei no game foi a que realmente doeu. Aquela que caiu quando enfim se chega ao México na trama. Não sei como e prefiro não saber, mas em um jogo de mundo aberto, em que existiam inúmeras possibilidades de chegada à fronteira, como eles puderam criar uma cena tão cinematográfica sem sequestrar meu controle dela? Na cena, a cavalo, subi uma montanha. No momento em que cheguei ao topo e vi, pela primeira vez, o México... o sol nascia ao fundo, seus raios iluminando a tela, enquanto – pela primeira vez no jogo! – uma canção começa a tocar. "Far Away", de José González, uma das únicas três músicas cantadas na trilha:

> Step in front of a runaway train,
> just to feel alive again
>
> Pushing forward through the night,
> aching chest and blurry sight
>
> Aching chest and blurry sight
> Aching chest and blurry sight

Exatamente como eu me sentiria nos primeiros meses de 2020, com o Omelete às minhas costas enquanto eu subia a rua sozinho, em direção a um novo horizonte de desafios. Uma nova empresa. Uma nova gangue. Minha história bem longe de acabar e a certeza de que em algum lugar do tempo-espaço, meu eu-moleque está sorrindo com um gibi nas mãos.

413

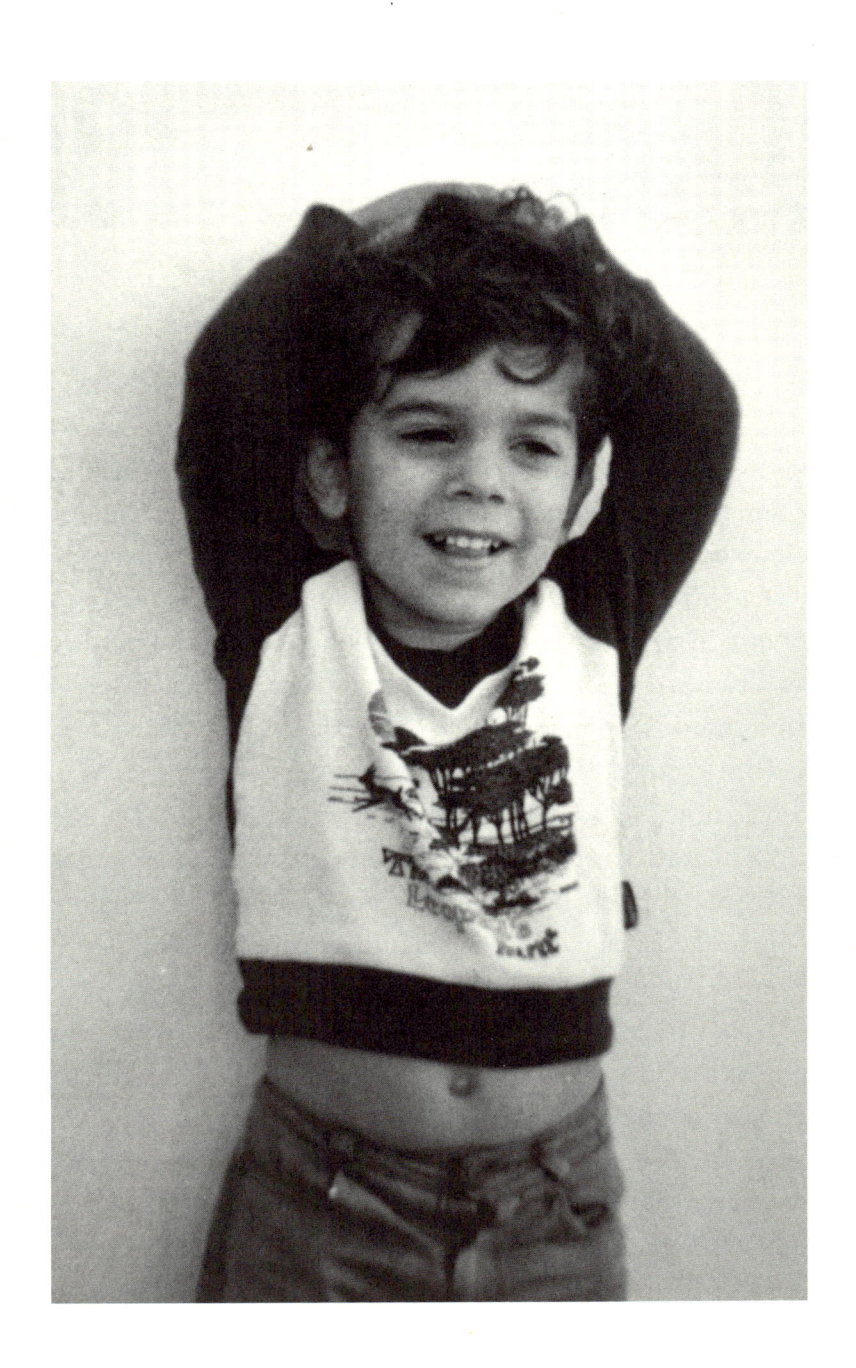

AGRADECIMENTOS

É uma tarefa tão desafiadora quanto fazer o Percurso de Kessel (em menos de doze parsecs, claro) ou galgar a encosta da Montanha da Perdição (para destruir o Um Anel nas chamas do Orodruin, sempre) essa a de escrever os agradecimentos dos primeiros 45 anos da minha vida. Mas toda jornada começa com o primeiro passo e a família é um bom ponto de partida. Eu não teria descoberto a cultura nerd se a cultura em si não fosse valorizada em casa, então, Enery e Luiz, muito obrigado. Bruna, Júlia, Alexandre e Paula, nossas brincadeiras foram fundamentais nessa construção. Tia Silvia, desculpe a bagunça. Aline, Karen, Bernard e Maurício, sou grato aos passeios, conversas e o uso do computador ZX Spectrum em Mairiporã. Irene, Alfredo, João, Nena e Lineu, saudades e espero reencontrá-los um dia em algum lugar do multiverso. Às turmas dos colégios Piaget, São Marcos (Tuco, Neto e Wilson, ainda estou tentando lembrar nossos apelidos bizarros) e turma de Edi da Escola Técnica Federal (Pedreiros do Apocalipse para sempre), foi incrível lembrar das coisas que passamos juntos. Fica aqui também um agradecimento especial às pessoas queridas Ciro Dói, Silmara Albi, Aya Kawagishi, Fabrício Jorge, Liliana de Almeida, Andréa Kfouri, Rodrigo Teixeira, Rodrigo Maroja e Paulo Mansur, pelo impacto gigantesco que tiveram na minha vida. Aos Botelhos: Adriano, Milena, Waldemar e Henriette, meu agradecimento pelo salaminho, pizzas do Costelão e por me tratarem como família. Charlotte Jouk, minha francesa favorita no universo. Meus irmãos Marcelo Forlani e Marcelo Hessel, que me ensinaram tanto e com quem vivi alguns dos momentos mais importantes de toda a minha vida, dentro e fora do Omelete. Aliás, tantas pessoas passaram pelo Omelete e deixaram sua marca lá que é impossível agradecer todas elas neste pequeno espaço. Que se sintam representadas no amor e respeito que sinto por algumas delas: Aline Diniz, Rodrigo Didier, Thobias Daneluz, Carol Moreira, Heloísa Romero, Marcos "Ferinha", Bruno Silva, Vic Milan, Aline Druda e Carina Toledo. Renan, Ivan, Pierre, Otávio e Renato, agradeço pelas conquistas que alcançamos juntos. Ao time da Huuro, meu carinho especial pelo empenho neste projeto tão pessoal, que virou nosso. Fernando, Letícia, João, Suzane, Isabella, Leonardo, Juliana, Iberê, Luana, Parpinelli e Ygor, muito, muito obrigado pelo empenho. Sem esquecer vocês dois, Matheus Machado e Laís Almeida, que são a família que escolhi para enfrentarmos juntos o apocalipse zumbi (ou qualquer outro). E por falar em famílias escolhidas... meu eterno time do coração de eventos – Wolf Produções, Arm, Kinoland, Da20, Spoladore. Fabi, Daniel Deák e mestre Patrick – obrigado pelo aprendizado de um milhão de faculdades. Denise Novais, que acreditou em mim antes de todo mundo no mercado. Daniel Campos e o time da Cinemark, que me fizeram voltar ao jogo. Pedro Nanni, grande nerd da

Elo. Roberta Fraissat, a monja do cinema. Kent Peterson, Obi-Wan do audiovisual. Obrigado! Ao time da Sextante pelo carinho e atenção. E por fim, duas pessoas sem as quais este livro não existiria. Daniel Lameira, editor que virou sócio, o cara que me perturbou anos para que eu sentasse o traseiro na cadeira e escrevesse, escrevesse, escrevesse... E me fez escrever tudo de novo, me guiando feito um fantasma da Força em áudios no WhatsApp durante a pandemia. Você e o time da Sonhorama são fenomenais. E por último, minha inspiração de todos os dias, minha amiga e meu grande amor, Nathalia Arcuri. Viver com você é a *quest* mais incrível da minha vida.

Mas meu maior agradecimento é a você, nerd, que me trouxe até aqui com seu apoio em todos os meus projetos. Humildemente, agradeço e presto aqui meu *service* supremo.

APOIADORES

Adam Roman • Adenilson Mauricio Rios Cilindro • Adriano Torres Tertúlias de Oliveira • Alberto Hideyo Noguchi Filho • Alcina Debora Maia Franca • Alex Ceccon de Souza • Alex Victor de Lima • Alexandre Luiz Gonçalves de Castro • Aloisio de Souza Marinho • Amanda Guilger Martinelli • Amanda Prado da Costa • Ana Paula Farias Corrêa • Ana Paula Santana dos Santos • Andre Bludeni • André Henrique Miranda • André Hoffmann • André Reis • Andrea Alejandra Avalos • Angela Cristina Martoszat • Anna Karina Gonçalves Martins Rivela • Antonio Carlos da Silva • Antonio Rommel Souza Ferreira • Ariadne Lima da Gama Milhomem • Arthur Fernandes de Azevedo • Arthur Gontijo de Ávila • Augusto Bello Zorzi • Beethovem Dias • Bia e Henrique Rocha • Bruno Cunha Pedroso Domingues • Bruno Lodi dos Santos • Bruno Pequeno Pereira • Caio da Silva Lins Neto • Carlos Eduardo Di Renzo • Carlos Eduardo Mendes Vieira de Carvalho • Carlos Fabrício Coelho D'Assumpção • Carlos Magnun Pinto • Cassio de Carvalho Scozzafave • Cássio Emilio Dias • Cássio Luiz de Souza • Cleber de Luca • Clivio Iago Dias de Paiva • Crislaine de Oliveira Pimenta •

Daniel Barros Garcia • Daniel Campos • Dean Alex Ferreira Leite • Diego Arruda • Dimitrius Paranhos • Diogo Torrecillas • Douglas Cardoso • Edson da Costa Silva • Eduardo Dagagny • Eduardo de Souza • Eduardo Souza do Nascimento • Elisangela Ferreira da Silva • Emanoel Godoy da Silva • Erasmo Ferreira Jr • Eric Rodrigues Alves • Erick Carvalho da Silva • Erick Lima Paes de Farias • Erion L. Oliveira Santos Filho • Fabiano Lopes Soares • Fabiano Rossettini • Fábio Bachi • Fabio Macias Frade • Fabio Tataka • Felipe Brunelli Manzano • Felipe Carvalho – Taverna do Rei • Felipe Sodelli • Felipe Trindade Costa • Fernanda Almeida Porto Cardoso Araujo • Fernando Alves de Oliveira • Fernando Antonio Morganti Aguiar • Fernando Araújo da Costa Ward • Fernando de Paula Silva Santos • Fernando Flauzino da Silva • Fernando Lemos • Fernando Paiva • Filipe do Nascimento Andujar • Francisco de Barros Cisneros • Gabriel Campos • Gabriel Engel • Gabriel Pasqualini • Gabriel Rocha • Gabriel Roger Zanluca Schulz • Gian Carlo Dragone Albanes • Gilvanda Moura • Glaydson Prado Honorato • Guilherme Barros • Guilherme de Oliveira Shinohara • Gustavo Amorim Martins Brum • Gustavo Bedin Silva • Gustavo Henrique Manarin • Gustavo Maradei Tuma Martins • Heitor Valadão • Helder Haddad • Henry Schneider Ruy • Igor Costa Tavares • Igor Neumann • Israel França • Jean Silva • Jéssica Fontes • João Antônio Bezerra Rodrigues • João Marinho • João Paulo Serodio • João Pedro dos Santos Silva • João Victor (2 apoios) • João Vitor de Sousa Gomes

• Jonas Passos da Silva • Josue Franca • Karen M. Nagai • Kleber Mascarenhas Sampaio • Lara Moreira Teles de Vasconcelos • Laura Padilha Seijo • Leandro Vieira • Leonardo Fiorani da Silva • Leonardo Gomes dos Santos • Lucas Ferreira Leal • Lucas Lacerda Lourenço • Lucas Menezes Silveira • Lucas Vieira • Lucas Wagner Silva Pereira • Lucca Gonçalves • Luciano Carneiro Ximenes • Luciano Roberto Boracini da Silva •Luis Felipe Côrtes Eleotério • Luís Fernando Cardoso Martins • Luiz Alberto de Carvalho • Luiz Guilherme Gama Saouda • Luiz Guilherme Silva • Luiz Vieira Junior • Marcelo B. Motta • Marcelo Hungria Alves Belham • Marcelo Krüger • Márcio Moura Leal • Marco Antonio Giardi Junior • Marco Aurelio Pavan • Marius Fernando Cunha de Carvalho • Mark Rocha • Mateus Salmeron do Amaral • Matheus de Jesus Pereira • Matheus Francisco de Oliveira Pires • Matheus Murmel Guimarães • Matheus Nogueira Vargas • Mauro Caldas Martins • Mauro Cesar Soares de Almeida • Mayara Araujo Gaeta • Melissa Rossatti • Michel Deivide de Araujo • Natalia Silva Alves • Nelson Fabio Pimenta • Nestor Cleison da Silva • Nicolas Rosas Gracia de Oliveira • Oseas Ferreira Bernardo • Osmar Alves • Otávio Cioni • Otávio Fonseca • Otavio Larsen • Pamela de Souza Fontes • Patrick Morais • Patrick Murisset • Pedro • Pedro Augusto Queiroz de Assis • Pedro Ivo Ribeiro Passoni • Pedro Nanni • Pedro Werle Lucena • Rafael Daroit Pereira • Rafael de Souza Cavalcanti • Rafael Dias • Rafael Leonardo Mendes Silva • Rafael Li • Rafael Sanchez

• Rafael Trindade da Silva • Raí de Jesus • Rangel Araujo Lima • Raphael Alessandro Penteado Rodrigues • Raphael Lima Riveiro • Raquel Melo • Renan Augusto Francisco • Renan Veloso Silva • Renato de Castro Lopes • Ricardo Siqueira • Richard Ferreira Pernambuco • Rodolfo Bueno de Souza • Rodrigo Baglioni • Rodrigo de Freitas Ribeiro • Rodrigo Duarte Alves • Rodrigo Immaginario • Rodrigo Luciano Gattermann • Rodrigo Luiz Martinho Berti • Rodrigo Martins • Rodrigo Medeiros Rêgo • Rodrigo Ribeiro Macedo • Ruan Carlos Melo do Prado • Sanderson Carlim de Oliveira • Saskia Tavares • Sergio Fernando Oliveira Theodoro dos Santos Kamache • Sidnei De Avila • Stefani Candido da Silva • Tales Vitor Soares Marques • Thiago da Silva Marinho • Thiago Fernandes Ferraz • Thiago Jefferson Cordeiro Mendes de Lira • Thiago Negreiros • Thiago Ramos de Sousa • Thiago Santos Teixeira • Thiago Sbarai • Tiago Orsoni • Trybe (2 apoios) • Uri Krischke Chmelnitsky • Victor Alves Moura • Victor Cézar Avi • Victor Lobato • Vinícius Camargo Borges • Vinicius da Silva • Vinicius de Aquino Calasso Correa Gomes • Vinícius Luz • Vinícius Pessanha • Vinicius Tolentino • Vitor • Vitor Augusto de Araújo Silva • Vitor Cunha • Wendell • Wesley Cruz de Lima • Wesley Lourenço • William Tadeu • Willian de Carvalho Leite

CRÉDITOS

6 Arquivo pessoal **8** *Spectreman*. Divulgação © Transglobal (Original: Ushiozouji & P Productions) **10** *Western* – Franck Pourcel. Divulgação © 1972, 2022 Parlophone Music France **11** *Spectreman*. Divulgação © Transglobal (Original: Ushiozouji & P Productions) **11** *Pica-Pau*. Divulgação © NBCUniversal **12** Domínio público. Acervo da The New York Public Library **15** Reprodução. Grupo Imagens de Arujá no Passado, Facebook **15 a 18** Arquivo pessoal **19** Reprodução. Logo do *Canal 100* **20 e 21** Arquivo pessoal **24 e 25** *A volta dos mortos-vivos*, 1985. Divulgação © MGM **27 e 28** Arquivo pessoal **29** *Krull*, 1983. Divulgação © Sony Pictures Motion Picture Group **30 a 32** Arquivo pessoal **33** *Sheena, Rainha das Selvas*. Reprodução da capa da edição da Editora Brasil-América, 1984 **34** *Gremlins*. Divulgação. TM & © Warner Bros. Entertainment Inc. **35** Reprodução. Capa de *Heróis da TV* 33, Editora Abril, março de 1982. © Marvel **36** Arquivo pessoal **37 e 38** Reprodução. Anúncio de época da Brinquedos Estrela ® Distribuidora de Brinquedos, Comercial, Importadora e Exportadora Ltda. **38** Reprodução. Capa do LP da Continental Discos, 1980 **39** *G.I. Joe: A Real American Hero*, 1983. Divulgação. © Hasbro, Inc. **40** Reprodução. Brinquedos Estrela ® Distribuidora de Brinquedos, Comercial, Importadora e Exportadora Ltda. **41** Arquivo pessoal. *Enciclopédia Barsa*, edição de 1969. **42** Domínio público. Acervo da The New York Public Library **42** *O feitiço de Áquila*, 1983. Divulgação. © Warner Bros. Pictures © 20th Century Studios **43** Reprodução, capa do livro *Tubarão*, de Peter Benchley. Edição Círculo do Livro, 1976 **44** Reprodução do livro *Eram os deuses astronautas?: enigmas indecifrados do passado*, de Erich Von Däniken, publicado pela Melhoramentos, 1970 **45 e 46** Arquivo pessoal **47** Divulgação. Cartaz

original de *O retorno de Jedi*, 1983. TM & © Lucasfilm Ltd.
48 Reprodução. Álbum de figurinhas de *O retorno de Jedi*, 1983.
Editora Safira. Star Wars é TM & © Lucasfilm Ltd. **49** Divulgação.
O retorno de Jedi, 1983. TM & © Lucasfilm Ltd. **50** Reprodução. Capa de *O Incrível Hulk*, 25. Editora Abril, 1985. © Marvel **51** Registro de J.W. Rinzler para o documentário *The Making of Star Wars*
52 Divulgação. *Plano 9 do espaço sideral*, 1958. © Reynolds Pictures, Inc. **52** Arquivo pessoal **53** Montagem de "Dom Pepito" pelo autor **54 a 58** Arquivo pessoal **58** Divulgação. *Irmãos gêmeos*, 1983. Universal Studios © NBCUniversal **59** Divulgação. *Star Wars: Episódio III*, 2005. TM & © Lucasfilm Ltd. **60** Livraria Muito Prazer. Foto gentilmente cedida por Walder Mitsiharu Yano **61** Reprodução. Acervo pessoal. *Recado Devir*, 258 **62** Divulgação. *O Justiceiro*, 1989. © Carolco Pictures © New World Pictures © StudioCanal **62** Reprodução. Acervo pessoal. VHS *Akira*, 1988. © Tokyo Movie Shinsha © Toho **62** Reprodução. Acervo pessoal. Cards de Magic são © 1993-2022 Wizards of the Coast LLC **63** Reprodução. Capa de *Star Wars Império do Mal 1*. Editora Abril. 1997. © Lucasfilm **64** Reprodução do blog salasdecinemadesp2.blogspot.com **65** Montagem de *Star Wars: Episódio I*, 1999 em um Quick Time Player. TM & © Lucasfilm Ltd. **65 a 74** Arquivo pessoal. **75** Reprodução. Propaganda de época do videocassete Sharp **76** Arquivo pessoal **77** Reprodução **78** Divulgação. *Mickey e o alfaiate valente*, 1938. © Disney Entertainment
79 Reprodução. Propaganda de época do Chevrolet Opala
80 Divulgação historia.playcenter.com.br © Playcenter **81** Reprodução do Passaporte da Alegria **82** Divulgação historia.playcenter.com.br © Playcenter **83** Divulgação. *Orca: a baleia assassina*, 1977. © StudioCanal **83** Divulgação historia.playcenter.com.br © Playcenter **84** Reprodução **85** Reprodução. Propaganda de época do CP-500 da Prológica **86** Reprodução. Capa da revista *Micro Sistemas*, 1986
87 Reprodução. Frame de *Lunar Lander*, game de Mike Wall e Jack Moncrief, 1981 **88** Reprodução. Frame de *Voyage of the Valkyrie*, game de Leo Christopherson, 1981 **88** Reprodução. Frame de *Dancing Demon*. Game de Leo Christopherson, 1981 **89** Reprodução. Frame de *Santa Paravia en Fiumaccio*, game de George Blank, 1978 **90** Arquivo pessoal **90** Divulgação. *Twin Peaks*, 1981. © ABC Television

91 a 94 Arquivo pessoal 95 Montagem sobre uma ficha de personagem de *D&D* pelo autor 97 Reprodução. Logo da Rede Manchete, 1983 99 Divulgação. *O Pirata do Espaço*, 1976. © Knack Productions © Dynamic Productions 99 Arquivo pessoal 100 Divulgação. *Dartacão e os Três Mosqueteiros*, 1981. © BRB Internacional, Nippon Animation 101 Reprodução. *O Clube do Bolinha*, Rede Bandeirantes de Televisão, 1985. © Rádio e Televisão Bandeirantes S.A. 101 Arquivo pessoal 102 Divulgação. *Don Dracula*, 1982. © Tezuka Productions 103 Divulgação. *Pikorīno no Bōken*, 1972. © Nippon Animation 104 e 105 Reprodução. *Sawamu (Kick no Oni)*, 1970. © Toei Animation 106 Montagem do autor a partir de arquivo pessoal. 107 Reprodução. Capa da revista *Super-Homem contra Homem-Aranha*. Editora Abril, 1986. © DC Comics 108 Reprodução. Interior da revista *Super-Homem contra Homem-Aranha*. Editora Abril, 1986. © DC Comics © Marvel 109 Reprodução. Capa da revista *Dois Super-Heróis Shell*. Editora Brasil-América, 1967. © Marvel 109 Reprodução. Verso da revista *Dois Super-Heróis Shell*. Editora Brasil-América, 1967. © Marvel 110 e 111 Reprodução das músicas de abertura do *Clube da Marvel Shell*, veiculada na Rádio e Televisão Bandeirantes S.A. em 1967. Os personagens Marvel são © Marvel 112 Reprodução. Capa da revista *Superaventuras Marvel* 1. Editora Abril, 1982. © Marvel 113 Reprodução. Capa da revista *Batman* 1. Editora Abril, 1984. © DC Comics 114 Reprodução. Capa dos LPs do grupo Super Heróis, 1979 e 1982. Imagens gentilmente cedidas por Gilson Dias, intérprete do poderoso Thor no grupo. 1982. © RCA Records 116 Reprodução 118 Reprodução. *Giant Size X-Men* 1, 1975. © Marvel 120 Arquivo pessoal. 121 Divulgação. *Bambalalão*, 1977. © Fundação Padre Anchieta 122 Reprodução. Capa do LP *A Turma do Balão Mágico*, 1983. © CBS Records International © Sony Music Brasil 126 Arquivo pessoal 129 Divulgação. *Excalibur: a espada do poder*, 1981 © Warner Bros. Entertainment Inc. 130 Reprodução. Caixas de colecionáveis de *Monty Python em busca do Cálice Sagrado* da Sideshow Inc., 2002. Personagens © Monty Python Pictures 131 Reprodução do VHS de *Porky's*, filme de 1981. © 20th Century Studios 131 Divulgação. *Freddy vs. Jason*, 2003. © Warner Bros. Entertainment Inc. 132 Arquivo pessoal 133 Reprodução. Capa do LP *Somewhere in*

Time. © Iron Maiden **133** Reprodução. Capa do LP *Speak of the Devil*. © Sony Music **134** O encontro entre os Jordans e os Beatles, imagem gentilmente cedida por Waldemar Botelho, o "Foguinho" **135** Reprodução. Capa da revista *Graphic Novel 8: O Edifício*, por Will Eisner. Editora Abril, fevereiro de 1989 **137** Reprodução. Capa do LP *The Best of Lou Reed*, 1980. © RCA Records **138** Reprodução. Capa do CD *Festa Broadway*. © Fieldzz Discos **139** Reprodução. Capa do CD *Xaropinho*. © Fieldzz Discos **140** Nick Cave em Chicago, 2017. Foto do autor **142 e 144** Arquivo pessoal **145** Reprodução **148 e 149** Arquivo pessoal **151** Reprodução. Propaganda de época do Ford Corcel II **152** Arquivo pessoal **153** Reprodução do blog salasdecinemadesp2.blogspot.com **155** Divulgação. O Gmork em *A história sem fim*, 1984. © Warner Bros. Entertainment Inc. **156** Divulgação. *Rambo II: a missão*, 1985. © Sony Pictures Motion Picture Group **156** Divulgação. *Comando para matar*, 1985. © 20th Century Studios **157** Arquivo pessoal **162** Foto: Laís Almeida **164** Reprodução. Caixa do Supergame CCE **165** Reprodução. Frame de *The Activision Decathlon*, game de David Crane, 1983. © Activision Publishing, Inc. **167** Reprodução. Atari 2600, 1977. © Atari, Inc. **167** Reprodução. Capa do game *Surround*, com arte de Cliff Spohn e Steve Hendricks, 1977. © Atari, Inc. **168** Reprodução. Capa do game *Superman*, 1978. © Atari, Inc. © DC Comics Inc. **169** Divulgação. *E.T.: o extraterrestre*, 1982. © NBCUniversal **171** Reprodução. Capa do game *E.T.: The Extra-Terrestrial*, 1982. © Atari, Inc. **171** Reprodução. Frame do game *E.T.: The Extra-Terrestrial*, 1982. © Atari, Inc. **172** Reprodução. Capa do game *Adventure*, de Warren Robinett, 1979. © Atari, Inc. **173** Foto © Daniel Deák **176** Reprodução. Caixa do Phantom System Gradiente © IGB Eletrônica S.A. **178** Reprodução. Cartucho do game *Zelda II*, 1987. © Nintendo **180 a 182** Arquivo pessoal **183** Reprodução. Arte conceitual de H.R. Giger para um facehugger em *Alien*, 1978 **184** Arquivo pessoal **185** Reprodução. Capa da revista *A Espada Selvagem de Conan* 7. Editora Abril, 1985. © Marvel **186** Divulgação. *Conan: o bárbaro*, 1982. © NBCUniversal © 20th Century Studios **193** Reprodução. Frame do game *Conan Exiles*, 2021. © Funcom **194** Arquivo pessoal **196** Reprodução. Capa da revista *Grandes Heróis Marvel* 7. Editora Abril, 1985. © Marvel

196 Reprodução. Interior da revista *Amazing Spider-Man* 31, por Steve Ditko. 1965. © Marvel 197 Reprodução. Capa da revista *Superaventuras Marvel* 16. Editora Abril, 1983. © Marvel 198 Reprodução. Interior da revista *Grandes Heróis Marvel* 7, por John Byrne. Editora Abril, 1985. © Marvel 198 Reprodução. Capa da revista *Superaventuras Marvel* 62. Editora Abril, 1987. © Marvel 199 Reprodução. Capa da revista *Batman* 1. Editora Abril, 1987. © DC Comics 201 e 202 Arquivo pessoal 204 Reprodução. Capa do LP compacto *Harry Houdini* do Kon Kan, 1989. © Atlantic Records, Warner Music Group 205 Reprodução. Capa do livro *Sexo para adolescentes*, de Marta Suplicy. © FTD Editora 207 Divulgação. *Esquadrão Relâmpago Changeman*. © Toei Company 208 Arquivo pessoal 211 Reprodução. Frame do game *Golden Axe*, 1989. © Sega 212 Reprodução. Frame do game *The Secret of Monkey Island*, 1990. © Lucasarts, Lucasfilm 213 Reprodução. *O Pequeno Scooby-Doo*, 1988. © Warner Bros. Pictures 213 Reprodução. Capa do game *Dune II*, 1992. © Westwood Studios © Electronic Arts 214 Divulgação. *Duna*, 1984. © Universal Pictures 216 Reprodução. *Transformers*, 1984. © Hasbro, Inc. 216 Reprodução. Noturno dos X-Men. © Marvel 218 Arquivo pessoal 219 Reprodução. Capa do RPG *Gurps*, 1990. Edição da Devir Editora, *Gurps* é © Steve Jackson Games 220 Arquivo pessoal 220 Reprodução. Capa do RPG *Dungeons & Dragons*, 1989. Edição da Sociedade Tipográfica S.A., *D&D* é © Wizards of the Coast LLC, Hasbro, Inc. 222 Arquivo pessoal 222 Reprodução. Capa da HQ *Walt Disney's Uncle Scrooge* 292. Edição da Gladstone Comics, 1995 © Disney 223 Arquivo pessoal 226 Divulgação. *Star Wars: Episódio IV – Uma nova esperança*, 1977. TM & © Lucasfilm Ltd. 226 a 231 Arquivo pessoal 233 Reprodução. Capa do LP *The Real Thing* do Faith No More, 1989. © Reprise Records, Warner Music Group 235 Reprodução. *Castelo Rá-Tim-Bum*, 1994. © Fundação Padre Anchieta 235 Arquivo pessoal 236 Reprodução. *As Aventuras de Morph*, 1980. © Aardman Animation 236 Divulgação. *As Aventuras de Tintim*, 1991. © Studios Hergé 237 Divulgação. *Anos Incríveis*, 1988. © ABC 237 Divulgação. *Star Trek: A Nova Geração*, 1987. © CBS Studios Inc. 238 Divulgação. *Arquivo X*, 1993. © 20th Century Studios 238 Reprodução. O famoso

meme de *Star Trek: A Nova Geração*, 1987. © CBS Studios Inc.
240 Arquivo pessoal **241** Reprodução. As capas de *O Senhor dos Anéis* da Editora Martins Fontes. © MartinsFontes © The J.R.R. Tolkien Estate Limited **243** Arquivo pessoal **245** Reprodução. Capa do CD *Detentos do Rap: O Pesadelo Continua*, 1999. © Fieldzz Discos **245** Arquivo pessoal **246** Reprodução. *Star Trek*, 1967. © CBS Studios Inc. **247** Reprodução. Nintendo 64, 1997. © Nintendo
248 Reprodução. Frame do game *The Legend of Zelda: Ocarina of Time*, 1998. © Nintendo **249** Arquivo pessoal **249** Reprodução.Capa do game *Myst*, 1993. © Broderbund Software, Inc. © Cyan, Inc.
250 Reprodução. Frame do jogo *Star Wars: Dark Forces*, 1995. © LucasArts © Lucasfilm Ltd. **251** Montagem do autor sobre o game *Doom* de John Carmack, Tom Hall e John Romero. *Doom* é © id Software © Zenimax Media Inc. **253 a 256** Arquivo pessoal **257** Reprodução. *O poderoso chefão*, 1972. © Paramount Pictures **257 e 258** Arquivo pessoal **260** Reprodução. Design original do site Omelete, de 2000, cocriado pelo autor. A marca Omelete é © Omelete Desenvolvimento Cultural Ltda **263 a 265** Arquivo pessoal
268 Arquivo pessoal. Foto: Silmara Albi **269** Reprodução
271 Divulgação. *The Matrix*, 1999. © Warner Bros. Pictures
271 Reprodução. Site whatisthematrix.com, 1999. © Warner Bros. Pictures **272** Reprodução. Logo original do Omelete © Omelete Desenvolvimento Cultural Ltda. **273** Arquivo pessoal
273 e 274 Divulgação. *X-Men*, 2000. © 20th Century Studios
275 Arquivo pessoal **275** Divulgação. *A bolha assassina*, 1958.
© Paramount Pictures **277** Divulgação. *Tropas estelares*, 1997. © Sony Pictures Motion Picture Group **278 a 281** Arquivo pessoal
283 Divulgação. *Star Wars: Episódio VI – O retorno de Jedi*, 1983. TM & © Lucasfilm Ltd. **284 e 286** Arquivo pessoal **287** Divulgação. *Nacho libre*, 2006. © Paramount Pictures **287** Arquivo pessoal **288** Arquivo pessoal. Fotos: Silmara Albi **290 a 292** Arquivo pessoal
293 Reprodução. Nota do ARG de *Batman: o cavaleiro das trevas*, 2008. © Warner Bros. Pictures **294** Arquivo pessoal. Foto: Denise Novais
294 a 295 Arquivo pessoal **296** Arquivo pessoal. Foto: Diego Assis
297 Divulgação. *Constantine*, 2005. © Warner Bros. Pictures
297 Reprodução. Frame do *OmeleTV* "Viva Las Vegas!" no YouTube

© Omelete Desenvolvimento Cultural Ltda. **298** Arquivo pessoal. Foto: Aline Lacerda **298 a 300** Arquivo pessoal **301** Divulgação. Capa da *Revista Omelete* 1, 2007. Editora Mythos. © Omelete Desenvolvimento Cultural Ltda. **302** Divulgação. Capa do *Almanaque do cinema Omelete*, por Érico Borgo, Marcelo Forlani e Marcelo Hessel, 2009. Ediouro **302 a 306** Arquivo pessoal **306** Reprodução. Twitter de Gaz Deaves, da Rocksteady Games **307** Divulgação. Caio Blat em cena de *Alemão*, 2014. © RT Features **309** Arquivo pessoal **310** Divulgação. Arte de *Superman: o retorno*, 2004. © Warner Bros. Pictures **311** Arquivo pessoal **312** Divulgação. A cena que virou meme de *O grande Gatsby*, 2013. © Warner Bros. Pictures **314** Reprodução. Blog osquadrinhos.blogspot.com **316 a 323** Arquivo pessoal **324** Reprodução. Catálogo da exposição *Māori Cloaks* do Museu Te Papa © Museum of New Zealand Te Papa Tongarewa **327 a 328** Arquivo pessoal **330** Foto: Daniel Deák **331** Arquivo pessoal **332 a 333** Fotos: Daniel Deák **335 a 336** Arquivo pessoal **338** Foto: Daniel Deák **339 a 340** Arquivo pessoal **341** Foto: Daniel Deák **342** Arquivo pessoal **347** Reprodução. *Transformers: a vingança dos derrotados*, 2009. © Paramount Pictures **349** Todas as fotos: Daniel Deák **350** Foto: Daniel Deák **351** Arquivo pessoal **352 e 355** Foto: Daniel Deák **357** Arquivo pessoal **357** Foto: Daniel Deák **358** Arquivo pessoal **360** Reprodução do meme "Eu sou fã. Eu quero *service*" **361** Reprodução. *Apocalypse Now*, 1979. © MGM **363** Reprodução. *Batman vs Superman*, 2016. Martha pra sempre © Warner Bros. Pictures **364 a 369** Arquivo pessoal **370** Reprodução. Instagram de Neil Patrick Harris – Instagram.com/NPH **370** Reprodução. Facebook, live de James Gunn – facebook.com/jgunn **371** Reprodução. Arte de Thobias Daneluz **372 a 375** Arquivo pessoal **377** Reprodução 3-D da primeira loja de *Harry Potter*, criada pro Iberê Martins **377** Arquivo pessoal **378** Foto da Wikimedia Commons, arquivo Гагарин пр-т Ленинский.jpg – usuário Feud50. Cortada para aproximar o monumento a Yuri Gagarin **378 a 382** Arquivo pessoal **383** Divulgação. Série *Carenteners*, 2020. © Huuro Entretenimento **383** Divulgação. Capa de *Ordem Vermelha*, de Felipe Castilho, 2018. Editora Intrínseca **384** Reprodução. Álbum *S.P.A.C.E.*, 1983. Editora Rio Gráfica. © Ian Kennedy **385 e 386** Reprodução. Arte de *S.P.A.C.E.*,

1983. © Ian Kennedy **387** Arquivo pessoal **388** Foto: Jennifer Jilg **389** Arquivo pessoal **390** Foto: Daniel Deák **391** Foto: Gustavo Scatena / Imagem Paulista Fotografia **392** Foto: Daniel Deák **393** Reprodução. *Transformers: a vingança dos derrotados*, 2009. © Paramount Pictures **394 a 396** Arquivo pessoal **397** Divulgação. *X-Men*, 2000. © 20th Century Studios **397** Divulgação. *Vingadores: Guerra infinita*, 2018. © Marvel Studios **398** Reprodução. Frame do *OmeleTV* "Despedida de Stan Lee" no YouTube © Omelete Desenvolvimento Cultural Ltda. **399** Reprodução. *Aquaman*, 2018. © Warner Bros. Pictures **400** Divulgação. *Pantera Negra*, 2018. © Marvel Studios **400** Divulgação. *Game of Thrones*, 2018. © Home Box Office, Inc. **401 a 403** Arquivo pessoal **403** Divulgação. *Watchmen*, 2009. © Warner Bros. Pictures **406** Divulgação. Capa de *The Elder Scrolls V: Skyrim*, 2011. © Bethesda Softworks LLC **408** Arquivo pessoal **409** © Reprodução Instagram oficial de *Star Wars* – instagram.com/StarWars **410** Reprodução. Frame de *Red Dead Redemption*, 2010. © Rockstar Games – Take-Two Interactive Software, Inc. **410** Reprodução. *Silverado*, 1985. © Sony Pictures Motion Picture Group **412** Trecho de "Far Away" de José González. Composição: Araya Elias Assegahegn, José González, Tobias Ingvan Winterkorn. Letra © Kobalt Music Publishing Ltd., Peermusic Publishing **413** Arquivo pessoal.

Todos os esforços foram feitos para creditar devidamente todos os detentores dos direitos das imagens que compõem este livro. Eventuais omissões de crédito e copyright não são intencionais e serão devidamente solucionadas nas próximas edições, bastando que seus proprietários entrem em contato com os editores.

Ei, o que você está fazendo aqui? O livro já acabou! Pode guardar, emprestar pra alguém, largar no metrô, o que você quiser. Para continuar esta história, procure os canais da Huuro nas redes sociais. Até!

Para saber mais sobre os títulos e autores da Editora Sextante,
visite o nosso site e siga as nossas redes sociais.
Além de informações sobre os próximos lançamentos,
você terá acesso a conteúdos exclusivos
e poderá participar de promoções e sorteios.

sextante.com.br

Este livro foi composto em
Caslon, Roslindale e Druk, impresso em papel pólen soft 80g,
pela Lis Gráfica e Editora Ltda. em fevereiro de 2022.